Paradigmenkonkurrenz im Public Management

Rainer Koch • Rick Vogel

Paradigmenkonkurrenz im Public Management

Zur Kritik des Diskurses um Management-Entwicklungen

Rainer Koch
Helmut Schmidt-Universität
Hamburg, Deutschland

Rick Vogel
Zeppelin Universität gGmbH
Friedrichshafen, Deutschland

ISBN 978-3-8349-4414-6   ISBN 978-3-8349-4415-3 (eBook)
DOI 10.1007/978-3-8349-4415-3

Die Deutsche Nationalbibliothek verzeichnet diese Publikation in der Deutschen Nationalbibliografie;
detaillierte bibliografische Daten sind im Internet über http://dnb.d-nb.de abrufbar.

Springer Gabler
© Springer Fachmedien Wiesbaden 2013

Gedruckt auf säurefreiem und chlorfrei gebleichtem Papier

Springer Gabler ist eine Marke von Springer DE. Springer DE ist Teil der Fachverlagsgruppe Springer
Science+Business Media.
www.springer-gabler.de

Vorwort

Wer selbst schon über Jahre, wenn nicht gar Jahrzehnte, in der berühmt berüchtigten „scientific communitiy" einer verwaltungswissenschaftlich relevanten Lehre und Forschung – mit all ihren dauerhaft fluiden oder ungesicherten akademischen „Eigenregulativen" – gearbeitet hat, weiß ein Lied davon zu singen, als wie schwierig es sich erweist, sich selbst, aber auch die eigenen Kollegen zu einer kritischen Selbstreflexion des eigenen Tuns und Lassens anzuhalten.

Gleichwohl haben wir im Folgenden den Versuch unternommen, gerade an dem aktuell zu beobachtenden Vorgang einer weiteren sozialen und kognitiven Konstitution des „Public Managements" als Wissenschaftsdisziplin (an der aktuellen Konkurrenz um die besseren Konzepte für eine weitere „Modernisierung des Staats- und Verwaltungsapparates") in wissenschaftskritischer bzw. reflexiver Weise aufzuzeigen, dass und wie die Bedingtheiten und Folgen einer Produktion praktisch nachgefragten Gestaltungswissens quasi schon von sich aus zu einer dauerhaften Selbstvergewisserung über Regeln einer auch akademisch tolerablen Wissensproduktion anhalten.

Da es bei den aufzuwerfenden Fragen nach den passenden Maßstäben bekannterweise keine Möglichkeiten zu einer unverbrüchlich gültigen „Letztbestimmung" gibt, kann nun nicht schon erwartet werden, dass die hier einzufordernde Selbstreflexion quasi automatisch zu einer Angleichung von Rationalitätsvorstellungen führen wird; gleichwohl verbinden die Autoren in disziplinpolitischer Hinsicht die Hoffnung damit, dass sich mit einer entsprechenden Diskussion sozialer bzw. kognitiver Begleiterscheinungen der Wissensproduktion Impulse für eine verstärkt „verständigungsorientierte" Kommunikation vorgeben lassen.

Dabei wollen wir uns auch gerne bei unserem Verlag bzw. seinen Repräsentanten dafür bedanken, dass sie die Relevanz unserer Absichten nicht nur schnell erkannt, sondern das gesamte Projekt mit aller Kraft vorangetrieben und zu einem zügigen Abschluss gebracht haben.

Rainer Koch und Rick Vogel
Hamburg und Friedrichshafen am Bodensee, im Juli 2012

Inhaltsverzeichnis

Einführung

Problem- und Fragestellungen zum Verhältnis von Paradigmenkonkurrenz und Managementdiskurs

Rainer Koch & Rick Vogel*

Über die letzten Jahrzehnte hinweg hat es die verwaltungswissenschaftlich relevante Lehre und Forschung vermocht, sich in zunehmend nachhaltiger Weise – und zwar vorrangig im Sinne einer pragmatisch bzw. praktisch orientierten Lehre des „Public Managements" – als ein gesellschaftlich relevantes bzw. akzeptiertes Wissensgebiet zu etablieren.

Wie die bisherige historisch-systematische Entwicklung zeigt, gilt allerdings auch für diesen Fall, dass mit Hilfe immer wieder neu zu eröffnender „Diskurse" (also auch mit immer wieder neu auftretenden „Paradigmenkonkurrenzen") zu ermitteln ist, welcher Art an Anpassung der eigenen Wissensangebote an veränderte gesellschaftliche Nachfragen (also im Zweifelsfall auch verschiedener Paradigmenwechsel selbst) es bedarf, um die einmal erreichten Institutionalisierungserfolge (den Status als einen gesellschaftlich relevanten „Wissenslieferanten") auch auf Dauer aufrecht erhalten zu können. In entsprechender Weise wollen wir uns auch im Folgenden – und zwar aus einer wissenschaftskritischen bzw. disziplinpolitischen Sicht – mit den sich gerade über die letzteren Jahre hinweg zuspitzenden innerakademischen Auseinandersetzungen um die vermeintlich richtigen Ansätze einer weiteren Modernisierung des Managements von Staat und Verwaltung beschäftigen. Gemäß einer auch aktuell propagierten These vom vermeintlichen „Scheitern" bisheriger managementorientierter Ansätze (dem „Steuerungsparadigma") geht es im Folgenden daher dem Schwerpunkt nach um die sozialen bzw. kognitiven Begleiterscheinungen des hier einschlägigen Versuchs, statt des quasi bisher gemeinsam geteilten „Steuerungsparadigma" nunmehr eine gesellschaftlich stärker geöffnete „Governance-Perspektive" als vorrangig bzw. ausschließlich gültige Sicht für die Definition und Lösung von Modernisierungsproblemen eines „Public Sector Managements" zu etablieren. Wie in dieser Einleitung näher auszuführen, wird es hier also zum Thema, ob oder in wieweit es die „Dynamiken" gerade dieser aktuell gegebenen Paradigmenkonkurrenzen (bzw. entsprechender „Diskurse") erlauben, in diesem Zusammenhang (bei Behauptung einer besonderen „epistemischen Form" wissenschaftlichen Wissens) zu einer Produktion managementerheblichen Gestaltungs- oder Handlungswissens zu kommen, mit dem sich dann auch noch in positiv-funktionaler – und nicht schon in selbst-destruktiver Weise auf die verschiedenen internen als auch externen Bedingungen einer zu verstetigenden Institutionalisierung reagieren lässt.

* Rainer Koch & Rick Vogel (2012): Paradigmenkonkurrenz im Public Management. Zur Kritik des Diskurses um Management-Entwicklungen. Wiesbaden: Springer Gabler, S. 9–14.

Dabei ist nur selbstverständlich, dass sich ein solches Thema bzw. eine entsprechende Problem- und Fragestellung gemäß dem mittlerweile gegebenen Spektrum von „science studies" nun auch mit höchst unterschiedlichen Konzeptualisierungen und auch Zielsetzungen bearbeiten ließe. Gemäß gegebenen jüngeren Differenzierungen (wie es im übrigen nicht nur für marxistisch/neo-marxistische, sondern ebenso für sozial- und institutionentheoretische Ansätze der Fall ist) kann hier schon einmal der Gesichtspunkt relevant werden, wie denn die quasi bereits gesamtgesellschaftlich (also durch die gesellschaftlichen „Reproduktionszyklen") auferlegten „Wechsel- bzw. Zusammenspiele" von verstärkter politischer Nachfrage nach legitimationserheblichen „rationalen" Begründungen und eine daraufhin aus Reputationssicherungsgründen auch kompetitiv angepasste innerakademische Wissensproduktion zu den wesentlichen Treibern einer entsprechenden Wissensentwicklung zu werden vermögen. In Anlehnung an traditionelle (Webersche) Betrachtungen kann hier auch weiterhin virulent bleiben, ob oder inwieweit es sich bei einem entsprechenden Zusammenwirken ggf. auch nicht nur um zufällige „Gleichzeitigkeiten" bzw. „Berührungspunkte" in den Entwicklungen, sondern doch schon um eine strategisch angeleitete bzw. ganz bewusste Herstellung entsprechender „(Sinn-)Adäquanzen" oder Passungen handelt. Darüber hinaus wird dann bekannterweise von den klassischen wissenschaftssoziologischen Ansätzen immer schon zum Gegenstand der Analyse gemacht, wie denn – eingebettet in diese „Wechsel- und Zusammenspiele" – gerade die notorisch notwendig werdenden Bemühungen um eine weitere Institutionalisierung als „scientific community" (der Aufrechterhaltung als ein attraktiver Sozial- und Karrierezusammenhang) einzelne akademische Disziplinen dazu auffordern, die jeweils eigenen Wissensangebote nun auch ausgesprochen strategisch angelegt bzw. kompetitiv als denkbar einzig passende und auch so verbindlich zu machende Konzepte durchzusetzen – sich also mit der Etablierung eigener Paradigmen als eine allgemein verbindlich wirkende „intellektuelle Hegemonie" der Wertschätzung als ein gesellschaftlich unverzichtbarer „Produktionsfaktor" zu vergewissern. Schließlich wird in diesem Zusammenhang – und zwar aus einer jetzt stärker diffusions- und/oder diskurs theoretisch fundierten Sicht (dabei auch mit einer dosiert soziolinguistischen Ausrichtung!) – herauszuarbeiten versucht, welcher verschieden denkbarer Diskurs- bzw. Argumentationsformen – also auch welcher sozialen und/oder kognitiven Praktiken („interpretativer Praktiken") man sich bedient, um die eigene „Sicht der Dinge" nun auch im Rahmen von „Diskursen" selbst (bzw. auf der Akteursebene) mit den notwendigen Gewissheitsnachweisen zu versehen – und sie somit quasi jeweils zwanglos als richtig angesehene Handlungskonzepte durchsetzen zu können.

In entsprechender Weise sind dann die im Folgenden zusammengestellten Beiträge zunächst einmal darauf ausgerichtet, die jeweiligen Gesamtzusammenhänge einer Produktion managementerheblichen Wissens zu rekonstruieren. In den verschiedenen Beiträgen wird daher auch zunächst aus einer historisch-systematischen Sicht aufgezeigt, wie denn die für uns erheblichen Prozesse der Wissensentwicklung durch die sich jeweils verändernden Anforderungen der „gesellschaftlichen Reproduktion" (vereinfacht: durch die sich ändernden politischen „Großwetterlagen") – und zwar vermittelt über die bereits genannten „Wechsel- oder Zusammenspiele" von veränderter Nachfrage und sich entsprechend anpassenden Angeboten – in Gang gesetzt werden. Darüber hinaus wird sodann genauso im Blickpunkt der Analyse stehen, wie diese Änderungen in den allgemeinen

Rahmenbedingung aus der gegebenen Konkurrenz bestimmter akademischer „camps"
heraus (aus der Konkurrenz verschiedener verwaltungsnaher Teil- oder Bindestrichdisziplinen) nun bewusst zum Anlass genommen werden, um auch mit politisch-opportunen
Anpassungen der eigenen Wissensangebote (aktuell also mit dem angestrebten Übergang
zu einer „Governance-Perspektive") zu bestandserheblichen Institutionalisierungsgewinnen zu kommen. Gemäß gegebenem Erkenntnisinteresse geht es bei der Rekonstruktion
entsprechender Prozesse allerdings nicht nur um die Identifikation einschlägiger institutioneller Folgen bzw. Begleiterscheinungen im engeren Sinn – also etwa um die gerade
hier auffälligen Verzweigungen nach Bindestrichdisziplinen, um Fragen der Etablierung
von akademischen Ausbildungsgängen oder um den Zugewinn eingeworbener Dritt- bzw.
Forschungsförderungsmittel. Da und insoweit wir in Anlehnung an das Konzept einer „social epistemology" zu gleichen Teilen ein wissenschafts- und/oder erkenntnistheoretisches
(bzw. kognitives) Interesse verfolgen, geht es in den Beiträgen hingegen immer auch um
den Gesichtspunkt, ob oder wie diese Konkurrenzen auf die Wahl erkennbarer Diskursformen – und insoweit auch schon auf die Begründungen der Überlegenheitsansprüche
der eigenen Wissensangebote durchschlagen. Trotz des gerade auch hier zu bedenkenden
„cultural turns" bzw. eines schon prinzipiell einzuräumenden erkenntnistheoretischen
„Relativismus" (einem entsprechend behaupteten universellen „Konstruktivismus") wird
daher auch immer wieder die wissenschaftskritische Frage aufgeworfen, ob oder inwieweit
es bei allem ggf. notwendigen strategischen Handeln noch (wie bei „rationalen" Rekonstruktionen unterstellt) um einen methodisch kontrollierten Prozess der Wissenserweiterung (gegenüber einer „outer world") handelt. Bei unseren Rekonstruktionen geht es
also weiterhin auch um die Frage, ob oder inwieweit hier Versuche einer zunehmenden
„Wahrheitsannäherung" bzw. einer verbesserten Begründung von „Gewissheitsansprü-
chen" unterstellter „Wirklichkeitserfassungen" unternommen werden – oder aber, ob diese
Dynamiken vorrangig doch schon dazu anhalten, diese Prozesse unter Anwendung verschiedenster rhetorischer Mittel als soziale Prozesse einer erfolgreichen „Diffusion" – und
insoweit vorrangig auch als kollektive bzw. soziale Prozesse eines „Bewusstseinswandels"
zu betreiben.

Unter Rückgriff auf eher klassische oder traditionelle „Wahrheitsbegriffe" spitzt sich
dann auch über die verschiedenen Beiträge hinweg die für uns zentral werdende Frage daraufhin zu, ob oder inwieweit diese Konkurrenzen bzw. die immer wieder notwendig werdenden Institutionalisierungsbemühungen letztlich dazu führen, dass es bei der Bedienung
politischer Nachfragen nach „rationalen" Begründungen zunehmend zur Produktion stark
„perspektivischen" – insoweit auch wiederum stark "konstruktivistischen", wenn nicht gar
„ideologischen" – Wissens kommt bzw. kommen muss. Da und insoweit im aktuellen Fall
zugleich für den Übergang auf einen nunmehr nicht-positivistischen bzw. postmodernen
Wissenschaftsbegriff plädiert wird, kann sich in diesem Zusammenhang zwangsläufig die
Frage aufdrängen, ob oder inwieweit es bei entsprechenden Bedienungen nicht schon quasi methodologisch gewollt zu einer zunehmend (willentlich als auch interessengeleiteten)
„konstruierten" Erfassung von Wirklichkeit (in Mannheims' Begriffen einer „partikulären"
Erfassung!) und somit auch unweigerlich zu bewussten Abkehrungen gegenüber den eher
klassischen „Wahrheitsbegriffen" kommt (mit den ja bekannten Konnotationen, wie eben
der der Herstellung von „Korrespondenzen", dem „Noch-Nicht-Wissen" und auch dem

ggf. „Nicht-Wissen-Können" von bzw. gegenüber einer „outer world"). Gerade anhand der jüngsten Auseinandersetzung zwischen dem „Steuerungsparadigma" der bisherigen Modernisierungsbemühungen und einer nunmehr insbesondere von einigen Teilen der Politikwissenschaft lancierten „Governance-Perspektive" wird dann auch aus einer entsprechenden wissenschaftskritischen Sicht deutlich zu machen sein (obwohl natürlich auch hier keine vollständige „Irreduzibilität" (Weingart) unterstellt werden kann!), dass und wie im Rahmen entsprechend politisch bzw. sozial „eingebetteter" Diskurse (bzw. abhängig von je angewandten sozialen und kognitiven Praktiken) das Risiko wächst, dass also zwar noch legitimatorisch nützliches, dann schon aber wieder faktisch womöglich wenig brauchbares (problemlösungsrelevantes) Wissen produziert wird. Selbst wenn sich hier gerade bei geplanten Interventionen in die „soziale Welt" (nach Poppers Worten epistemologisch also in eine „zweite" oder „dritte" Welt) auch durchaus weichere Übergänge von „Theorie" auf „Praxis" denken lassen (sich die „Wahrheit" ggf. auch erst rückwärtsgewandt über den einmal erreichten „Erfolg" bestimmen lässt), kann es hier zu einem kritischen Punkt werden, ob oder inwieweit im Rahmen des jetzt propagierten Paradigmenwechsels Wirklichkeitserfassungen bzw. Machbarkeitsüberlegungen ggf. doch erst bei einer ausreichenden Geltungskraft bzw. ausreichenden Gewissheitsnachweisen zu Handlungsempfehlungen gemacht werden sollten. Soweit es also weiterhin auch um verantwortungsethische Fragen der Produktion akademischen bzw. wissenschaftlichen Wissens geht (es also auch darum geht, den Missbrauch der Gesellschaft als beliebig verwendbares Soziallabor einzudämmen), wird sich damit auch hier wieder die wissenschaftpolitisch relevante Frage stellen, wie die erkennbaren Diskursformen – trotz gegebener sozialer „Einbettungen" – wieder verstärkt auf gemeinsam geteilte bzw. kommunikationsfähige Rationalitätsvorstellungen (also auf den an sich für wissenschaftliche Verhältnisse zu unterstellenden typischen „Wahrheitscode") bezogen werden können – oder anders: ob sich – trotz der sich unterschiedlich entwickelnden „epistemischen Kulturen" – im Rahmen weiterhin anstehender argumentativer Auseinandersetzungen auf „Wahrheit" zumindest noch im Sinne einer „regulativen Idee" zurückgreifen lässt.

Entsprechend diesen übergeordneten Problem- und Fragestellungen geht es dann quer über die folgenden Beiträgen schon einmal um den „topos",

a) wie die sich über Zeit verändernden „politischen Großwetterlagen" schon immer selbst zu veränderten politischen Nachfragen führen bzw. veränderte Ansprüche an eine verwaltungswissenschaftlich relevante Wissensproduktion gestellt haben. Mit unterschiedlichen Konzeptualisierungen als auch Gewichtungen wird hier also gleichsam aus historisch-systematischer Perspektive zum Thema, wie denn auch schon die Politik einer „Restauration" liberal-demokratischer Herrschafts- und Regierungsverhältnisse in der unmittelbaren Nachkriegszeit, wie der Aufbau bzw. Ausbau des Wohlfahrtsstaates (also die „Politik der Inneren Reformen"), aber auch und gerade die eher aktuellen Bemühungen um eine umfassende effizienz- und effektivitäts-orientierte Modernisierung von Staat und Gesellschaft („Agenda 2010") zum Ansatzpunkt veränderter politischer Nachfragen werden.

b) Gemäß der Aufmachung unserer Problem- und Fragestellungen geht es dann allerdings um den weiteren „topos", wie es mit einer solchermaßen ausgelösten Dynamik zu den bisher bekannten sozialen als auch kognitiven Institutionalisierungen eines verwaltungswissenschaftlich relevanten Wissensgebietes – und somit auch zu den für uns erheblichen Paradigmenentwicklungen kommt bzw. gekommen ist. In dieser Hinsicht wird es dann auch zu einem Thema, aus welchen politisch-sozialen Voraussetzungen heraus bzw. mit welchen kognitiv-methodologischen Folgen ein sich zunehmend konsolidierendes Wissensgebiet mit immer erneut durchgeführten Paradigmenwechseln (also auch mit welchen jeweils verändert aufgemachten Leitbildern der Erfassung als auch Lösung von Managementproblemen) auf die sich verändernden Nachfragen einzustellen versucht. Über die einzelnen Beiträge hinweg kann dann auch schon gleichsam im Sinne sich ergänzender historisch-systematischer Darstellungen deutlich werden, wie hier – und zwar aus sich sukzessive auch jeweils selbst verändernden institutionellen Verzweigungen heraus – versucht wird, etwa mit Übergängen vom Bürokratiemodell auf die strukturell-funktionale Planungs- und Steuerungstheorie bis hin zu den jüngsten Entwicklungen als einer designorientierten Managementlehre und/oder einer sich gesellschaftlich öffnenden Governance-Perspektive auf die sich verändernde gesellschaftliche bzw. politische Nachfrage zu reagieren. Anhand dieser Rekonstruktionen lässt sich dann schon einmal zeigen, dass und wie eine mit dieser Entwicklung selbst einhergehende bzw. sich auch stetig selbst verändernde institutionelle Verzweigung nach verschiedensten Teil- und Bindestrichdisziplinen (und daher auch eine entsprechend stark anfallende Konkurrenz um Institutionalisierungserfolge) zu einem im Gesamtzusammenhang „konkorrelierenden" Treiber dieser Art an Wissensproduktion wird. In anderen Worten ist hier also zwangsläufig damit zu rechnen, dass damit auch ein immer wieder drohender Rückfall in die institutionelle Formen einer „fragmentierten Adhokratie" zu einer bestimmenden Größe des Gangs der Wissensentwicklung wird. Zum anderen lässt sich anhand dieser Entwicklungen aber ebenso zeigen, dass und wie diese Einbindungen zwar in der Tat – allerdings mit beträchtlichen Schwerpunktwechseln – zu den nachgesuchten Institutionalisierungsgewinnen führen, die entsprechend notwendige Bedienung politischer Nachfragen allerdings selbst wiederum den Raum bzw. die Zeit dafür beschränken kann, das je dabei kumulierte Wissen nun auch – quasi im Modus eines zu verstetigenden „normalwissenschaftlichen" Betriebes – zum Aufbau einer konzeptuell als auch methodisch angemessen integrierten – also „ausgereiften" Disziplin zu nutzen.

c) Im Sinne eines dritten bzw. zentralen „topos" soll dann allerdings auch und gerade anhand der augenblicklich noch anhaltenden Konkurrenzen zwischen einem „Steuerungs- bzw. Managementparadigma" und einer „Governance-Perspektive" versucht werden, quasi exemplarisch deutlich zu machen, in welcher Form diese Dynamiken bzw. Zusammenspiele von „externen" und „internen" Faktoren auf die Art der Produktion wissenschaftlichen Wissens (im Sinne einer speziellen „epistemischen Form" des Wissens) – und damit auch auf die Konstitution von „Public Management" als einem akademisch relevanten Lehr- und Forschungsgebiet durchzuschlagen vermag. Wie es hier wieder für die eher kognitiv-orientierten Betrachtungen typisch ist, soll oder kann in diesem Zusammenhang deutlich werden, in welcher Weise denn auch im Rahmen dieser Paradigmenkonkurrenz verändert aufgemachte ontologische „Eigenarten" des Untersuchungsobjektes Staat und Verwaltung („Entdeckungszusammenhänge") als auch daraufhin angepasste Mittel der Gewinnung bzw. Begründung von Erkenntnissen („Begründungszusammenhänge") für eine neuartige Bearbeitung der Modernisierungsproblematik ins Spiel gebracht werden. Systematisch betrachtet, können diese Zusammenhänge dann auch schon zum (metatheoretisch relevanten) Bezugspunkt bzw. Maßstab dafür werden, um dann an den verschiedenen Praktiken der Diskursführung selbst aufzeigen zu können, mit welcher Verlässlichkeit (mit welchen auch nachvollziehbaren Geltungsgründen) es denn gelingen mag, die behauptete „Vorzugswürdigkeit" bzw. „Überlegenheit" der je eigenen Perspektive (oder „Managementlogiken") nun auch zu begründen. Gerade in diesem Zusammenhang wird dann auch immer wieder mit kritischer Absicht die Frage aufgeworfen, ob oder inwieweit man in den hier einschlägig geführten Diskursen Gefahr läuft, Orientierungen an auch klassische „Wahrheitsbegriffe" zu verlieren – also in zentralen Punkten ggf. auch Ansprüche an die Geltung und Gewissheit von Machbarkeitsbehauptungen (bzw. von Gestaltungsvorschlägen) zu vernachlässigen beginnt – und somit zwar kurzfristig betrachtet politisch durchaus nachgefragtes Wissen („ideologisches" Wissen) zu produzieren, langfristig betrachtet allerdings in eher selbst-destruktiver Weise doch wieder nur faktisch wenig brauchbares bzw. zwingendes Wissen. In sehr zugespitzter Weise kann es dabei auch schon um die Frage gehen, ob bzw. inwieweit – entgegen der ansonsten behaupteten regulierenden Wirkung eines „Wahrheitscodes" – allein schon ein geschickt inszeniertes „strategisches Handeln" bzw. die gelungene rhetorische „Diffusion" zum entscheidenden Treiber der managementerheblichen Wissensentwicklung zu werden vermag.

In den folgenden Beiträgen geht es also darum, sich unter Anlegen entsprechender Problem- und Fragestellungen mit der sich nunmehr aktuell aufbauenden Paradigmenkonkurrenz zwischen einem Steuerungs- bzw. Managementparadigma und einer Governance-Perspektive zu beschäftigen. Gemäß den eigenen Erkenntnisinteressen geht es dabei immer wieder darum, aus einer wissenschaftskritischen Sicht deutlich zu machen, wie die Dynamiken solcher Konkurrenzen auf die epistemische bzw. kognitive Struktur jeweils ventilierter Wissensangebote für eine weitere Modernisierung des Managements von Staat und Verwaltung durchzuschlagen zu beginnen – letztlich allerdings auch auf die Konstitution von Public Management als einer lehr- und lernbaren akademischen Disziplin. Wie es anhand der verschiedenen Beispiele deutlich wird, richten sich entsprechende wissenschaftskritische Betrachtungen zunächst und vor allem auf den aktuellen Versuch, die gesellschaftspolitisch geöffnete Governance-Perspektive nun gerade unter Anwendung der Techniken bzw. Mittel „strategischen Handelns" (also auch mit den ziemlich klar identifizierbaren „Um-Zu"-Relationen instrumentellen Handelns) als dominierende Sicht für die Modernisierungsthematik zu etablieren. Darüber hinaus wird sich allerdings einer gleichermaßen wissenschaftskritischen bzw. reflexiven Betrachtung bedient, um nun quasi von der anderen Seite – also von der weiteren Entwicklung des Steuerungs- bzw. Managementparadigmas her deutlich zu machen, wie sich die hier einschlägigen Wissensgebiete nunmehr auch schon in der Programmatik einer zunehmend konsistent aufgebauten designorientierten Managementlehre des öffentlichen Sektors zu etablieren versuchen.

Soweit es hier zur Anwendung einer entsprechend wissenschaftskritischen bzw. reflexiven Betrachtung kommt, kann und soll sich damit auch die wissenschaftspolitische Hoffnung verbinden, dass es im Rahmen des weiteren Diskurses – eben bei stärkerer Indizierung jeweiliger sozialer Bedingtheiten und ihrer epistemischen Folgen – zu einer verbesserten „verständigungsorientierten" Kommunikation kommen lässt.

Public Management Modernisation Options

2

Towards a socio-constructivist Analysis of the Emergence of revisionist Models to modernise the Management of the State Apparatus

Rainer Koch & Rick Vogel[*]

[*] Rainer Koch & Rick Vogel (2012): Paradigmenkonkurrenz im Public Management. Zur Kritik des Diskurses um Management-Entwicklungen. Wiesbaden: Springer Gabler, S. 15–29.
Gleichfalls erschienen in: Koch, R., Conrad, P. & Lorig, W.H. (Hrsg.): New Public Service, 2., überarb. u. erw. Aufl. Gabler Verlag, Wiesbaden 2010, S, 369–383.

2.1   Introduction

In the following remarks, we are going to address the current contest among different management philosophies about which is to dominate the ongoing discourse on how to promote modernisation of the management of the state and its administration (Koch 2008). In dealing with this discourse (or competition) we will have to fall back on a reflexive sociology of knowledge/science perspective (notably on the Weberian "adequacy concept") to figure out the extent to which such a contest or discourse can really contribute to an improvement in our desired knowledge on how to run modernisations effectively. As is known, such a concept takes the view that a specific interplay between exogenous and endogenous factors – notably an interplay between (changing) political demands on the one hand and enduring needs of the academia to find adequate societal support on the other hand – is to be considered the main driver of scientific knowledge creation processes.

In this respect such a reflexive approach is giving the opportunity to identify that also in this case the discourse is clearly not taking the shape of a genuinely methodologically driven contest primarily aiming at progressively refining the given body of knowledge. Different from the assumptions of a "rational" (and/or "logical") approach to reconstruct knowledge creation processes also in this case the focus is definitely not on deliberately setting off a cumulative process of knowledge extension by both systematically comparing and integrating the explanatory and/or pragmatic capacities of the currently competing concepts of management development (Hondrich/Matthes 1978). According to the interplay referred to rather the opposite holds true that by way of running this discourse all the parties (or academic approaches) involved are firstly producing so-called "perspective knowledge" – and thereby are producing knowledge which according to adjusted epistemological as well as ontological premises will prove useful in the light of currently given or changing political interests (Miller/Fox 2001).

Following such an argument, it is necessary for us to carefully scrutinize whether also in this case the more social circumstances – or in other words the deliberate striving to set up a new "adequacy" – are once again setting the stage for the most recent discourse – for the upcoming rivalry between a rather narrow management perspective on the one hand and a rather society-wide governance perspective of modernisation on the other. Thus, in following such an argument we especially have to work out carefully as to whether under those circumstances the claim can be raised that the governance perspective (and in turn a somewhat more "revisionist" model to further modernise or re-adapt the state apparatus) is really gaining its current prominence because it is producing superior or more compelling knowledge in defining and solving modernisation problems on its own right. However, to call this in question we also have to be aware of the fact that this rather "revisionist" concept of modernising the state apparatus might also only win support because it is producing "ideological knowledge" – knowledge which proves useful for giving a scientific rationale ("justification") to a changing political orientation.

2.2   Concept: A socio-constructivist Approach of Knowledge Creation

To elicit the various prerequisites and consequences of the ongoing discourse we need to apply a more reflexive or a meta-theoretical point of view ourselves – ultimately a sociology of knowledge perspective.

However, going over the given range of different perspectives at hand it already becomes evident at first glance that all of them are following quite different lines of inquiry in uncovering prerequisites and consequences in the knowledge creation process (Vogel 2006). There is first of all the classic Marxian view making the point – along with the famous base-superstructure metaphor – that it is the position ("social location") in the wider class structure of a capitalist society (and therefore the specific needs of a capitalist reproduction) which is shaping knowledge creation processes in a strongly biased or distorted way each time – in strict Marxian terminology, so as to produce "ideological thinking" and/or a "false consciousness" (Seiffert 1971). More over, there is the no less prominent sociology of science approach which, by utilizing a phenomenological or interpretative type of epistemology, conceives knowledge creation as a continuous competition or struggle amongst different scientific communities ("camps") each seeking to make its own paradigms mandatory and thereby becoming established as highly respected societal institutions (Lan/Anders 2000). From this, it is already becoming clear that knowledge creation may not only be (allegedly) shaped by the deterministic (often unconsciously remaining) effects of the capitalist mode of production (by the "logics" of a capitalist reproduction), but that this process is also taking place in the form of an explicit struggle between different "camps" in their attempt to reach "intellectual hegemony" (Mannheim 1969, S. 34). However, for our own purpose we will fall back on a special variant of a rather socio-constructivist "macro-micro" approach which is in the main going to conceptualize knowledge creation processes in terms of one of the core assumptions of the Weberian sociology of religion – thus, with the help of the "adequacy argument" (Weber 1964). Such an approach is of high analytical value here because it explicitly aims at specifying the more dynamic factors becoming relevant in this regard – and thereby making series of cyclical interplays of exogenous and endogenous factors the heart of explaining knowledge creation processes (Käsler 1979; Berger/Luckmann 1966).

In following such a "socio-constructivist" perspective it is firstly nothing but consequent to assume that also knowledge creation is to be conceptualized as part of an overall (society-wide) "re-production circuit" according to which series of fairly structured "recursive" processes are coming into play as means for a continuous (re-)"structuring" of given social relations. From this, it follows that also in our own analysis cycles or series of fairly structured interplays (lastly in terms of "social practices") between some "political" (external) and some "academic" (internal) developments have to be considered main drivers for a continuous (re-)"structuring" of the modes to capture and process "social reality" – and thus for setting off knowledge creation processes (Giddens 1984). However, in employing such a perspective it is of crucial importance as how to conceptualize the specific conditions (the "intrinsic dynamics") under which politics and the academia feel themselves urged to enter into these interplays and thereby are setting the stage for cyclically aligning knowledge production (Weingart 1976, S. 26/74). To leave adequate room for conceptualizing "constructivist" activities it nearly goes without saying that these conditions definitely cannot be derived from a strongly deterministic (or "teleological") understanding of history or societal development. Nonetheless, it has already become a characteristic feature in this regard to refer to the regulating impact of the given overall "institutional order" as a recursively operating process or flow of continuous "reproduction" (in a way to the given modes of "institutional embeddedness") – however, by also immediately making the point that this is – in line with the assumed "duality of structures" – setting the frame for both not only restraining but also enabling interplays amongst a variety of "institutional actors". Therefore, it is also from our own view the way in which "politics" as well as the "academia" see themselves "embedded" into this wider "societal order" which will finally make them to engage into these interplays – and thus to let them seek for new "adequacies" (or "fits") between the desired and the provided types of knowledge even in a fairly purposive manner (Koch 1985).

In accordance, it is once assumed that the growing societal demands to put policies on a more rational footing (or in stylish terms to deliver more "evidence-based policies") are more or less constantly calling on politics to search deliberately for some newly fitting or legitimizing rationales especially in the event of planned policy changes. From the view of this approach, this search is then on the other hand proving to be already reason enough for some academic disciplines as epistemic communities to purposively adapting its own knowledge production to these changing conditions. Though this is also considered constrained by the hitherto proven "rigor" or "practical relevance" of the academic disciplines in question, this approach is taking the view at this point that in the light of given "needs to survive" academic communities are even willingly offering paradigm switches under those circumstances (both in its cognitive and institutional sense) in the hope of becoming awarded the status of a highly valued social institution in return (Kuhn 1977, S. 187; Hollis 1994, p. 84; Böhme/van den Daele/Krohn 1973). In line with this overall arrangement (especially due to a reciprocal dependency among these actors) these interplays are then consequently resulting into some series of fairly structured ("self-enforcing" or "recursive") processes, with the help of which both sides (in terms of "knowledgeable agents" or a "strategic conduct") are seeking for the sake of its own interests to work out a new "fit" between desired and supplied types of knowledge – and thus to set off a new or better fitting "adequacy". By unfolding the dynamics of these interplays in this way it is surely becoming a central theme as well that in context of these cyclically progressing interplays also a quite diverse set of "constructivist practices" (in strict terminology some social practices such as "rules" and "resources"/sense-making practices, resource mobilizations as well as modes to legitimize) may become employed for deliberately establishing a new view for judging policies – or to make the now desired kind of thinking or reasoning binding on a society-wide scale. However, what even counts more in this respect is the assumption that under these circumstances – as supportive technical as well as normative knowledge is needed – knowledge creation cannot but to focus on producing strongly "perspective knowledge" – and thereby is raising the risk to produce knowledge predominantly in terms of a deliberately constructed "social reality".

This analytical core of a "socio-constructivist" analysis is then giving us the opportunity to figure out as how the built-in interests of the two sides may or will get the upper hand in running the management philosophy discourse. Consequently, such an approach can help us to find out the extent to which these processes of knowledge production are (due to its perennial "selective character") mainly about constructing as well as disseminating favourable (mental as well as normative) "frames" for promoting "a new or alternative look" on management modernisation (Vogel/Frost 2009). Therefore, such an approach allows to critically delineate as to whether this discourse on the capacity of different management philosophies is going to result in an extension of genuine (proven or workable) problem solving knowledge – or by being bound to vested interests – is rather aiming at producing "ideological knowledge" (in the sense of supportive knowledge) for pushing through alternative views in public management modernisation.

2.3   Discourse on Public Management Modernisation Options

2.3.1 Changing Interplay between Politics and the Academia

According to our "macro-micro-approach" it is no surprise that the fierce contest among different management philosophies has just arisen at a time when politics is undergoing a remarkable change in orientations in face of upcoming risks.

Until recently, some sort of a "third way philosophy" (notably the notion of an "activating state") has been taken as conceptual blueprint (or "guiding model") to give the state apparatus the necessary higher levels of productivity to cope with the changing requirements of globalisation. In this context the planning and steering perspective (notably in terms of a strongly output – or even competition-oriented management concept) has become established as a quasi official concept of modernising the state apparatus which due to its core philosophy is clearly putting the focus on internal management improvement measures to leverage efficiency as well as effectiveness in producing and delivering public services (Pollit/Bouckaert 2000). However, since parts of the former (great coalition-) government (in office till 2009) have become increasingly worried about losing electorate support for the next turn, the hitherto shared philosophy of modernising the state and administration is going to be called into question. Since these parts are belonging more to the left wing of the government, a general concern is in this respect that the currently given modernisation is allegedly only about optimizing internal conditions for the production of public services, but without paying adequate regard to the negative and/or re-distributive effects such an approach may have for society as a whole – and especially for the living conditions of the more lower socio-economic groups. Along with the "dynamics" outlined above such a change in the political setting is then firstly giving rise to make sure that the now forthcoming evaluations will be used as vehicle not only to discredit the value of the preceding modernisations at large (the so called internal management improvement approach) but also to push claims for launching and establishing other, from their view more fitting management philosophies as mandatory for the future. However, as assumed with our "interplay argument" this is on the other hand already reason enough for some academic camps involved now to push rather more society-wide perspectives – especially the "governance" perspective and/or the classic "rule of law" concept of the state – as more adequate concepts for defining and resolving the modernisation problem – and thereby praising them at least implicitly as suitable agents for engineering the desired return to a (neo-)welfare state policy.

2.3.2 The growing Dominance of the Planning and Steering Approach

From a chronological point of view, it is the policy programme of the in 1998 newly elected social-liberal government to adapt state and society to globalisation which has been setting the stage for this discourse. Since it is the policy of this government especially to enhance the economic competitiveness of state and society at large, it is nothing but consequent, that under these circumstances neo-liberal thinking (such as the resurrection of a "free market" or the switch to a "slim state") must have been attracting enormous popularity, if not gaining a "hegemonic" character already in principle at this point of time (Plehwe/Walpen/Neunhöffer 2006). However – as our "dynamics argument" suggests – this demand for a remarkable change in politics is then also derived from the specifically economics based public management stream as the best possible chance of deliberately re-positioning itself as the superior academic paradigm in this field (or at least pushing aside some more traditional concepts such as public administration or political sciences) – and thereby also being in the forefront of attracting greater respect as an important knowledge provider (production factor) on a society-wide level. From all this, it does not come as surprise that especially the planning and steering approach to modernisation is becoming the heart of the discourse both in conceptual and in practical terms.

As far as its epistemological as well as ontological premises are concerned, it is the planning and steering approach which believes in the possibility of meeting current modernisation needs by carefully (purposively) planning and implementing optimized management designs (strictly speaking, by organizing public service delivery in terms of deliberately crafted rational processes of goal-achievement). Therefore – backed by the given political setting – the whole discourse on modernising the state apparatus has been preoccupied so far with discussing pros and cons of a so-called ("institutional economics" based) New Public Management concept (Lane 2000). This concept calls for a paradigm switch according to which the state is to be confined to the role of an "enabling authority" and thereby having management to discover most productive service delivery systems from a range of differently constituted public and/or private providers by running strongly decentralized competitions. Strictly speaking, following the NPM formula the classic bureaucratic rule-driven regime has now to be replaced by "contract management" – and thus making competitive tenders a crucial mean for deciding as to whether public service production will have to take place "in-house", "out-of-house" or in terms of some "partnerships" (Koch 2004). All in all, it is not too much to state that this formula has at least in broad terms become the conceptual driver of all the diverse practical modernisation projects across all the various tiers of our federal system – though most notably in terms of the NSM/the New Steering Model at the level of local authorities (Brenski/Liebig 2007; KGSt-Bericht 2/2007).

Since from this point of view modernisation of the state apparatus has to take the form of a long lasting as well as strategically guided process of management development (is to be considered an "evolutionary process"), it virtually goes without saying that first evaluations of the current state of affairs are definitely not giving cause to call one's own perspectives into question at large. On the contrary, from its own pragmatic orientation to capture the given state of affairs (also by revealing change-induced inefficiencies) rather means to look out for further means to step up one's own activities to turn a started but not yet finalized change into a "fully fledged-" or "fully blown state" – and thereby seeking for an opportunity to capitalize on the desired efficiency and effectiveness enhancing effects in full (Boyne et al. 2003; KGSt Bericht 2/2007). Therefore, it does not come as a surprise that at this point of time rather a stronger strategic lead – what in the main means to reach a higher level of conceptual consistency amongst the various change elements – is called for in order to overcome current shortfalls in going ahead with effective modernisation activities (Koch/Dixon 2008; Lane 2009). By concentrating change activities on introducing adjusted "cost accounting systems" and "performance appraisal systems" now also attempts are becoming obvious to use more strongly so-called (crucial) "high impact" levers (levers with strong transformational effects) for giving the whole process of change the further needed strong drive.

From a meta-theoretical point of view it is becoming more than obvious that by pursuing such a planning and steering approach once again the belief is spread of having the adequate capacity at disposal for purposively intervening into and reconstructing "social reality". As known, to follow this approach firstly means that now ontological assumptions are coming to the fore according to which complex management processes seem accessible to a break down into some separate as well as deliberately manageable efficiency enhancing "means-to-ends" relations. Moreover, due to its further epistemological premises this approach is also propagating the view that by deliberately manipulating these relations desired effects for an optimized public service provision can be set off in a foreseeable as well as smoothly controllable way (Koch 2008; Klages 1971).

2.3.3   The Emergence of the Governance Perspective

However, in contrast to this quite a different perspective of inquiry (both in terms of its epistemological premises and its conceptual assumptions) is coming into play, taking this stage of evaluating currently achieved effects as an opportunity to call into question the benefits of the hitherto accepted conception of modernisation at large (from an international point of view already from the very beginning Clarke/Newman 1997).

In this regard, a changing political climate (especially an enduring debate on rising poverty, minimal wages and so-called a-typical employment categories) – causes a growing number of stakeholders (from a number of political interest groups as well as from some competing academic camps) firstly to come forward with quite a different (or negative) assessment of all the modernisation processes designed and implemented so far. Accordingly, there is now a mix of different stakeholders at work essentially claiming (by way of presenting their own methodologically speaking often fairly one-sided evaluation results) that conventional modernisation approaches not only suffer from temporary inefficiencies in implementing desired concepts of adjusting management of state and administration. Moreover, being backed by a changing political environment a fairly fast growing group of academics (mostly with a political science background) are enjoying themselves in disseminating the view as if the currently applied approach cannot but fail in properly defining as well as solving problems inherent in modernising the state apparatus already due to its own epistemological or conceptual prerequisites – making the point that the claimed failure clearly has its roots in the application of "false theory" (Bogumil et al. 2007; Holtkamp 2008). From this view, in terms of its own rhetoric, an allegedly too far reaching (or unduly) "economistic" ori entation is to be blamed for preventing this approach from becoming successful from the outset (Czerwick 2007; for a balanced account Vogel 2008). Consequently, from this point of view the question is not how to adjust given strategies (notably the "enabling state" concept as well as the NPM approach) to make them work more effectively in giving the state apparatus the now desired more competitive and/or productive outlook. On the contrary, from this point of view the current state of affairs is rather giving reason for displacing the (allegedly) far too narrowly conceived concept of only optimizing internal management conditions by a far more wider or more encompassing concept – by the in other quarters since long quite fashionable concept of governance.

In favouring a society-wide governance perspective there is the claim that this approach (in contrast to the management paradigm) is in a better position not only to provide adequate reasons for the presently alleged "failure" of the current concept but also to outline how a successful strategy to adapt the management of state and administration has to look. Though it remains to be a "slippery" concept in itself, it does not come as a surprise that from this point of view attempts to leverage internal information processing and decision making capacities cannot be regarded sufficient means to modernise the state apparatus in present circumstances. By contrast, following the core tenet of the governance perspective the understanding is then (favourably put) that managing state and administration is intended to put the focus rather on networks into which state and administration are embedded on a society-wide scale – and thereby making negotiations, co-operations and lastly partnerships with a variety of stakeholder groups crucial means for the pursuit of overriding societal objectives (Lane 2005; Bovaird/Löffler 2009). However, the specific impetus for getting theoretical thinking deliberately adjusted to changing political needs becomes more than apparent when this switch to a broader or wider (analytical) perspective is derived from one of the more prominent variants – from a specific social class theory based (or labour policy) make up – for raising the claim to give the state apparatus back a sufficient capacity for producing significantly new policy outcomes – notably a capacity for designing as well as implementing successfully the (at least implicitly) desired return to a re-distributive (neo-)welfare type of policy (Jann 2006). In strong contrast to the hitherto dominant planning and steering concept such a view is then consequently not only taken to call for a return to Keynesian macro-economics or for a stronger reliance on regulatory policy programmes respectively; given the most recent developments this is also going along with the now at least implicitly promoted assertion that "hierarchy" is to be re-considered as superior "management logic" for the state sector in general. From a more specific practical (political party) point of view, such a fall back on classic structures (with its standard operating procedures, its structurally entrenched entitlements to benefits and all its clearly laid-out mechanisms of interest representation or staff participation) is also in this case considered necessary for both protecting civil service prerogatives at large and launching new social policies (for a detailed general discussion Considine 2001).

In following these lines of the discourse it is becoming evident that this shift in perspective has not yet really (apart from some critical comments on privatisation activities/PPPs) resulted in further attempts to generate some more genuine management knowledge for the areas pretended to be more in focus now – for the "net-worked areas" of public service delivery. Therefore, as far as the academic part is concerned the most conspicuous point might rather be that this discourse is taken from some epistemic communities as excellent opportunity to get themselves re-established as potent or powerful "institutional players". The fierce conflicts coming up amongst a variety of academic disciplines in their current attempts to rewrite BA or MS study programmes relevant in this regard is only but one indication of this. In addition, even when it comes to politics (or more notably to the unions) it does not really seem to be the case either that this shift towards a more society-wide focus (to a "governance perspective") is giving reason for carrying through some genuine policy innovations or for changing its orientation (e.g. by addressing new target groups or by carrying through switches to some more "grass-root-" or participatory concepts of politics). All in all, it seems that this discourse is rather providing new "frames" or "lenses" for critically assessing given modes of service delivery – and thereby giving the opportunity (is opening the "agenda") for now raising legitimate claims to fall back again on employing rather "revisionist" models of management. In contrast to the planning approach, then, mod ernisation is not that much anymore about offering choices amongst a variety of different "management logics"; rather some "revisionist" models are adopted to "bring the state back in" as a strong "political centre" (also as a "rule of law" state) and there by re-constituting the state as reliable agent for engineering a return to neo-welfare policy programmes (what by the way is also clearly going along with current intellectual difficulties not only to come forward with critique but to set up convincing visions as how to overturn given systems of a capitalist reproduction at large, see Chiapello/Fairclough 2002; Boltanski/Chiapello 2006).

2.4   Appraisal: Legitimizing "revisionist" Models of Management Modernisation

With this analysis it can easily be demonstrated as how the "adequacy" concept – or more specifically the "dynamics" argument – can be employed as a powerful instrument for re-constructing prerequisites as well as consequences of the still ongoing contest between two rather different management philosophies.

In this respect there is no denying that the highly structured "interplay" between exogenous and endogenous factors – or in other words the desire on both sides to set up a new "adequacy" – is clearly operating as a root cause in setting off another cycle of knowledge creation. Accordingly, there is first the attempt in some political quarters at work to look for some adequate scientific (scholarly) support (foundation) for their efforts to contain negative consequences of "radical market liberalism" by resurrecting the classic type of a redistributive (neo-)welfare policy. In line with the overriding logic of the "interplay" this attempt to put its own policies on a more "rational" footing is on the other hand reason enough for other academic groups (albeit again mediated especially by the policy research programme changes of the think tanks or foundations of single political parties) to take this as an opportunity to launch (counter-)concepts or arguments relevant in this regard – and thereby seeking to re-establish its own status as an again influential community in the broader field of public management. In this regard, there are especially some political science camps working hard at re-occupying this once lost domain of scientific work – the field of public management or public administration ("the paradise lost and now regained" so to speak). However, by re-constructing the discourse this way it equally becomes evident that this "interplay" is shaping the knowledge creation process in a way that more "revisionist" models of management – and in turn rather classic, if not even outmoded concepts of state and administration – are again about to gain prominence.

By employing this "interplay" to re-constitute knowledge creation processes it certainly must become a matter of concern as to whether knowledge creation can really be directed at generating superior problem solving knowledge in a genuine way (although being very well aware of the ongoing "battle" between "naturalism" and "hermeneutics" it seems still possible to us to make enduring "objectivity" or "resilience" of the "outer world" the measure relevant in this regard) (Hollis 1994). From a reflexive point of view it rather seems reasonable to assume that this sort of a knowledge creation process is tending to encourage all the parties involved to create so-called "perspective knowledge" (and – as said – to produce "promotional literature" likewise). However, to make this point certainly does not mean in substantive terms that no fruitful results at all can be expected by employing the governance perspective in dealing with modernisation issues. On the contrary, the analytical impetus of the governance perspective will always be needed to properly conceptualize all the further societal circumstances also a more closed system theory perspective has to take care of (at least as side conditions) when trying to design workable concepts for managing public service provision systems (Lorig 2008). In this regard, it is already proven knowledge as how a gradual opening of the frame of analysis in favour of a "system-environment-" or even an "inter-organisational network-analysis" is allowing for taking regard of (to incorporate) crucial societal requisites or consequences in a commensurable way (Etzioni 1960). Accordingly, with such a gradual widening of frames of analysis public management policy changes have already been made a regular subject of inquiry of public policy research from the view of some (historical and/or sociological) neo-institutional approaches in the meantime (Barzelay/Gallego 2005).

However, should the claim be raised in this context to establish the governance perspective (in terms of a pragmatic "reform strategy") as the only dominant paradigm of public management (with the effect of replacing the more narrow management concepts) it is easy to predict that this perspective cannot but fail to achieve its own purpose of inquiry (or has to lose inevitably all its pragmatic power) (Klenk/Nullmeier 2004; Lindblom 1990). As known, there is definitely no doubt that the programme of governance research is – driven by a changing political environment – clearly aiming at making the more "net-worked areas" of public service delivery the focus of public management improvement activities. However, from a more critical point of view the obvious epistemological as well as conceptual restraints in pursuing such a perspective (in particular its strong turn to some more post modern analytical techniques) have already given rise in the meantime to speculate as to whether this approach will be in a position at all to generate an adequate knowledge base for monitoring management changes from a reflexive point of view (Hess/Adams 2002). In this context, it has especially become a matter of serious concern as to whether the employment of so-called "place management" techniques (mainly sets of "discursive methods" or "co-operative means") will ever – as propagated – be able to prove oneself as an effective (reliable) mean for controlling public service delivery processes in the more "net-worked areas" – notably at the interfaces between the public and private sector (Newman 2005; Klenk 2005). In this respect it has to be kept in mind that there are still some other approaches conceptualizing these areas as genuine "policy fields" – fields in which rather methods of "consent-building" or" conflict-resolution" have to be applied (or even the mobilisation of legitimate power in the last resort) for bringing about concerted actions (Lane 2008).

It is then exactly this constant but nonetheless intrinsically contradictory striving to "make especially the (essentially non-manageable) political processes manageable" which will inevitably turn governance research of this sort into "wishful thinking" ("ideological thinking") sooner or later (or even worse can give the whole approach – provided that proper political means are not available – an "autocratic" flavour) (Kegelmann 2007; Fox/ Miller 1996, p. 35). Strictly speaking, it is then becoming apparent that the purpose of all this may not be so much on crafting "proven solutions" for dealing effectively with topical management problems (in the short term). Given all the latest moves in this debate it seems as if the actually driving concern of all this is rather to give one's own discipline back the needed coherent cognitive outlook, to attract the attention and support of the wider public – and thus to regain the status of a highly valued and respected academic discipline. On the other hand this certainly must not be to the regret of the political camps involved, because this switch in focus is already on its own giving legitimacy for discussing modernisation issues from an overall societal angle – and thereby paradoxically giving also the opportunity to bring in again rather classic (revisionist) models of management for engineering desired policy changes. However, to uphold such a position in the face of better knowledge clearly means just serving changing dominant political interests – or promoting "ideological thinking". At any rate, it has already become a proven means for promoting academic empire-building interests.

On the other hand, the given discourse has correctly brought to light that also the more narrow planning and steering theory based management approach has to be criticised in various respects. From a more reflexive point of view it is surely the most salient shortfall in this regard that all the current practical management improvement initiatives (across all the diverse jurisdictions) have not yet succeeded in giving the modernisation process the necessary shape of a strategically guided, sustainable process of "cultural change" (let alone the apparent lack in bringing about an adequate level of consistency amongst all the diverse modernisation activities) (Banner 2008). However, even by raising this critique it must not be forgotten that this approach will remain the most valuable approach for dealing with all the internal system specific conditions in order to leverage efficiency and effectiveness in public service provision – and thus the preferred approach in dealing with the modernisation challenges from the still needed perspective of optimizing the special type of a (partial) sub-system rationality of state and administrative actions. To praise the value of this approach in this way this also means to recall that this approach (by sharing the epistemological position of a "moderate voluntarism") still knows (in contrast to some post modern convictions) how to make effective use of planning as a specific reflexive concept to gauge the prospects to re-modelling as well to change "social reality" in a purposive and anticipatory way. However, to follow such an approach means also to acknowledge in the last resort that this goes hand in hand with certain very basic "social philosophical" positions (Nordmann 2005; Willke 2003) – thus to look for "system rationalisation devices" this way first means to put a focus on conditions to produce "societal wealth" also first before looking for best possible measures of "re-distributing" the wealth now generated.

References

Banner, G. (2008): Logik des Scheitern oder Scheitern an der Logik? In: dms – der moderne staat – Zeitschrift für Public Policy, Recht und Management, Heft 2, S. 447–455.

Barzelay, M./Gallego, R. (2006): From New Institutionalism to Institutional Processualism: Advancing Knowledge about Public Management Policy Change. In: Governance, Vol. 19, No. 4, pp. 531–557.

Berger, P./Luckmann, T. (1966): The Social Construction of Reality: A Treatise in the Sociology of Knowledge, New York.

Bogumil, J./Grohs, S./Kuhlmann, S./Ohm, A. K. (2007): Zehn Jahre Neues Steuerungsmodell: Eine Bilanz kommunaler Verwaltungsmodernisierung, Berlin.

Boltanski, L./Chiapello, E. (2006): Der neue Geist des Kapitalismus, Konstanz.

Bovaird T./Löffler E. (eds.) (2009): Public Management and Governance, 2nd edition, London.

Boyne, G. A./Farrell, C./Law, J./Powell, M./Walker, R. M. (2003): Evaluating Public Management Reforms: Principals and Practices, Buckingham/Philadelphia.

Brenski, C./Liebig, A. (Hrsg.) (2007): Aktivitäten auf dem Gebiet der Staats- und Verwaltungsmodernisierung in den Ländern und beim Bund (Speyerer Forschungsberichte 250), Speyer: Deutsches Forschungsinstitut für Öffentliche Verwaltung.

Chiapello, E./Fairclough, N. (2002): Understanding the New Management Ideology: A transdisciplinary Contribution from Critical Discourse Analysis and New Sociology of Capitalism. In: Discourse & Society, Vol. 13, No. 2, pp. 185–208.

Clarke, J./Newman, J. (eds.) (1997): The Managerial State: Power, Politics and Ideology in the Remaking of Social Welfare, London.

Considine, M. (2001): Enterprising States: The Public Management of Welfare-to-Work, Cambridge.

Czerwick, E. (2007): Die Ökonomisierung des öffentlichen Dienstes: Dienstrechtsreformen und Beschäftigungsstrukturen seit 1991, Wiesbaden.

Böhme, G./van den Daele, W./Krohn, W. (1973): Die Finalisierung der Wissenschaft. In: Zeitschrift für Soziologie, 2. Jg., Heft 2, S. 129–144.

Etzioni, A. (1960): Two Approaches to Organisational Analysis: A Critique and a Suggestion. In: Administrative Science Quarterly, Vol. 5, No. 2, pp. 257–278.

Fox, C./Miller, H. T. (1996): Postmodern Public Administration: Toward Discourse, Thousand Oaks.

Giddens, A. (1984): The Constitution of Society: Outline of the Theory of Structuration, Berkeley.

Hess, M./Adams, D. (2002): Knowing and Skilling in Contemporary Public Administration. In: Australian Journal of Public Administration, Vol. 61, No. 4, pp. 68–79.

Hollis, M. (1994): The Philosophy of Social Science: An Introduction, Cambridge.

Holtkamp, L. (2008): Das Scheitern des Neuen Steuerungsmodells. In: dms – der moderne staat – Zeitschrift für Public Policy, Recht und Management, Heft 2, S. 423–446.

Hondrich, K. O./Matthes J. (Hrsg.) (1978): Theorienvergleich in den Sozialwissenschaften, Darmstadt, Neuwied.

Jann, W. (Hrsg.) (2006): Public Management: Grundlagen, Wirkungen, Kritik, Berlin.

Käsler, D. (1979): Einführung in das Studium Max Webers, München.

Kegelmann, J. (2007): New Public Management: Möglichkeiten und Grenzen des Neuen Steuerungsmodells, Wiesbaden.

KGSt-Bericht 2/2007, Das Neue Steuerungsmodell: Bilanz der Umsetzung, Köln.

Klages, H. (1971): Planungspolitik, Stuttgart usw.

Klenk, T. (2005): Governance-Reform und Identität: Zur Mikropolitik von Governance-Reformen. In: Oppen, M./Sack, D./Wegener, A. (Hrsg.): Abschied von der Binnenmodernisierung?, Berlin, S. 31–52.

Klenk, T./Nullmeier, F. (2004): Public Governance als Reformstrategie, Düsseldorf.

Koch, R. (1985): Paradigmenentwicklung und Institutionalisierung der Verwaltungswissenschaft. In: Braun, H.-J./Kluve, R. H. (Hrsg.): Entwicklung und Selbstverständnis von Wissenschaften, Frankfurt a. M., S. 163–195.

Koch, R. (2004): Umbau öffentlicher Dienste: Internationale Trends in der Anpassung öffentlicher Dienste an ein New Public Management, Wiesbaden.

Koch, R./Dixon, J. (eds.) (2008): Public Governance and Leadership: Political and Managerial Problems in Making Public Governance Changes the Driver for Re-Constituting Leadership, Wiesbaden.

Koch, R. (2008): Strategischer Wandel des Managements öffentlicher Dienste: Designorientierte Managementlehre und die Modernisierung öffentlicher Dienste, Wiesbaden.

Kuhn, T. S. (1977): Die Entstehung des Neuen, Studien zur Struktur der Wissenschaftsgeschichte, Frankfurt a. M.

Lan, Z./Anders, K. K. (2000): A Paradigmatic View of Contemporary Public Administration Research. In: Administration and Society, Vol. 32, No. 2, pp. 138–165.

Lane, J.-E. (2000): New Public Management, London, New York.

Lane, J.-E. (2005): Public Administration and Public Management: The Principal-Agent Perspective, London.

Lane, J.-E. (2009): State Management: An Enquiry into Models of Public Administration and Management, London.

Lindblom, C. A. (1990): Inquiry and Change: The Troubled Attempt to Understand and Shape Society, New Haven.

Lorig, W. H. (Hrsg.) (2008): Moderne Verwaltung in der Bürgergesellschaft, Entwicklungslinien der Verwaltungsmodernisierung in Deutschland, Baden-Baden.

Mannheim, K. (1969): Ideologie und Utopie, Frankfurt a. M.

Miller, H. T./Fox, C. J. (2001): The Epistemic Community. In: Administration and Society, Vol. 32, No. 6, pp. 668–685.

Newman, J. (ed.) (2005): Remaking Governance: Peoples, Politics and the Public Sphere, Bristol.

Nordmann, J. (2005): Der lange Marsch zum Neoliberalismus, Hamburg.

Plehwe, D./Walpen, B./Neunhöffer G. (eds.) (2006): Neoliberal Hegemony: A Global Critique, London.

Pollitt, C./Bouckaert, G. (2000): Public Management Reform: A Comparative Analysis, Oxford.

Seiffert, H. (1971): Marxismus und bürgerliche Wissenschaft, München.

Vogel, R. (2006): Zur Institutionalisierung von New Public Management, Disziplindynamik der Verwaltungswissenschaft unter dem Einfluss ökonomischer Theorie, Wiesbaden.

Vogel, R. (2008): Ökonomische Imperialismen: Grenzverwischung zwischen öffentlich und privat. In: von Maravic, P./Priddat, B. P. (Hrsg.): Öffentlich-Privat: Verwaltung als Schnittstellenmanagement, Marburg, S. 91–117.

Vogel, R./Frost, J. (2009): Innovating in the German Public Sector: How a Think Tank Frames the Debate on NPM. In: The Innovation Journal, Vol. 14, No. 2, S. 1–21.

Weber, M. (1964): Vorbemerkungen zu den gesammelten Aufsätzen zur Religionssoziologie. In: Ders., Soziologie, Weltgeschichtliche Analysen, Politik, hrsg. von Winkelmann, J., Stuttgart, S. 340–356.

Weingart, P. (1976): Wissenschaftsproduktion und soziale Struktur, Frankfurt a. M.

Willke, G. (2003): Neoliberalismus, Frankfur a. M., New York.

Paradigmenentwicklung und Institutionalisierung der Verwaltungswissenschaft

3

Zu den politisch-sozialen Bedingungen der Begründung von Verwaltungswissenschaft als akademische Disziplin

Rainer Koch[*]

[*] Rainer Koch & Rick Vogel (2012). Paradigmenkonkurrenz im Public Management. Zur Kritik des Diskurses um Management-Entwicklungen. Wiesbaden: Springer Gabler, S. 31–55.
Gleichfalls erschienen als: Koch, R. (1985): Paradigmenentwicklung und Institutionalisierung der Verwaltungswissenschaft, in: Braun, H.-J./Kluwe, R.H. (Hrsg.): Entwicklung und Selbstverständnis von Wissenschaften, Ein interdisziplinäres Colloquium, Verlag Peter Lang, Frankfurt/M. usw., S. 163–195.

3.1 Einleitung: Einfluss der Paradigmenentwicklung auf die Institutionalisierung

Wenn man versucht, die Entwicklung der Verwaltungswissenschaft mit Hilfe jüngerer Konzepte zur Wissenschaftsgeschichte zu rekonstruieren, wird man recht schnell feststellen, dass sich ihre Problemstellungen und Erklärungsansätze doch nur bedingt für den Fall der Verwaltungswissenschaft anwenden lassen. Denn bei aller Differenziertheit stellen diese Konzepte letztendlich doch nur auf die Frage ab, wie sich die Wissensentwicklung (ob als Erkenntnisfortschritt, bloßer Wandel oder im Sinne einer zunehmenden gesellschaftlichen Steuerung) für den Fall ansonsten bereits risikolos institutionalisierter Wissenschaften bzw. Disziplinen rekonstruieren lässt (Diederich 1974, S. 7 ff.; Lakatos/Musgrave 1974). Doch was hier noch als unproblematische „Randbedingungen" mitgeführt wird, macht das eigentliche soziale und kognitive Entwicklungsproblem der Verwaltungswissenschaft schlechthin aus. Während man also für eine Vielzahl klassischer und auch moderner (insbesondere sozialwissenschaftlicher) Disziplinen einen institutionell abgesicherten akademischen Betrieb nahezu unbesehen zu unterstellen vermag, besteht hingegen für die Verwaltungswissenschaft jetzt schon dauerhaft das Problem, ob sie sich als „Singular", als eine sozial und kognitiv vereinheitlichte Disziplin, zu konstituieren vermag, oder ob sie sich in einen „Plural" von Basisdisziplinen (Jurisprudenz, Betriebswirtschaftslehre, Soziologie etc.) und entsprechend in bloß „verwaltungsbezogene" Erkenntnisse auflöst (König 1970; 1980; Langrod 1976). Für den Fall der Verwaltungslehre ist dann auch weniger die Kontroverse um die denkbare „Linearität" der Wissensentwicklung von Bedeutung, als vielmehr die Frage, unter welchen Bedingungen sie sich über alle kognitiven und sozialen „Spaltungen" hinweg überhaupt im Sinne eines „Singulars" als eine institutionell und methodisch-integrierte Disziplin zu konstituieren vermag (Weingart 1976, S. 20).

Wenn wir hier der Entwicklung der Verwaltungswissenschaft gerade unter diesem speziellen Aspekt – allerdings auch nur für die Nachkriegszeit – nachgehen wollen, so dürfte von vornherein klar sein, dass sich dafür die gängigen „logischen-rationalen" und/oder „historisch-soziologischen" Rekonstruktionsversuche (Weingart 1972, S. 20 ff.) doch nur bei gegenseitiger Öffnung, gelegentlicher Erweiterung oder aber spezieller Akzentuierung anwenden lassen. Diese Konzepte lassen sich allerdings noch insoweit problemlos anwenden, als wir gerade mit ihnen zeigen können, welch entscheidende Bedeutung einer „Paradigmatisierung" zukommt, um die Verwaltungswissenschaft im „internen" Bereich als eine erkenntnislogisch sowie sozial vereinheitlichte Disziplin durchzusetzen (Kuhn 1981, S. 25 ff.; S. 104 ff.). Doch um nun aber diesen Vorgang einer Paradigmatisierung selbst erklären zu können, reicht dann ein Rückgriff auf die zugestandenermaßen stark differenzierten Hinweise auf methodologische und/oder sozialstrukturelle Steuerungsfaktoren des Wissenschaftsbetriebs (Theorienvergleich, Anomalien, Reputationssicherung etc.) nicht mehr aus. Wie schon für andere Disziplinen muss in diesem Punkt vielmehr auf ein bestimmtes Zusammenspiel zwischen diesen Gesichtspunkten und weiteren „externen" bzw. gesellschaftlich politischen Einflüssen abgestellt werden (Weingart 1976). Obwohl man dabei wiederum schnell geneigt sein kann, die Entwicklung von Wissenschaften der Sogwirkung allgemeiner gesellschaftlicher „Reproduktionszwänge" oder einer (abhängig vorn Reifegrad) vermeintlich stetig zunehmenden „Finalisierung" preiszugeben (Böhme/van den Daele/Krohn 1973), wird es sich nicht schon um einseitig determinierende Einflüsse handeln. Ganz im Gegenteil werden sich die für eine „Paradigmatisierung" und folglich auch weiterer Institutionalisierung erheblichen Einflüsse erst aus speziellen Adäquanzen bzw. Passungen zwischen gesellschaftlich-politischen Verhältnissen und wissenschaftsinternen Entwicklungen einstellen (Käsler 1979, S. 94 f.).

Wenn man der Institutionalisierung der Verwaltungswissenschaft in dieser Weise nachgeht, stößt man regelmäßig auf ein bemerkenswertes Dilemma. Denn wie immer sich die Verwaltungswissenschaft konstituiert – ob als Singular oder Plural –, lassen es die speziellen Konstituierungsbedingungen nicht schon zu, dass die Verwaltungswissenschaft den verschiedenen normativen Ansprüchen an eine Wissenschaft gleichermaßen zu entsprechen vermag. Denn für den Fall einer Paradigmatisierung vermag sich zwar die Verwaltungswissenschaft als eine sozial und kognitiv weitestgehend vereinheitlichte Disziplin (als „Singular") zu konstituieren, doch gerade die in dieser Hinsicht positiv wirkenden Kräfte (Finalisierungsversuche) können sie zugleich daran hindern, eine wissenschaftsangemessene methodisch-theoretische Reife zu erzielen (Siedentopf 1983, S. 42). Allerdings mit hoher gesellschaftlicher Reputation ausgestattet, bildet sich die Verwaltungswissenschaft in diesem Fall vorerst nur als „soziale Bewegung" und kognitiv auf dem Niveau einer unvollständigen „Verwaltungsreformlehre". Umgekehrt betrachtet – also für den Fall einer fehlenden Paradigmatisierung – kann sich dann zwar die angemessene methodisch-theoretische Reife einstellen, wenn sich die Verwaltungswissenschaft wieder in eine bestimmte Zahl an Basisdisziplinen verzweigt – und in dieser Weise vom „normalwissenschaftlichen" Lehr- und Forschungsbetrieb profitiert. Wenn jetzt allerdings der „integrierte" Charakter der Aussagen und bei zunehmender Orientierung an bloß wissenschaftsinternen Zielen auch die praktische Relevanz sowie soziale Reputation verloren geht, zeigt dies deutlich, dass die Verwaltungswissenschaft vor der schwierig zu lösenden Aufgabe steht, eine hinreichend institutionell vereinheitlichte als auch methodisch-konzeptionell ausgereifte Disziplin zur gleichen Zeit zu werden.

3.2 Paradigmenentwicklung und Institutionalisierung der Verwaltungswissenschaft

3.2.1 Verwaltungswissenschaft in der a-paradigmatischen Phase

Bekanntlich hat die besondere politisch-soziale Entwicklung und eine dazu parallel verlaufende, sukzessive Auflösung der ehemaligen Staatswissenschaften dazu geführt, dass bis in die 60er Jahre hinein das eigentliche Erfahrungsobjekt einer Verwaltungswissenschaft – insbesondere in der Fassung als „tätig werdende Verfassung" oder als „arbeitender Staat" – nicht besetzt ist (Maier 1980; Jeserich/Pohl/von Unruh 1983, S. 91). Dass dabei zunächst auch kein objektives Interesse vorliegt, die öffentliche Verwaltung zu einem speziellen Erkenntnisobjekt zu machen, liegt zum einen sicherlich auch an den Begleitumständen einer gerade in der ersten Nachkriegszeit betriebenen allgemeinen gesellschaftspolitischen Restauration. Bis auf wenige Ausnahmen geht es in dieser Zeit zunächst auch nur darum, die liberal-bürgerliche Gesellschafts- und Herrschaftsform (inklusive Marktwirtschaft,

Rechtsstaat und vor allem bürokratischer Verwaltung und Berufsbeamtentum) wieder als politisch-soziale Ordnungsform zu etablieren (Blanke et al. 1975, S. 168 ff.; Wildenmann 1967, S. 130 ff.). Zum anderen muss aber ebenso gesehen werden, dass sich bis auf wenige Ausnahmen – wie etwa die traditionelle Kommunalwissenschaft – auch die infrage kommenden Fachwissenschaften nicht bereit finden, sich mit diesem speziellen Erfahrungsobjekt – mit dem „faktischen" Verwalten – zu beschäftigen. Die besonderen Entwicklungsschwierigkeiten in der Nachkriegszeit führen vielmehr dazu, dass man sich – wie für den Fall des Verwaltungsrechts – eher um die weitere Entwicklung der einzelnen Institute des Rechtsstaats bemüht oder – wie für den Fall der Politikwissenschaft – sich als „Demokratiewissenschaft" zu konstituieren versucht (Maurer 1983, S. 18). Obwohl es immer wieder Versuche gibt, die Verwaltungswissenschaft z.B. auch im Rückgriff auf das traditionelle Vorbild der Staatswissenschaften neu zu begründen, ist für diese Zeit doch symptomatisch, dass wir es weder mit einem Paradigma noch mit einer entsprechenden Wissenschafts- bzw. Kommunikationsgemeinschaft zu tun haben (Becker 1976, S. 227 ff.).

Da es in einem a-paradigmatischen Zustand insbesondere an einer gemeinsam geteilten Erkenntnisperspektive mangelt, müssen sich schon zwangsläufig Schwierigkeiten einstellen, die Verwaltungswissenschaft als ein lehr- und lernbares, aber auch praktisch verwertbares „Gedankengebäude" zu entwickeln (Kuhn 1981, S. 30; Böhme/van den Daele/Krohn 1977, S. 183 ff.). In dieser Zeit gibt es dann zwar gelegentlich Versuche, den Gegenstand mit Hilfe der klassischen Organisationslehre und der angloamerikanischen Public Administration nun auch theoretisch-konzeptionell zu erfassen. Doch die dabei verwandten Konzepte (wie etwa die Zweck-Mittel-Perspektive, der klassische Managementfunktionen-Ansatz des „Posdcorb" oder aber eine deskriptive Systematik zu den öffentlichen Aufgaben) erweisen sich letztlich alle als zu wenig informativ, um zu einer theoretisch tragfähigen und zugleich praktisch nutzbaren Gegenstandserfassung zu kommen (v. Heppel/Becker 1965, S. 87 ff; Becker 1976, S. 227 ff.). Soweit es an einer solchen Erkenntnisperspektive mangelt, haben die verwaltungswissenschaftlichen Bemühungen dieser Zeit allerdings nicht nur Schwierigkeiten, zu einer systematischen (also nicht nur eklektizistischen) Auswahl und Abgrenzungen von Gegenständen zu kommen (Morstein Marx 1965); denn soweit man hier erkenntnismäßig nicht schon von gemeinsam geteilten Problemstellungen bzw. Konzepten und Zielen einer Gegenstandsbearbeitung auszugehen vermag, fehlt es dann auch zwangsläufig an allen an sich notwendigen sachlich als logisch notwendigen Voraussetzungen bzw. Bezugspunkten, um nun auch die notwendigen Gütemaßstäbe – also auch das notwendige Maß an methodischer Steuerung – für die Produktion entsprechend brauchbarer Erkenntnisse bzw. Aussagen vorzugeben. Die verwaltungswissenschaftlichen Bemühungen dieser Zeit zeichnen sich also nicht nur durch ein relativ hohes Maß an Beliebigkeit in der Gegenstandserfassung aus (was auch erste Sammelbände oder Lehrbücher dokumentieren), sondern erreichen – was die Qualität der Aussagen selbst anbetrifft – recht häufig auch nur ein spekulativ-anekdotisches Niveau (vgl. die sog. „Sprichwörter" der Verwaltungslehre). Letztlich zögert man verständlicherweise auch, überhaupt von „Wissenschaft" zu sprechen (Dammann 1971).

Ohne sich auf eine tragfähige Erkenntnisperspektive oder spezielle Normen des Wissenschaftsbetriebs einigen zu können, werden diese Ansätze auch nicht schon zum Kristallisationspunkt einer weitergehenden Etablierung der Verwaltungswissenschaft als Kommunikationsgemeinschaft, geschweige denn als akademische Disziplin. In diese Verhältnisse kommt allerdings Bewegung, als sich sowohl im Wissenschaftsbereich als auch in Staat und Verwaltung selbst charakteristische Veränderungen durchzusetzen beginnen (Fach 1982; Seibel 1983; Prätorius 1977). So haben wir es Mitte bis Ende der 60er Jahre mit zunehmenden „Finalisierungszwängen" zu tun, die vom Gegenstandsbereich selbst, also von Staat und Verwaltung, ausgehen. Bekanntlich lösen erste grundlegende Krisenerfahrungen (ökonomische Rezession etc.) im staatlich-gesellschaftlichen Bereich einen „Handlungs-" und „Informationsbedarf" aus, der nun seinerseits – allerdings komplex über finanzielle und institutionelle Maßnahmen vermittelt – darauf drängt, dass sich verschiedenste Wissenschaften zu gesellschaftlich verwertbaren „Produktivkräften" (weiter-) entwickeln. Dieser Versuch, wissenschaftliche Tätigkeit bzw. Forschungsprogramme verstärkt an staatliche Zwecke (insbesondere an den Zweck der Krisenregulierung) zu binden, trifft jedoch die infrage kommenden Wissenschaften wiederum nicht schon unvorbereitet. Denn gerade in dieser Zeit stellt sich nicht nur wieder ein verstärktes Interesse an öffentlichen Dingen ein, ist nicht nur durchgängig eine Rezeption des jeweiligen internationalen „state of the art" feststellbar und eine -im Zusammenhang mit dem „Positivismusstreit" – zunehmende methodische Fundierung wissenschaftlichen Arbeitens; genauso charakteristisch ist vielmehr, dass es aus den Gesamtverhältnissen heraus seit Mitte der 60er Jahre zu einer zunehmenden Zahl strategisch bzw. disziplinpolitisch zu verstehender „Besetzungen" des Erkenntnisobjektes der Verwaltungswissenschaft (von der Soziologie, Politikwissenschaft, Verwaltungsrecht etc.) selbst kommt (von der Groeben/Schnur/Wagener 1966; Scharpf 1973).

Welche Art an Paradigmatisierung sich in materieller Hinsicht schließlich durchsetzt, ergibt sich allerdings nicht schon aus diesen allgemeinen Entwicklungen je für sich („Steuerungsabsichten" dort/methodisch-theoretische Reifung hier), sondern erst anhand der Frage, an welcher Stelle dieser Entwicklungen es zu einer „Passung" zwischen punktuell empfundenem Problemlösungsbedarf und vorgehaltenen Problemlösungshilfen kommen kann. Gemessen an den verschiedenen „Besetzungsversuchen" ist zunächst auch noch ziemlich offen, ob die Verwaltungswissenschaft ggf. nicht auch im Sinne einer „Kunst- und Tugendlehre„ vom Regieren, als Ergänzung zum Verwaltungsrecht als „Tatsachenwissenschaft" oder sogar als eine Wissenschaft mit einem „emanzipatorischen" Erkenntnisziel zu konstituieren ist (Hennis 1965; Ellwein 1968). Doch gerade unter dem Gesichtspunkt einer Adäquanz bzw. Passung mit dem verallgemeinerten bzw. objektivierten externen Problemlösungsbedarf setzt sich letztlich jener Entwurf einer Verwaltungswissenschaft (bzw. jenes Paradigma) durch, mit dem sich noch am besten die derzeit bestimmenden Steuerungs- und Effizienzprobleme von Regierung und Verwaltung zu den ausschlaggebenden Theorie- und Forschungsproblemen machen lassen. Nicht also ein prinzipiell überlegener Informationsgehalt oder ein systematischer Theorievergleich, sondern diese Art an historisch-selektiver Passung dürfte in letzter Instanz darüber entscheiden, dass die sozialwissenschaftliche System- und Entscheidungstheorie zum bestimmenden Paradigma der Verwaltungswissenschaft wird (Luhmann 1966; König 1970).

3.2.2 Paradigmatisierung der Verwaltungswissenschaft: Der Aufstieg der System- und Entscheidungstheorie

Die System- und Entscheidungstheorie avanciert zum zentralen Paradigma der Verwaltungswissenschaft, weil sich eine momentane Adäquanz zwischen externen und internen Entwicklungen gerade zugunsten dieses Paradigmas auswirkt. Da im politisch-administrativen Bereich zu jener Zeit ein vermehrter Bedarf an Steuerungswissen entsteht, sich also Staat und Verwaltung vor neuartige Probleme der Komplexitätsbeherrschung (ökonomische Krisen, Loyalitätsentzug) gestellt sehen, kann von diesem Paradigma zunächst auch mit Recht ein einschlägiger praktischer Nutzen erwartet werden. Indem mit diesem Paradigma erkenntnismäßig schon selbst an der Regelung der Steuerungs- und Bestandsprobleme von sozialen Systemen angeknüpft wird, lässt sich dann eine entsprechende Erkenntnisproduktion auf Meta-Ebene bzw. im sozialen Zusammenhang als praktisch verwertbares Handlungsprogramm verwenden (Luhmann 1970a, S. 18 ff.). Gerade dieser denkbare bzw. erhoffte Nutzen trägt dazu bei, dass sich das systemtheoretische Paradigma bei der Besetzung des Erfahrungsobjektes durchzusetzen beginnt und es auf diesem Wege zum Kristallisationskern einer sich neu konstituierenden Verwaltungswissenschaft wird. Genau betrachtet, wird damit ein Paradigma – und zwar unter einem akuten Druck praktischer Verwertungsabsichten – in den Sattel gehoben, das im Wissenschaftsbereich gerade selbst erst rezipiert wird, also mit Sicherheit zu dieser Zeit eine nur unzureichende konzeptionelle Reife erreicht hat.

Die sich um dieses Paradigma rankenden Hoffnungen dürften sich dabei zunächst aus der eigentümlichen wissenschaftslogischen Struktur von Systemtheorien erklären. So bilden Systemtheorien nicht schon spezielle materielle Theorien, noch setzen sie Systeme mit bestimmten Monaden oder Wesenseinheiten gleich, sondern Systemtheorien bilden in ihrer allgemeinen Form zunächst ein spezielles „Rational" bzw. einen inhaltlich noch zu interpretierenden Kalkül (Narr 1972; Greven 1974; Opp 1970). In ihrer allgemeinen Fassung geben Systemtheorien daher auch nur eine formale Problemlösungssprache vor, mit der sich Gegebenheiten unterschiedlicher ontologischer Art (etwa auch soziale Systeme) nach handlungspraktischen Gesichtspunkten bzw. Lösungszwecken zurichten lassen. In Gestalt einer direkt anzuwendenden Entscheidungsstrategie kann sich dann mit einem solchen Paradigma schon einmal der eminent große Vorteil anbieten, dass sich damit nun auch in direkter Weise an den Frage- und Problemhorizonten der Verwaltungspraxis selbst anknüpfen lässt (Krauch 1972). Um dabei allerdings nicht schon zu einer Reifizierung zu kommen, zu Bildern also, die an der sozialen Wirklichkeit vorbeigehen, müssen diese Problemsprachen aber noch in objektspezifischer Weise operationalisiert werden. Zudem kann sich hier der weitere Vorteil einstellen, dass sich im Rahmen systemtheoretischer Argumentation – und zwar nach solchen Operationalisierungen Gegebenheiten nicht nur deskriptiv-beschreibend erfassen lassen, sondern solche Zustände im Regelfall auch vor dem Hintergrund zu optimierender Zielfunktionen und somit auch mit Bezug auf praktisch notwendig werdende Interventionen bestimmt werden (Luhmann 1968, S. 343 ff.). Indem hier – wie etwa bei den sog. Ziel- und Systemzielmodellen der allgemeinen Organisationstheorie (Etzioni 1960) – zu optimierende Zustände jeweils mitbedacht werden, empirische Verhältnisse also immer im Zusammenhang mit normativ anzustrebenden

Zuständen betrachtet werden, kann dies dann auch zum strategischen Bezugspunkt für Erkenntnisleistungen methodologisch höchst unterschiedlich gearteter Basisdisziplinen (empirisch-analytischer sowie rational-normierender Disziplinen) werden, darüber hinaus aber auch zum Angelpunkt einer übergreifenden fachlichen Integration.

Bei der inhaltlichen Interpretation solcher Kalküle kommt nun nachweislich eine größere Anzahl von Forschungsansätzen zum Zuge – neben dem traditionellen Strukturfunktionalismus etwa auch schon eine umfassend angelegte Theorie „gesellschaftlicher Steuerung" (Etzioni 1975). Für den Fall der Verwaltungswissenschaft muss jedoch festgestellt werden, dass sich in prominenter Art und Weise eine konzeptionell und methodisch recht stark radikalisierte „Variante" der Systemtheorie, die funktionale Systemtheorie, durchzusetzen beginnt. Der eigentlich bestimmende Gesichtspunkt, die theoriepolitische Entscheidung mit paradigmatischer Qualität, ist daher zunächst auch in dem Versuch zu sehen, den Bestand bzw. das Funktionieren sozialer Systeme im Zusammenhang einer angemessenen „Erfassung und Reduktion von Umweltkomplexität" zu sehen (Luhmann 1970a, S. 113 ff.). Entsprechend diesem Gleichnis bzw. Bild wird es in der Folgezeit auch üblich, die damalige Reformproblematik in den unzureichenden Möglichkeiten von Staat und Verwaltung zu sehen, gestiegene Umweltkomplexität (z.B. ökonomische Krisen) angemessen zu erfassen und zu bindenden (auch sachgerechten) Entscheidungen zu verarbeiten (Schatz 1973, S. 9 ff.). Wenn hier schon die bedrohlich werdende Umweltkomplexität zum Ausgangspunkt der Problemerfassung gemacht wird, so sieht nun das zentrale Gleichnis des Paradigmas (analog zum kybernetischen Gesetz von „der erforderlichen Varietät") in einem zweiten Schritt – quasi im Sinne eines prototypischen Musters der Problembewältigung – vor, dass der bedrohlich werdenden Umweltkomplexität durch Steigerung der Eigenkomplexität des Systems beizukommen ist. Bekanntlich soll im Wege einer funktional vergleichenden Analyse aufgezeigt werden, wie durch weitere interne Ordnungsbildung und Strukturdifferenzierung Umweltereignisse wieder angemessen erfasst und so dann selektiv bzw. nach systeminternen Kriterien verarbeitet werden können.

Was hier als allgemeines Problemlösungsmuster vorgesehen wird, hat im Rahmen verwaltungswissenschaftlicher Literaturproduktion und Begleitforschung dazu geführt, sich zunächst intensivst mit der Planung als einem neuen Muster der Problemlösung (final programmiertes Handeln) zu beschäftigen (Ronge/Schmieg 1971; Naschold/Väth 1973). Sodann wird – allerdings in unterschiedlicher Intensität – auf das systemtheoretische Postulat von der Leistungssteigerung durch gezielte Binnendifferenzierung zurückgegriffen, wenn etwa binnenorganisatorisch nach flexiblen Arbeitsformen (Projektgruppen) gesucht wird, wenn die „Überdifferenzierung" (Politikverflechtung) im gesamtstaatlichen Aufbau problematisiert oder nach passenden Formeln für einen territorialen sowie aufgabenmäßigen Neuzuschnitt von Verwaltungseinheiten (Gebiets- und Funktionalreform) gesucht wird – oder die Bedeutung der kommunalen Selbstverwaltung eine zunehmend funktionale Interpretation findet (Wagener 1969; Scharpf 1974; Roters 1975). Entsprechend den weiteren allgemeinen Vorgaben systemtheoretischer Argumentation wird sich darüber hinaus aber ebenso um die Entwicklung bestimmter Mechanismen der Vorwärts- und Rückwärtskopplung bemüht. So wird sich in diesem Zeitraum insbesondere um den Ausbau zielorientierter sowie integrierter Führungs- bzw. Managementsysteme oder spezieller Formen der Evaluation bzw. Erfolgskontrolle

bemüht (Böhret 1970; Buse 1974; Reinermann 1971; Bebermeyer 1974). An prominenter Stelle haben entsprechende Bemühungen zur Entwicklung eines Modells der „aktiven Politik" geführt, mit dem sich bei praktischer Anwendung in einem umfassenden
Sinn die Selbstregulierungsfähigkeit des politisch-administrativen Systems verbessern
lassen soll (Mayntz/Scharpf 1973). Eine insgesamt verbesserte „Lernfähigkeit" (verbesserte Programmentwicklung und Konfliktregelung) soll das politisch-administrative
System in den Stand setzen, auch bei wechselnden Umweltlagen umweltverändernde
bzw. innovative Zielsetzungen zu verfolgen.

Wie schon an dieser Literaturproduktion zu erkennen ist, konstituiert sich die Verwaltungswissenschaft im Zuge einer solchen „Begleitforschung" zwangsläufig als eine „Verwaltungsreformlehre" (Siedentopf/Koch 1979; König 1979). Dies wird in sozialer Hinsicht
insoweit besonders deutlich, als sich die Verwaltungswissenschaft Anfang der 70er Jahre
ressourcenmäßig, personell und programmatisch zu einem gut Teil aus einer selektiven
Kooperation von Wissenschaft und Praxis – oder anders gesagt im Rahmen einer sprich-
wörtlichen Projektgruppen- und Kommissionswirtschaft – entwickelt (Hirsch/Leibfried
1971, S. 236 ff.; Lepper 1976). Wenn sich die Verwaltungswissenschaft zunächst nur in
dieser losen Art als eine „grenzüberschreitende" Kommunikationsgemeinschaft (Wissenschaftler unterschiedlicher Disziplinen und Praktiker) zu bilden vermag, so verleiht aber
gerade dieser Kontakt zur Praxis (und zu den Regierungs- und Verwaltungsproblemen)
eine gesellschaftliche Anerkennung, die es sodann erlaubt, die Verwaltungswissenschaft
auch nach herkömmlichen Maßstäben als akademische Disziplin zu etablieren (Ellwein
1982, S. 37). Anfang der 70er Jahre hat also die Beschäftigung mit Regierungs- und Verwaltungsproblemen so viel an Aufmerksamkeit und Reputation erzielt, dass sich zu dieser Zeit
nahezu mühelos fachlich einschlägige Lehrstühle, Forschungsförderungsschwerpunkte,
Vertiefungsrichtungen, Diplom- bzw. Magisterstudiengänge und Promotionsmöglichkei-
ten durchsetzen lassen. Wieweit .die Anerkennung reicht, zeigt sich schließlich – obwohl
die Anerkennung als Ausbildungsvoraussetzung zum öffentlichen Dienst versagt bleibt –
auch daran, dass Verwaltungslehre zum Wahlfach in der ersten juristischen Staatsprüfung
avanciert (Schröder 1973).

Dass sich die Verwaltungswissenschaft als Verwaltungsreformlehre (mit starkem Pra-
xisbezug) bildet, ist auch in kognitiver Hinsicht unverkennbar. Die besonderen Konstitutionsbedingungen führen dazu, dass die wissenschaftliche Arbeit (insbesondere als Auftragsforschung) zumeist bloß zweckorientiert betrieben wird. Im Regelfall steht hier also
nicht das Interesse an Erkenntnissystematisierung oder umfassenden Kausalerklärungen
im Vordergrund, sondern lediglich der Versuch, die (problemabhängig bestimmten) unmittelbaren „Funktionszusammenhänge" zu kontrollieren und ggf. zu optimieren (Bußhoff
1983). Obwohl dies sicherlich nicht förderlich ist für die Entwicklung eines lehr- und lernbaren kognitiven Systems, kennt die Verwaltungswissenschaft gleichwohl auch in dieser
Zeit zumindest kurze Phasen einer „normal-wissenschaftlichen" Betätigung. Denn trotz
akuter Verwertungszwänge (und entsprechenden Neigungen zur „verbandspolitischen"
Argumentation) sind Versuche erkennbar, die Erkenntnisleistungen des systemtheoretischen Paradigmas auszubauen (etwa Einbau der „Politics-Dimension") und es zum Ansatzpunkt einer deduktiv-konzeptionellen Curriculumentwicklung zu machen (Scharpf
1973a, S. 167 ff.; König 1977). Letztlich bleibt der Erfolg dieser Bemühungen doch gering,

weil der Ausbau nicht schon zu einer empirisch gehaltvollen, in der praktischen Anwendung gut kontrollierbaren Theorie führt, sondern bestenfalls zu einem voluminösen „taxonomischen" System (Narr 1972, S. 170 ff.).

Diese ersten durchaus positiven Ansätze einer umfassenden Institutionalisierung lassen sich allerdings nicht durchhalten, weil sich in der Zwischenzeit die alles entscheidende Passung zwischen externer Wissensnachfrage und internem Angebot selbst aufzuheben beginnt. Wie es schon allgemein zum Kernbestand systemtheoretischer Argumentation gehört, geht man einerseits bei allen weiteren Reformvorschlägen (zum Planungs- und Strukturbereich) mehr oder weniger unbesehen (bzw. einfluss- oder constrainttheoretisch relativiert) von der Prämisse aus, dass Staat und Verwaltung – als soziale Systeme betrachtet – bereits durch verbesserte Informationsverarbeitung ihre Fähigkeit zu zielorientiertem Handeln (auch gegenüber der Ökonomie) zu steigern vermögen (Luhmann 1970, S. 115; Hirsch 1974a, S. 80; Ronge 1974, S. 101). Zum anderen zeigt sich allerdings anhand praktischer Erfahrungen, dass beabsichtigte Innovationen (Regierungs- und Verwaltungsapparat) oder zielorientiertes Handeln (Politik der Inneren Reformen) zunehmend auf nahezu unüberwindbare Hindernisse stoßen (Schmidt 1978). Wie an der Debatte um die „Handlungsspielräume" von Staat und Verwaltung oder an der Forderung nach Planungssystemen der „zweiten Generation" (stärkere Berücksichtigung der Implementationsprobleme) zu erkennen, versucht man zwar noch, mit einigen Hilfstheorien erneute Passungen zwischen Paradigma und praktischen Entwicklungen herzustellen. Doch letztlich handelt es sich bei den praktischen Erfahrungen um direkte „Falsifikationen", weil es sich hierbei um Anomalien bzw. Widersprüche handelt, die den Kern des Paradigmas selbst treffen – nämlich die in allen voluntaristischen Konzepten unterstellte Möglichkeit zu einer planmäßigen Rationalisierung gemäß bewusst getroffener Entscheidung (Gouldner 1974, S. 231 ff.). Was sich zunächst nur als Verlust an theoretischer und praktischer Relevanz abzeichnet, führt dann aber sukzessive zur Auflösung der einst gegebenen Adäquanz zwischen externer Wissensnachfrage und internem Wissensangebot.

3.2.3 Entparadigmatisierung der Verwaltungswissenschaft: Die Entwicklung von Bindestrich-Verwaltungswissenschaften

Nachdem die Verwaltungswissenschaft Ende der 60er bzw. Anfang der 70er Jahre erste Ansätze einer umfassenden Institutionalisierung kennenlernt, haben wir es seit Mitte der 70er Jahre mit genau umgekehrten Prozessen zu tun. Denn seit Mitte der 70er Jahre haben wir es mit einem gegenläufigen Prozess der „Entparadigmatisierung" zu tun, über den die Verwaltungswissenschaft ihre bis dato ansatzweise gegebene Geschlossenheit zu verlieren und sich in einen „Plural" von Bindestrich-Verwaltungswissenschaften aufzulösen beginnt. Dass dieser Vorgang der Entparadigmatisierung überhaupt „ins Rollen" kommt – die Verwaltungswissenschaft also ihre anfängliche Geschlossenheit zu verlieren beginnt – ergibt sich dabei aus der Auflösung der ehemals gegebenen Passung von „extern" nachgefragtem Wissen und „intern" angebotenen Erkenntnissen. Seitdem dem systemtheoretischen Paradigma die praktische Relevanz und gesellschaftliche Anerkennung entzogen wird, lässt sich dieser Ansatz auch nicht mehr nach „innen" hin für weitere Institutionalisierungen in Anspruch nehmen. Um allerdings zeigen zu können, welche weiteren wissenschafts-internen Konsequenzen daraus wiederum selbst folgen, müssen unterhalb dieser generellen Verhältnisse einige wissenschaftsimmanente Selbststeuerungen („Eigenregulative") mitbedacht werden. Denn die institutionell erheblichen Folgen solcher Entparadigmatisierungen sind erst wieder im Zusammenhang mit typischen wissenschaftsinternen Entwicklungskriterien, wie etwa „Theorievergleich", „Verzweigungen" und/oder der Methodik eines „normalwissenschaftlichen" Betriebs, deutlich zu machen.

Für den weiteren Gang der Entwicklung ist daher typisch, dass die externen Verhältnisse keineswegs einen einseitig determinierenden Einfluss auszuüben vermögen. So ist zwar noch relativ unstrittig, dass die Verwaltungswissenschaft durch die „widersprüchlichen" externen Erfahrungen in eine recht grundlegende kognitive Krise gestürzt wird. Doch schon der Reputationsverlust des bis dato grundlegenden Paradigmas (samt seiner bevorzugten Anwendungen auf Input-/Konversions-Faktoren des politischen Prozesses und seiner These von der internen Komplexitätssteigerung) geht nicht allein auf einen „Rückzug der Praxis" zurück, sondern ergibt sich erst – wenn überhaupt abschließend – aus einer wissenschafts-internen Debatte um die „Handlungsspielräume" von Staat und Verwaltung. Denn ganz im Stile eines „Theorienvergleichs" oder doch zumindest einer Phase der „außergewöhnlichen" Forschung wird mit Hilfe hypothesentestender Arbeiten (etwa zur Wettbewerbspolitik, zur Bildungspolitik oder zur Technologiepolitik) aufzuzeigen versucht, wie ergiebig oder lückenhaft sich das systemtheoretische bzw. politökonomische (neo-marxistische) Paradigma beim Ausweis von (internen/externen) „Handlungsspielräumen" für eine strukturändernde Reformpolitik zu erweisen vermag (Grottian/Murswiek 1974; Offe 1975; Hirsch 1974b; Ronge 1977). Doch für die Gesamtverhältnisse ist dabei wiederum typisch, dass diese Debatte dem politökonomischen Paradigma zwar gewisse „Platzvorteile" verschafft, sich dieses Paradigma also insbesondere bei der Explikation von Handlungsschranken als überlegen erweist (Schluchter 1976, S. 347 ff.), dass aber eine solche Art an Überlegenheit nicht schon selbst wieder für eine erneute Paradigmatisierung der Disziplin ausreicht. Bei ansonsten nicht gegebenen weiteren Bedingungen oder Wechselwirkungen (wie der Passung mit externen Verwertungsabsichten) führt diese Debatte auch nicht schon zur Inthronisierung eines neuen Paradigmas, sondern lediglich zu einer Verzweigung in eine Vielzahl von Forschungsperspektiven.

Da der bisherigen Bearbeitung von Regierungs- und Verwaltungsproblemen (allerdings mit gewichtigen Ausnahmen, wie etwa für den Fall der Gebietsreform) die Anerkennung entzogen wird, setzt auch ein weit ausgreifender Prozess der Ab- und Zuwanderung auf neue reputationsträchtige Erkenntnis- und Forschungsbereiche ein (Mulkay 1975). Dabei handelt es sich mit Sicherheit zunächst auch um einen Prozess der „kognitiven Öffnung" oder der zunehmenden „Theoriedynamik". Die Reputationsminderung der systemtheoretischen Argumentation gibt auch erst den Weg dazu frei, dass sich einige, bis dato stark vernachlässigte Betrachtungsweisen – wie etwa die mikroökonomisch-betriebswirtschaftliche und die verhaltenstheoretisch-sozialpsychologische – bei der Bearbeitung des Gegenstandes durchzusetzen beginnen. Doch bemerkenswerter ist dabei, dass sich die Verwaltungswissenschaft bei Verlust ihres dominanten Paradigmas (bzw. bei Verzweigung in unterschiedliche Forschungsbereiche) zugleich in einen Plural einzelwissenschaftlich organisierter Wissensproduktionen zurückentwickelt (König 1980, S. 4). So trägt etwa

eine zwischenzeitlich verstärkt um sich greifende Betrachtung „öffentlicher Unternehmen"
sicherlich auch zu einer Differenzierung verwaltungswissenschaftlich relevanter Erkenntnisperspektiven bei, macht aber zugleich ebenso deutlich, dass es sich jetzt – auch und
gerade institutionell – um einen Teilbereich einer übergreifenden Betriebswirtschaftslehre
handelt (Lüder 1982). Wenn es der allgemeine gesellschaftliche Bedeutungsverlust nicht
selbst ist, so führen dann gerade diese Wechsel- oder Gegenwirkungen einer kognitiven
Verzweigung dazu, dass den bis dato gegebenen institutionellen Ansätzen einer Integrierten Verwaltungswissenschaft (Diplom-Studiengänge/Aufbaustudium/Vertiefungsrichtun-
gen) die Unterstützung (bis hin zur Streichung der Anfinanzierung von Lehrstühlen) mehr
und mehr entzogen wird.

Eine gewisse erste Dynamik kommt in diese Verhältnisse, als sich gegen Ende der 70er
Jahre – über alle institutionellen Spaltungen hinweg – wieder auffällige Gemeinsamkeiten
in den analytischen Schwerpunkten verwaltungsbezogener Wissensproduktionen abzuzeichnen beginnen. Obwohl nach den grundlegenden Erkenntnisperspektiven variiert,
wird sich zusehends mit dem „Output-Bereich" der öffentlichen Verwaltung bzw. mit Fragen der Wirkungsoptimierung administrativen Handelns (Erfolgskontrolle, Bürgernähe,
Kostenerfassung) beschäftigt (Derlien 1976; Grunow/Hegener 1978; Gornas 1976; Koch
1982). Diese Gemeinsamkeit in den analytischen Schwerpunkten kann zum einen wieder
auf charakteristische Selbststeuerungen des Wissenschaftsbetriebs zurückgeführt werden
– bei bisheriger Konzentration auf Input-Fragen etwa auf einen theorieimmanent gegebenen Entwicklungsbedarf. Doch zum anderen ergeben sich diese Schwerpunktbildungen
aus einem deutlichen Zusammenspiel mit „externen" Veränderungen – nämlich mit dem
Zwang von Politik und Verwaltung, bei enger werdendem Ressourcenvolumen (Haushaltskonsolidierung) Politik als „Experiment" bzw. von den gut steuerbaren Wirkungen
her zu betreiben (Hellstern/Wallmann 1983). Gerade weil sich hiermit wieder Adäquanzen bzw. unterstützungsträchtige Forschungsbereiche abzuzeichnen beginnen, wird auch
– erneut von Promotoren des systemtheoretischen Paradigmas – der deutliche Versuch
gemacht, gerade über diesen Bereich – jetzt im Sinne einer Implementations- und/oder
Evaluationsforschung – zu einer neuerlichen Paradigmatisierung der Verwaltungsforschung zu kommen (Mayntz 1977a, 1978). Um sich dabei (im Sinne einer notwendigen
Gegenwirkung) auch der Unterstützung der Praxis vergewissern zu können, wird dieser
Ansatz zunächst auch konzeptionell und methodisch auf „etatistische" Problemdefinitio-
nen hin instrumentalisiert, geht es zunächst auch nur um die mögliche Begünstigung einer
zieladäquaten Umsetzung von Gesetzesprogrammen (Wallmann 1980).

Obwohl in diesem Fall wesentliche Voraussetzungen gegeben zu sein scheinen, bleiben
die denkbaren positiven Wirkungen für eine Institutionalisierung der Verwaltungswissenschaft doch weitestgehend aus. Dass eine solche durchgängige Paradigmatisierung nicht
schon wie erhofft gelingt, dürfte zunächst wieder an der letztlich doch geringen explikati-
ven Kraft des systemtheoretischen Paradigmas (für den Output-Bereich) und/oder an den
Besonderheiten des hier zugrunde gelegten Forschungsbereichs liegen (Mayntz 1983). Um
Kausal- und Wirkungszusammenhänge für den Output-Bereich spezifizieren zu können,
reichen zumeist die steuerungstheoretisch vorgebbaren „Größen" (wie Programmtypen,
Adressatenstruktur) nicht schon aus (Jann 1981), sondern muss auch jeweils auf „politik-
feldspezifische" Zusammenhänge (etwa spezielle Theorien zur Arbeitsmarktpolitik) zu-

rückgegriffen werden (Lange 1983; Schmid 1982). Nicht von ungefähr wird dann dieser zu abstrakt bleibenden Betrachtungsweise bereits wieder der theoretische und auch praktische Nutzen abgesprochen (Reese 1982). Wenn hier fast schon in Umkehr der eigenen Absicht die Forschungen eher auf die Entwicklung „politikfeldspezifischer" Ansätze drängen – die systemtheoretische Argumentation also nicht wie erhofft zur Vereinheitlichung beizutragen vermag – so ist darüber hinaus ebenso fraglich geworden, ob sich überhaupt noch mit der Wahl dieses Forschungsbereiches (Wirkungsoptimierung von Politikprogrammen) das Interesse von Staat und Verwaltung an einer integrativ konstituierten Verwaltungswissenschaft sicherstellen lässt. Denn eine mittlerweile um sich greifende politisch-kulturelle Wende könnte dafür sprechen, dass die Akzeptanz staatlichen Handelns in nächster Zukunft weniger durch weitere Wirksamkeitsverbesserungen (sprich Verwissenschaftlichung) als vielmehr mit Mitteln der ideologischen Beeinflussung (populistische Politik) besorgt wird (Offe 1979).

Die mit dem Reputationsverlust des ehemals dominierenden Paradigmas ausgelöste Krise bzw. Phase einer „außergewöhnlichen" Forschung führt also nicht schon zu einer „wissenschaftlichen Revolution" oder zur Inthronisierung eines neuen Paradigmas. Ganz im Gegenteil müssen wir feststellen, dass sich die Verwaltungswissenschaft im Zuge ihrer Entparadigmatisierung als eine kognitiv und auch sozial geschlossene Disziplin aufzulösen beginnt. Trotz erneut ansetzender Integrationsversuche fächert sich nämlich die bis dato gegebene Kommunikationsgemeinschaft gemäß den Gliederungen und Gemeinschaftsbildungen (etwa Hochschullehrerverbände) bereits besser etablierter Basisdisziplinen auf (Betriebswirtschaftslehre, Staats-/Verwaltungsrecht, Politikwissenschaft etc.). Ein solcher Rückzug in die jeweils theoretisch und methodisch angestammten Heimatdisziplinen eröffnet zum einen den Vorteil, dass nun auch die verwaltungswissenschaftliche Forschung von den Regeln eines „normal-wissenschaftlichen" Betriebs zu profitieren und insoweit auch einen methodologischen Reifungsprozess durchzumachen vermag. Dass sich der Rückgriff auf die gesicherte Dogmatik und Methodologie einzelwissenschaftlicher Zugänge auszuzahlen beginnt, zeigt sich nicht nur an einer zunehmenden Komplettierung bis dato recht „offen" gehaltener Erklärungs- und Gestaltungszusammenhänge (etwa für die Führungsforschung) (Wunderer/Grundwald 1980), sondern ebenso an einer jetzt auch zunehmenden Zahl konzeptionell recht gut geschlossener (betriebswirtschaftlicher oder soziologischer) „Lehren von der Verwaltung" (Reichard 1977; Steinbach 1980; Mayntz 1978).

Zum anderen muss aber ebenso gesehen werden, dass die Verwaltungswissenschaft – als Kehrseite dieser Entwicklung – ihren integrierten Charakter verliert und damit ggf. auch ihre Relevanz sowie ihre denkbare soziale Reputation aufs Spiel setzt. Bei unterschiedlich gewählten Ausgangspunkten wird es schon einmal schwierig, getrennt produzierte Erkenntnisse überhaupt noch (etwa mit wissenschaftslogischen Überbrückungen) aufeinander zu beziehen bzw. die für die „Praxis" so erhebliche „Gesamtschau" der Probleme einzurichten (König 1980). Und sodann ist ebenso zu bedenken, dass eine verstärkt wissenschaftsintern bzw. normalwissenschaftlich gesteuerte Erkenntnisproduktion – wie etwa am Fall der zwischenzeitlich zunehmend verfeinerten Erklärungsleistungen der Führungsstilforschung und einer sog. „statistischen" Organisationsforschung zu erkennen – nicht notwendigerweise zu einer verbesserten Berücksichtigung auch praktisch relevanter Regierungs- und Verwaltungsprobleme führen muss (Müller 1981; Kieser/Kubicek 1978,

S. 108 ff.; Laux 1983). Die wissenschaftsinternen Steuerungsmechanismen fördern dann zwar die Institutionalisierung solcher Bindestrich-Disziplinen als „akademische" Teil-Disziplinen, sie beschwören allerdings zugleich die Gefahr herauf, dass die Verwaltungswissenschaft insgesamt ihre praktische Relevanz und insoweit wieder ihren Status als gesellschaftlich anerkannte Verwaltungsreformlehre verliert.

3.2.4 Die Verwaltungswissenschaft in einer vorparadigmatischen Phase: Der Aufschwung des bürokratietheoretischen Paradigmas

Wie wir gesehen haben, kennt die Verwaltungswissenschaft offensichtlich zwei höchst unterschiedliche Formen der Institutionalisierung. Da sich diese beiden Formen nicht schon von sich aus – wie etwa Forschung und Lehre oder Anwendung – ergänzen, bleibt es auch für die weitere Zukunft bedeutungsvoll, welche der angesprochenen Formen sich ggf. durchsetzen wird, ob es Möglichkeiten einer „funktionellen" Verschränkung gibt, oder ob wir es womöglich dauerhaft mit einer quasi natürlichen Koexistenz zweier unterschiedlicher Zugänge zu tun haben werden (König 1980, S. 4). Wie allerdings eine weitere Entwicklung aussehen dürfte bzw. könnte, darüber entscheidet sicherlich auch die Art und Weise, in der die augenblicklich noch fortbestehende allgemeine Desorientierung bzw. Krise bewältigt wird (Böhret 1982, S. 147). Dabei scheint keineswegs ausgeschlossen, dass wir es vorerst wieder mit bereits bekannten Entwicklungs- und Lösungsmustern – insoweit auch wieder mit neuerlichen Versuchen der Paradigmatisierung – zu tun bekommen. Entsprechend herkömmlichen Mustern haben wir es mittlerweile auch schon wieder mit einer „extern" ansetzenden, zunehmenden Nachfrage nach praktisch verwertbarem Wissen – in diesem Fall allerdings für einen ordnungspolitischen Neuzuschnitt von Staat und Gesellschaft – zu tun. Und zum anderen ist ebenso zu erkennen, dass man sich wissenschaftsintern – diesmal allerdings mit Hilfe des bürokratietheoretischen Paradigmas – auf die externe Nachfrage hin anzupassen versucht. Wie es sich an allen weiteren Begleiterscheinungen zeigt, droht allerdings auch diesmal wieder die Gefahr, dass nur eine kurzfristige Funktionalisierung verwaltungswissenschaftlichen Wissens für externe Zwecksetzungen vorgenommen wird, die Verwaltungswissenschaft also erneut nicht die Gelegenheit findet, sich zur gleichen Zeit als eine sowohl integrierte als auch hinreichend „gereifte" Disziplin zu konstituieren.

Dass wir es also überhaupt mit einer Renaissance des bürokratietheoretischen Ansatzes zu tun haben, ist dann (anders als in anderen Disziplinen) für den Fall der Verwaltungswissenschaft nicht im Zusammenhang mit einer speziellen wissenschaftsinternen Entwicklung zu sehen, sondern dürfte auf eine mittlerweile stark um sich greifende allgemeine politisch-kulturelle Tendenzwende zurückzuführen sein. Denn während man bisher versuchte, den zunehmend komplexer werdenden gesellschaftlichen Problemen (ökonomisch-soziale Entwicklung) mit verbesserten Methoden der Komplexitätsbeherrschung (etwa Planung) beizukommen, werden heute gerade entsprechend ausgelöste Folgen, namentlich die einer Übersteuerung gesellschaftlicher Verhältnisse, kritisiert (Geißler 1978). Zum Angelpunkt der Kritik wird dann auch der Versuch, einen allseits kompetenten Wohlfahrtsstaat einzurichten, was wegen seiner komplexen Planungserfordernissen schon einmal – und zwar gewissermaßen zwangsläufig – die Wirkungslosigkeit bzw. eingeschränkte Handlungsfähigkeit staatlich-bürokratischer Instanzen decouvrieren muss (Luhmann 1981, S. 94 ff.). Darüber hinaus wird diese gesellschaftspolitische Zielsetzung dafür verantwortlich gemacht, daß der Staat als vermeintlicher Heilsbringer für jedwede Lebenslage mit chronischen Anspruchsüberforderungen überzogen und dabei zudem in Finanzierungskrisen gestürzt wird (Klages 1981). Wenn in dieser Weise die zunehmende „Durchstaatlichung" und bürokratische Regulierung gesellschaftlicher Verhältnisse zur eigentlichen Ursache einer gegenwärtigen „Unregierbarkeit" gemacht wird (Lehner 1979), so ist klar, dass diese Wende nun selbst programmatisch auf eine „Entstaatlichung" oder aber zumindest auf eine „Entbürokratisierung" drängt (DBB Dokumente 1979). Was hier also benötigt wird, sind präskriptiv als auch legitimatorisch tragfähige Konzepte für einen ordnungspolitischen Neuzuschnitt des Verhältnisses von Staat/Verwaltung hier und Gesellschaft dort.

Aus diesem Grund kommen wissenschaftsintern zunehmend Ansätze zum Tragen, mit denen sich in einem positiv-konstruktiven Sinn diese Schnittstellenproblematik im Verhältnis von Staat und Gesellschaft angehen lässt. Insofern erzielen zwar auch ökonomische Theorien des Staatsversagens und funktionale Theorien öffentlicher Aufgaben eine gewisse Prominenz (Recktenwald 1980; Molitor 1981), wenngleich sich das Interesse zunehmend auf den Bürokratie-Ansatz von Max Weber zu konzentrieren beginnt. Der Rückgriff auf Max Weber scheint hier auch so verheißungsvoll, weil sich seinen Analysen eine offenbar auch für die weitere Zukunft taugliche ordnungspolitische Präskription bzw. Handlungsempfehlung entnehmen lässt. Denn berücksichtigt man sowohl seine historischen Studien zum Prozess einer gesamtgesellschaftlichen „Rationalisierung" als auch seine eher systematischen Arbeiten zu einer „Herrschaftssoziologie", dann lässt sich seinem Werk wohl auch ohne große Gewalt eine Vorstellung darüber entnehmen, wie Gesellschaftsform und Herrschaftsform angesichts bestimmter Entwicklungsniveaus jeweils optimal zuzuordnen sind.

So macht ja Max Weber zum einen wiederholt deutlich, dass der „moderne" Kapitalismus auf jeden Fall staatlich organisierter Rahmenbedingungen bedarf, für das allein „kapitalrechnungsmäßige" Wirtschaften aber bereits stabile bzw. kalkulierbare Rechtsverhältnisse, letztlich also eine „legale Herrschaft" ausreichend sein würden (Weber 1980, S. 94, 129, 826). Andererseits hat Max Weber aber gerade diese Funktionen eines modernen Staates im Auge (Konzentration auf die Gewaltmonopolisierung und Gewährung von Rechtssicherheit), wenn er nun des weiteren den Leistungsvorteil bzw. die maximale Zweckrationalität für einen „bürokratisch" organisierten Verwaltungsstab behauptet (Mayntz 1968, S. 30; Offe 1974). Wenn hier leistungsfähige Verhältnisse gerade für den Fall einer wechselseitigen Zuordnung von modernem (sich weitgehend selbst regulierendem) Kapitalismus und einer sich auf Kernfunktionen beschränkenden legal-bürokratischen Herrschaft postuliert werden, so kann dies dann auch zum entscheidenden theoretischen Aufhänger werden, um nun für einen Rückzug des Staates aus der Gesellschaft, für eine Rückanpassung staatlicher Aufgaben an die traditionellen Kernfunktionen zu plädieren (Zimmermann 1983).

Dabei wird nun allerdings nicht schon systematisch vorbereitet – etwa im Sinne eines gezielt angelegten Theorievergleichs – auf den Bürokratie-Ansatz zurückgegriffen. Ganz im Gegenteil führen die spontan auftretenden Kooperationsaufforderungen der Praxis (wissenschaftliche Fachtagungen beider großen Parteien und Sachverständigenanhörungen) und die damit eröffneten Möglichkeiten einer neuerlichen Reputationssicherung dazu, sich nun tatsächlich gleichsam im Sinne eines „Gestalt-Switches" zugunsten eines neuen Paradigmas zu entscheiden. Entsprechend schwierig erweist es sich dann aber auch, gewissermaßen ohne großen Vorlauf (also ohne nennenswerte Grundlagenforschung) zu systematisch begründeten Entstaatlichungs- bzw. Entbürokratisierungsprojekten zu kommen. Hält man sich dabei an die quasi idealtypisch bestimmten Funktionsvoraussetzungen einer legal-bürokratischen Herrschaft, dann macht es zunächst zwar noch keine allzu großen Schwierigkeiten, Vorschläge zu einem Abbau bzw. zu einer Privatisierung öffentlicher Aufgaben (Abbau wirtschaftlicher Tätigkeiten/wohlfahrtsstaatlicher Aufgaben) zu entwickeln – obschon auch hier der geforderte Rationalitätsnachweis in Form vergleichender Effizienz- oder Kostenuntersuchung nicht immer gelingen will (Budäus 1982, S. 61; Andreae 1978, S. 149 ff.). Wie schwierig es ist, dem Finalisierungsansinnen der Praxis zu entsprechen, zeigt sich dann aber bei den Versuchen, nun auch Modelle für eine „innerbehördliche" Entbürokratisierung (Verwaltungsvereinfachung) zu entwickeln und das „Gesetz" – also das klassische Handlungsinstrument der legal-bürokratischen Herrschaft – wieder zu einem wirkungsvollen Regelungsinstrument (Eindämmung der Gesetzesflut/verbesserte Gesetzgebungstechnik) zu machen (Waffenschmidt 1984; Wittkämper 1982; Hugger 1983). Wenn man sich nun auch noch verstärkt um eine Wiederbelebung der traditionellen Berufsethik (klassisches Beamtenethos) für die Aus- und Fortbildung bemüht, dann wird daran zwar wieder deutlich, dass sich die konzeptionelle Arbeit der Verwaltungswissenschaft schon zu einem gut Teil den veränderten Ansprüchen externer Instanzen angepasst hat; offen muss dabei freilich bleiben, ob sich auf diesem Weg auch schon theoretisch anspruchsvolle sowie praxeologisch gut verwendbare Konzepte entwickeln lassen.

Damit steht dann die Verwaltungswissenschaft wieder vor ihrem schon typischen wissenschaftspolitischen Dilemma. So zeichnet sich zwar auf der einen Seite wieder eine Paradigmatisierung ab. Die typische Problemsicht des Bürokratie-Ansatzes ist ja mittlerweile auch schon zum Kristallisationspunkt grenzüberschreitender bzw. integriert oder gar autonom angelegter Erkenntnisleistungen geworden. Dabei hat auch insbesondere die Beschäftigung mit Privatisierungsprojekten und mit der Gesetzgebungstechnik zu einer starken erneuten Integration betriebswirtschaftlicher und juristischer Argumentationen in die verwaltungswissenschaftliche Arbeit geführt (Stolzlechner 1983). Doch auch in diesem Fall müssen wieder Zweifel kommen, ob die Gesamtverhältnisse dieser neuerlich einsetzenden Paradigmatisierung (insbesondere die wieder aufkommende Beratungs- und Begleitforschung) überhaupt die Zeit und die institutionellen Möglichkeiten einräumen, um die Verwaltungswissenschaft eingehender theoretisch und methodisch zu konsolidieren. Und diese weiteren Umstände (insbesondere kurzfristige Verwertungsabsichten) wiegen gerade in diesem Fall so schwer, weil sich bereits heute zeigt, dass der direkterweise (also ohne weitere Grundlagenforschung) praxeologisch zu nutzende Gehalt dieses Ansatzes doch deutlich hinter den zunächst gehegten Erwartungen zurückbleibt. Wie es sich insbesondere bei den Bemühungen um einen Abbau innerbehördlicher Tendenzen zur Über-Bürokratisierung zeigt, fehlt es immer noch an genaueren Vorstellungen darüber, ab welchem Ausprägungsgrad die zunächst gewollten und auch positiven Wirkungen bürokratischer Regelungen (wie etwa Arbeitsteilung, Formalisierung etc.) in nachteilige Wirkungen umzuschlagen beginnen (Mayntz 1980).

Diesen Erkenntnisproblemen versucht man zunächst wieder auszuweichen, indem man sich erneut nur (wie etwa bei der Entbürokratisierung und der Gesetzgebungstechnik) auf die Kontrolle bloß unmittelbar gültiger und manipulierbarer Funktions- bzw. Gestaltungszusammenhänge konzentriert – sich also auch wegen der gegebenen Verwertungsbedingungen nicht schon um die Entwicklung etwa einer „Gesetzgebungstheorie" oder einer „Theorie der Rechts- und Verwaltungsvereinfachung" bemüht (Hugger 1983; Ellwein 1983). Ohne jedoch an stärker generalisierbare Erkenntnisse anknüpfen zu können, ist es dann aber wiederum nicht möglich, Handlungsempfehlungen mit genauer präzisierten Anwendungsregeln zu entwickeln. Statt der womöglich zunächst noch erwarteten „Entscheidungsmodelle" (mit Lösungsregel) werden dann auch nur Vorschläge auf relativ niedrigem praxeologischen Niveau offeriert – in der überwiegenden Zahl also nur heuristisch zu verstehende Verfahrensvorschläge bzw. Prüflisten angeboten (Schreckenberger 1980). Wie immer man die methodologischen Möglichkeiten einschätzen mag, in praktischen Handlungsfeldern dieser Art überhaupt zu stärker generalisierbaren Aussagen zu kommen, birgt dieses Vorgehen zum einen doch die Gefahr in sich, dass sich die Verwaltungswissenschaft erneut mit dem nur begrenzten Nutzen ihrer „Werkstücke" bzw. Aussagen selbst diskriminiert und dass ihre Produkte – weil keine nennenswerten faktischen Wirkungen mit ihnen zu erzielen sind – lediglich symbolisch, also nach gerade hier sehr naheliegenden Legitimationsbedürfnissen verarbeitet werden. Zum anderen kann damit aber erneut die Gelegenheit vertan werden, durch eine weitere theoretische Entwicklung eines Paradigmas zumindest die kognitiven Voraussetzungen für eine Verwaltungswissenschaft im Singular zu schaffen.

3.3 Paradigmatisierung als Erklärungsgröße der Institutionalisierung

Wenn wir jetzt abschließend den Bedingungen und Folgen von Paradigmatisierungen systematisch nachgehen und dabei auch zu einer wissenschaftspolitischen Würdigung kommen wollen, muss dabei zunächst noch eine allgemeine, bisher noch nicht explizit angesprochene Rahmenbedingung erwähnt werden. Um nämlich die Bedeutung der bisher vorgebrachten Erklärungen, wie etwa Finalisierungszwänge, momentane Adäquanzen und Paradigmatisierungen, für den Gang der Wissenschaftsentwicklung selbst richtig einschätzen zu können, ist vorgängig quasi als allgemeine Ermöglichungsbedingung zu berücksichtigen, ob bzw. in welcher Weise die Verwaltungswissenschaft es überhaupt geschafft hat, sich als eine gesellschaftlich relevante Produktivkraft zu institutionalisieren. Mit der Berücksichtigung solcher gesellschaftlicher Rahmenbedingungen kann dann auch erst deutlich gemacht werden, warum bei der Erklärung des Gangs der Wissenschaftsentwicklung in bevorzugter Weise an dem Verhältnis von externen und internen Entwicklungen anzusetzen ist.

In diesem Zusammenhang zeigt sich dann zwar, dass die Verwaltungswissenschaft durchaus bemüht ist, quasi intern die Grundlagen für eine gesellschaftlich relevante Produktivkraft zu legen, sich also zu einem „ökonomischen Wachstumsfaktor" im weitesten Sinne zu entwickeln (Schuon 1972, S. 9 ff.). Um sich unter den Reproduktionsbedingungen hoch entwickelter Industriegesellschaften eine solche Anerkennung überhaupt sichern zu können, hat sich die Verwaltungswissenschaft zumindest im Rahmen jüngerer Entwicklungen recht eindeutig zugunsten des neo-positivistischen Wissenschaftsbegriffs entschieden. So bemüht sich die Verwaltungswissenschaft entsprechend einer solchen Wissenschaftsphilosophie, „technisch" verwertbares Wissen zu produzieren, insbesondere also auch Prognosen zu entwickeln, die sich bei Kontrolle von Randbedingungen für ein verbessertes (erfolgskontrolliertes) Handeln einsetzen lassen. Doch obwohl sich die Verwaltungswissenschaft in dieser Weise kognitiv auf die gesellschaftlich vorherrschenden Verwertungsbedingungen hin anzupassen versucht, wird sie durch weitere soziale Umstände daran gehindert, sich mit allen weiteren Vorteilen als ein funktionell notwendiger Partner in der gesamtgesellschaftlichen Arbeitsteilung zu etablieren. So verhindert es insbesondere die rechtsstaatliche Tradition und eine entsprechend dominierende Juristenkultur, dass die Verwaltungswissenschaft den Status einer uneingeschränkt anerkannten Ausbildungsdisziplin – insbesondere für den Zugang zum öffentlichen Dienst – zu erringen vermag (Siedentopf 1981). Die Verwaltungswissenschaft hat sich damit zwar methodologisch gesehen für eine Instrumentalisierung nach gesellschaftlichen Zwecken bereit gefunden, doch hat sie dafür noch nicht den relativen Gewinn an funktioneller Autonomie, an Selbststeuerungsfähigkeit erzielen können, der sich nach Anerkennung als gesellschaftliche Produktivkraft im Rahmen der übergreifenden Arbeitsteilung eröffnet. Ganz im Gegenteil haben die bisherigen Versuche der Institutionalisierung die thematische Abhängigkeit und die Legitimationsbedürftigkeit nur noch verstärkt.

Angesichts solch allgemeiner gesellschaftlicher Umstände einer Institutionalisierung von Wissenschaften wird dann auch sehr schnell klar, dass die von uns bisher vielfach angesprochenen, aber vergleichbar „kürzer greifenden" Konzepte der Wissenschaftsentwicklung für eine angemessene Erklärung nicht schon ausreichen. Solche Konzepte (bzw. Untersuchungsgrößen), wie etwa Theorienvergleich, Entwicklung von Forschungsprogrammen, Verzweigungen, Paradigmenwechsel, Normalwissenschaft etc. reichen zwar noch aus, um einige Teilstücke bzw. Subprozesse des uns interessierenden Gesamtzusammenhanges – wie etwa die wissenschaftskonstitutiven Folgen einer Verzweigung bzw. Pluralisierung – zu beschreiben oder gar zu erklären. Indem sich diese Konzepte aber erkenntnismäßig für eine Rekonstruktion der Wissenschaftsentwicklung nach entweder bloß „logischen" oder „wissenschaftssoziologischen" Gesichtspunkten entscheiden, reicht die Spannweite ihrer Erklärungszusammenhänge zumeist nicht aus, um auch diese gesellschaftlichen bzw. sozial-strukturellen Bedingungen der uns interessierenden Institutionalisierungsformen von Verwaltungswissenschaft erfassen zu können (Weingart 1972, S. 20 ff.). Anders gesagt, greift auch ihre Erklärungsleistung (im Sinne von Erklärungen zweiter Ordnung) immer erst, wenn über die Entwicklung zugunsten der einen oder anderen Form der Institutionalisierung bereits grundsätzlich entschieden worden ist. Um allerdings die wirksam werdenden „Vorentscheidungen" – nämlich die Auslösung von Paradigmatisierungen – selbst erklären zu können, ist dann folglich auch in einem weiter ausgreifenden Verständnis auf spezielle Interaktionen von wissenschaftsinternen Entwicklungen mit externen bzw. gesellschaftlichen Umständen abzustellen. So haben wir bekanntlich feststellen müssen, dass Paradigmatisierungen und Entparadigmatisierungen doch nur im Zusammenhang bestimmter „gesellschaftlicher Einvernahmen", insbesondere im Zusammenhang mit Finalisierungszwängen verständlich gemacht werden können.

Bei einer solchen Erklärung kommen zunächst wieder die angesprochenen gesellschaftlichen Umstände ins Spiel. Daher muss zunächst auch bedacht werden, dass „Wissenschaft und Technik" mittlerweile schon generell zum Instrument der Herrschaftsausübung geworden sind, insbesondere auch zu einem Mittel der Beilegung politischer Krisen (Habermas 1968; Bruder 1980). Wenn insoweit „Einvernahmen" durch die Praxis auch nur zu erwarten sind, so kann dies aber nicht schon heißen, dass solche Einvernahmen bzw. Finalisierungszwänge nun allein von sich aus – also einseitig determinierend – über die uns interessierenden Institutionalisierungsformen bestimmen würden. Denn ob bzw. inwieweit eine solche Finalisierung in unserem Sinn durchschlägt, kann selbstverständlich nicht nur von dem quasi objektiven Bedarf an „Verwissenschaftlichung" staatlichen und administrativen Handelns abhängen, sondern setzt selbst schon wieder gewisse Entwicklungen in der zur Debatte stehenden Verwaltungswissenschaft voraus.

Logisch-analytisch betrachtet, kommen daher Paradigmatisierungen bzw. Entparadigmatisierungen auch nur zustande, je nachdem, ob sich spezielle Adäquanzen zwischen internen und externen Entwicklungen einstellen oder nicht. Materiell betrachtet, kann dieser Gesichtspunkt der Adäquanz zunächst insoweit bedeutungsvoll werden, als es in der Tat auch punktuell zu einer „Passung" zwischen nachgefragtem Wissen und wissenschaftsintern entwickelten Wissensgebieten kommen muss. Wie wir an der Systemtheorie, der Implementationsforschung und dem Bürokratie-Ansatz sehen können, kann es dabei (sicherlich neben weiteren „Realisationsfaktoren") auch zu einer kritischen Größe für die weiteren Institutionalisierungsvorgänge werden, ob die gemachten Wissensangebote auch eine hinreichende methodologische Reife erzielt haben, um die jeweiligen Finalisierungsansprüche methodisch und theoretisch überhaupt „tragen" zu können (Anderson 1976, S. 66 ff.). Bei dem Gesichtspunkt der Adäquanz geht es allerdings nicht nur um solche punktuell bzw. willentlich zu arrangierenden Kooperationsverhältnisse zwischen staatlich-administrativen Instanzen und dem Wissenschaftssystem, sondern mit Hilfe dieser „Größe" ließe sich ggf. zugleich deutlich machen, wie und dass die angesprochenen gesamtgesellschaftlichen Verhältnisse in struktureller Weise auf die Institutionalisierungsprozesse durchzuschlagen vermögen (Weingart 1976, S. 26; Ronge 1977, S. 252 ff.). Denn wollte man den Gesichtspunkt der Adäquanz zudem historisch und sozial-strukturell aufzulösen versuchen, so ließe sich wohl deutlich machen, dass angesichts bestimmter gesellschaftlicher Entwicklungsniveaus von beiden „Lagern" Adäquanzen auch ganz gezielt gesucht und hergestellt werden – aus legitimatorischen Gründen hier und Reputationssicherungsgründen dort.

Stellt man auf weitere wissenschaftskonstitutive Folgen ab, so wird deutlich, dass die Verwaltungswissenschaft Schwierigkeiten hat, sich zur gleichen Zeit als eine sowohl integrierte als auch hinreichend gereifte Disziplin zu konstituieren. Zumindest bisher scheint es so zu sein, dass in den möglichen Formen Vor- und Nachteile nur jeweils kombiniert zum Tragen kommen – der integrierte Charakter also nur auf dem Niveau einer „Verwaltungsreformlehre" zu sichern ist und die angemessene theoretisch-methodische Reife doch nur zum Nachteil einer Verzweigung in Bindestrich-Disziplinen. Da diesen Entwicklungen eine gewisse „Zwangsläufigkeit" innewohnt, sind diese Entwicklungen zwar nicht schon beliebig außer Kraft zu setzen. Um aber dem Ziel einer integrierten und gereiften Disziplin näher zu kommen, sollte sich zumindest im Sinne einer allgemeinen Norm darum bemüht werden, die sich im Verhältnis zur Praxis auftuenden Finalisierungs- und Behauptungszwänge ganz bewusst nach „innen" hin zum Zwecke einer kognitiven und sozialen Integration zu nutzen (van den Daele/Krohn/Weingart 1979, S. 56). Um diese Schubkraft positiv nutzen zu können, sich aber nicht zugleich durch genau dieselben Einflüsse am Ausbau eines „normal-wissenschaftlichen" Betriebs hindern zu lassen, bedarf es sodann auch gewisser interner „Gegensteuerungen" – die von einer intensivierten Grundlagenforschung über eine deduktive Begründung von Curricula bis hin zu einer stärkeren normativen Fundierung reichen können (Marini 1971). Angesichts gegebener Rahmenbedingung (unstete externe Problementwicklung/Sogwirkung traditioneller Disziplinen) werden sich die Dilemmata der Verwaltungswissenschaft wohl doch nur erträglicher gestalten, nicht jedoch sozial und kognitiv vollends „spannungsfrei" auflösen lassen.

Literatur

Anderson, G., Freiheit oder Finalisierung. In: Hübner, K. et al. (Hrsg.): Die politische Herausforderung der Wissenschaft; Hamburg 1976, S. 66 ff.

Andreae, C.-A., Alle Macht dem Staate? Öffentliche Aufgaben – alternative Möglichkeiten ihrer Erfüllung. In: Geißler, H. (Hrsg.), Verwaltete Bürgergesellschaft in Fesseln; Frankfurt/M. 1978, S. 149 ff.

Bebermeyer, H., Regieren ohne Management; Stuttgart 1974

Becker, E., Stand und Aufgaben der Verwaltungswissenschaft. In: Siedentopf, H. (Hrsg.), Verwaltungswissenschaft; Darmstadt 1976, S. 227 ff.

Blanke, B., Jürgens, U. & Kastendiek, H., Kritik der Politischen Wissenschaft 1, Analysen von Politik und Ökonomie in der bürgerlichen Gesellschaft; Frankfurt/M. 1975

Böhme, G., van den Daele, W. & Krohn, W., Die Finalisierung der Wissenschaft. Zeitschrift für Soziologie 2, 1973, S. 128 ff.

Böhme, G., van den Daele, W. & Krohn, W., Experimentelle Philosophie; Frankfurt/M. 1977

Böhret, C., Entscheidungshilfen für die Regierung; Opladen 1970

Böhret, C., Reformfähigkeit und Anpassungsflexibilität der öffentlichen Verwaltung. In: Hesse, J.J. (Hrsg.), Politikwissenschaft und Verwaltungswissenschaft; Opladen 1982, S. 134 ff.

Bruder, W., Sozialwissenschaften und Politikberatung; Opladen 1980

Budäus, D., Betriebswirtschaftliche Instrumente zur Entlastung kommunaler Haushalte; Baden-Baden 1982

Buse, M.J., Integrierte Systeme staatlicher Planung; Baden-Baden 1974

Bußhoff, H., Kritische Anmerkungen zu einer experimentellen Politiktechnologie. In: Hellstern G.M. & Wollmann, H. (Hrsg.), Experimentelle Politik-Reformstrohfeuer oder Lernstrategie; Opladen 1983, S. 105 ff.

Damman, K., Vom „arbeitenden Staat" zur „politischen Verwaltung". Neue Politische Literatur 16, 1971, S. 188 ff.

van den Daele, W., Krohn, W. & Weingart, P., Die politische Steuerung der wissenschaftlichen Entwicklung. In: dies. (Hrsg.), Geplante Forschung; Frankfurt/M. 1979, S. 56 ff.

DBB Dokumente 9, Bürokratisierung und Entbürokratisierung, Eine Bestandsaufnahme; Bonn 1979

Derlien, H.-U., Die Erfolgskontrolle staatlicher Planung; Baden-Baden 1976

Diederich, W. (Hrsg.), Theorien der Wissenschaftsgeschichte; Frankfurt/M. 1974

Ellwein, T., Probleme der Regierungsorganisation in Bonn. Politische Vierteljahresschrift 9, 1968, S. 234–254

Ellwein, T., Verwaltungswissenschaft: Die Herausbildung der Disziplin. In: Hesse, J.J. (Hrsg.), Politikwissenschaft und Verwaltungswissenschaft; Opladen 1982, S. 34 ff.

Ellwein, T., Gesetzes- und Verwaltungsvereinfachung in Nordrhein-Westfalen; Köln 1983

Etzioni, A., Two Approaches to Organizational Analysis: A Critique and a Suggestion. Administrative Science Quarterly 5, 1960, S. 257 ff.

Etzioni, A., Die aktive Gesellschaft, Eine Theorie gesellschaftlicher und politischer Prozesse; Opladen 1975

Fach, W., Verwaltungswissenschaft – ein Paradigma und seine Karriere. In: Hesse, J.J. (Hrsg.), Politikwissenschaft und Verwaltungswissenschaft; Opladen 1982, S. 55 ff.

Geißler, H. (Hrsg.), Verwaltete Bürger – Gesellschaft in Fesseln, Bürokratisierung und ihre Folgen für Staat, Wirtschaft und Gesellschaft; Frankfurt/M. 1978

Gornas, J., Grundzüge einer Verwaltungskostenrechnung; Baden-Baden 1976

Gouldner, A.W., Die westliche Soziologie in der Krise, Bd. 1; Hamburg 1974

Greven, M.T., Systemtheorie und Gesellschaftsanalyse; Darmstadt/Neuwied 1974

v. der Groeben, K., Schnur, R. & Wagener, F., Über die Notwendigkeit einer neuen Verwaltungswissenschaft; Baden-Baden 1966

Grottian, P. & Murswiek, A., (Hrsg.), Handlungsspielräume der Staatsadministration; Hamburg 1974

Grunow, D. & Hegner, F., Bürgernähe der Verwaltung – Möglichkeiten und Grenzen. In: Laux, E. (Hrsg.), Das Dilemma des öffentlichen Dienstes; Bonn 1978, S. 51 ff.

Habermas, J., Technik und Wissenschaft als Ideologie; Frankfurt/M. 1968

Hennis, W., Aufgaben einer modernen Regierungslehre. In: Politische Vierteljahresschrift 4, 1965, S. 422 ff.

Hellstern, G.M. & Wollmann, H., Bilanz – Reformexperimente, wissenschaftliche Begleitung und politische Realität. In: dies. (Hrsg.), Experimentelle Politik – Reformstrohfeuer oder Lernstrategie; Opladen 1985, S. 1 ff.

v. Heppel, H. & Becker, U., Zweckvorstellungen und Organisationsformen. In: Morstein Marx, F. (Hrsg.), Verwaltung, Eine einführende Darstellung; Berlin 1965, S. 87 ff.

Hirsch, J., Zur Analyse des politischen Systems. In: Gesellschaft, Beiträge zur Marxschen Theorie 1; Frankfurt/M. 1974a, S. 78 ff.

Hirsch, J., Staatsapparat und Reproduktion des Kapitals; Frankfurt/M. 1974b

Hirsch, J. & Leibfried, S., Materialien zur Wissenschafts- und Bildungspolitik, Frankfurt/M. 1971

Hugger, W., Gesetze – Ihre Vorbereitung, Abfassung und Prüfung; Baden-Baden 1983

Jann, W., Kategorien der Policy-Forschung. Speyerer Arbeitshefte 37, 1981

Jeserich, K.G.A., Fohl, H. & von Unruh, G.-C., Deutsche Verwaltungsgeschichte, Bd. 2; Stuttgart 1983

Käsler, D., Einführung in das Studium Max Webers; München 1979

Kieser, A. & Kubicek, H., Organisationstheorien, Bd. 2; Stuttgart usw. 1978

Klages, H., Überlasteter Staat – verdrossene Bürger? Zu den Dissonanzen der Wohlfahrtsgesellschaft; Frankfurt/M. 1981

Koch, R., Management von Organisationsänderungen in der öffentlichen Verwaltung; Berlin 1982

König, K., Erkenntnisinteressen der Verwaltungswissenschaft; Berlin 1970

König, K., Verwaltungswissenschaft in Ausbildung, Fortbildung und Forschung, Dreißig Jahre Hochschule Speyer. In: Öffentlicher Dienst, Festschrift für C.H. Ule; Berlin 1977, S. 53 ff.

König, K., Verwaltungswissenschaften und Verwaltungsreformen. Speyerer Forschungsberichte 14, 1979

König, K., Integrative Tendenzen in der Verwaltungswissenschaft. Die Verwaltung 1, 1980, S. 1 ff.

Krauch, H. (Hrsg.), Systemanalyse in Regierung und Verwaltung; Freiburg 1972

Kuhn, T.S., Die Struktur wissenschaftlicher Revolutionen; Frankfurt/M. 1981

Lange, E., Zur Entwicklung und Methodik der Evaluationsforschung in der Bundesrepublik Deutschland. Zeitschrift für Soziologie 3, 1983, S. 259 ff.

Langrod, G., Verwaltungswissenschaft oder Verwaltungswissenschaften. In: Siedentopf, H. (Hrsg.), Verwaltungswissenschaft; Darmstadt 1976, S. 389 ff.

Lakatos, I. & Musgrave, A. (Hrsg.), Kritik und Erkenntnisfortschritt; Braunschweig 1974

Laux, E., Über Führung. Archiv für Kommunalwissenschaften, 2. Halbjahresband 1983, S. 209 ff.

Lehner, F., Grenzen des Regierens; Königstein/Ts. 1979

Lepper, M., Das Ende eines Experiments, Zur Auflösung der Projektgruppe Regierungs- und Verwaltungsreform. Die Verwaltung 4, 1976, S. 478 ff.

Lüder, K., Betriebswirtschaftslehre und öffentliche Verwaltung – Bestandsaufnahme und Entwicklungsperspektiven. Zeitschrift für Betriebswirtschaft 6, 1972, S. 538 ff.

Luhmann, N., Theorie der Verwaltungswissenschaft; Köln/Bonn 1966

Luhmann, N., Zweckbegriff und Systemrationalität; Tübingen 1968

Luhmann, N., Funktion und Kausalität. In: ders., Soziologische Aufklärung, Aufsätze zur Theorie sozialer Systeme; Köln/Opladen 1970a, S. 18 ff.

Luhmann, N., Soziologie als Theorie sozialer Systeme. In: ders., Soziologische Aufklärung; Köln/Opladen 1970b, S. 113 ff.

Luhmann, N., Politische Theorie im Wohlfahrtsstaat; München/Wien 1981

Maier, H., Die ältere deutsche Staats- und Verwaltungslehre; München 1980

Marini, F., Toward a New Public Administration; New York 1971

Morstein Marx, F. (Hrsg.), Verwaltung, Eine einführende Darstellung; Berlin 1965

Maurer, H., Allgemeines Verwaltungsrecht; München 1983

Mayntz, R., Max Webers Idealtypus der Bürokratie und die Organisationssoziologie. In: dies. (Hrsg.), Bürokratische Organisation; Köln 1968, S. 27 ff.

Mayntz, R., Die Implementation politischer Programme, Theoretische Überlegungen zu einem neuen Forschungsgebiet. Die Verwaltung 1, 1977, S. 51 ff.

Mayntz, R., Soziologie der öffentlichen Verwaltung; Heidelberg 1978

Mayntz, R. u.a., Vollzugsprobleme der Umweltpolitik; Stuttgart 1978

Mayntz, R., Gesetzgebung und Bürokratisierung, Der Bundesminister des Innern; Bonn 1980

Mayntz, R., Zur Einleitung: Probleme der Theoriebildung in der Implementationsforschung. In: dies. (Hrsg.), Implementation politischer Programme II; Opladen 1983, S. 7 ff.

Mayntz, R. & Scharpf, F.W., Kriterien, Voraussetzungen und Einschränkungen aktiver Politik. In: dies. (Hrsg.), Planungsorganisation; München 1973, S. 115 ff.

Molitor, B., Staatsversagen; Köln 1981

Müller, W.R., Führung und Identität; Bern/Stuttgart 1981

Mulkay, M.J., Drei Modelle der Wissenschaftsentwicklung. In: Stehr, N. & König, R. (Hrsg.), Wissenschaftssoziologie; Opladen 1975, S. 48 ff.

Narr, W.-D., Theoriebegriffe und Systemtheorie; Stuttgart 1969

Naschold, F. & Väth, W. (Hrsg.), Politische Planungssysteme; Opladen 1973

Offe, C., Rationalitätskriterien und Funktionsprobleme politisch-administrativen Handelns. Leviathan 3, 74, S. 333 ff.

Offe, C., Berufsbildungsreform, Eine Fallstudie über Reformpolitik; Frankfurt/M. 1975

Offe, C., „Unregierbarkeit", Zur Renaissance konservativer Krisentheorien. In: Habermas, J. (Hrsg.), Stichworte zur „Geistigen Situation der Zeit", 1. Band: Nation und Republik; Frankfurt/M. 1979, S. 294 ff.

Opp, K.-D., Kybernetik und Soziologie; Neuwied/Berlin 1970

Prätorius, R., Folgen der Planung, Ursachen, Bedingungen und Grenzen moderner Verwaltungsreformen; Lollar/Lahn 1977

Recktenwald, H.C., Markt und Staat; Göttingen 1980

Reese, I., Implementationsforschung. Soziologische Revue 1, 82, S. 37 ff.

Reichard, C., Betriebswirtschaftslehre der öffentlichen Verwaltung; Berlin 1977

Reinermann, H., Integrierte Planungs- und Kontrollsysteme im Regierungs- und Verwaltungsbereich. Bundeswehrverwaltung, Heft 6/7, 1971

Ronge, V., Der „politökonomische" Ansatz in der Verwaltungsforschung. In: Grottian, P. & Murswiek, A. (Hrsg.), Handlungsspielräume der Staatsadministration; Hamburg 1974, S. 84 ff.

Ronge, V., Forschungspolitik als Strukturpolitik; München 1977

Ronge, V., Möglichkeiten und Restriktionen der Forschungspolitik. In: Hubig, C. & von Rahden, W. (Hrsg.), Konsequenzen kritischer Wissenschaftstheorie; Berlin/New York 1977, S. 252 ff.

Ronge, V. & Schmieg, G. (Hrsg.), Politische Planung in Theorie und Praxis; München 1971

Roters, W., Kommunale Mitwirkung an höherstufigen Entscheidungsprozessen; Köln 1975

Scharpf, F.W., Verwaltungswissenschaft als Teil der Politikwissenschaft. In: ders. (Hrsg.), Planung als politischer Prozeß; Frankfurt/M. 1973, S. 9 ff.

Scharpf, F.W., Planung als politischer Prozess. In: Naschold, F. & Väth, W. (Hrsg.), Politische Planungssysteme; Opladen 1973a, S. 167 ff.

Scharpf, F.W., Politische Durchsetzbarkeit innerer Reformen; Göttingen 1974

Schatz, H., Auf der Suche nach neuen Problemlösungsstrategien: Die Entwicklung der politischen Planung auf Bundesebene. In: Mayntz, R. & Scharpf, F.W. (Hrsg.), Planungsorganisation, Die Diskussion um die Reform von Regierung und Verwaltung des Bundes; München 1973, S. 9 ff.

Schluchter, W., Ansätze zur Bestimmung der Staatsfunktionen und ihre Folgen für die Konzeption des Verwaltungshandelns. In: Zwischenbilanz der Soziologie, Verhandlungen des 17. Deutschen Soziologentages; Stuttgart 1976, S. 347 ff.

Schmid, G., Zur Effizienz der Arbeitsmarktpolitik: Ein Plädoyer für einen Schritt zurück und zwei Schritte voraus. In: Hesse, J.J. (Hrsg.), Politikwissenschaft und Verwaltungswissenschaft; Opladen 1982, S. 309 ff.

Schmidt, M.G., Die ‚Politik der inneren Reformen' in der Bundesrepublik Deutschland seit 1969. In: Fenner, C., Heyer, U. & Strasser, J. (Hrsg.), Unfähig zur Reform?; Köln/Frankfurt/M. 1978, S. 30 ff.

Schreckenberger, W., Die Gesetzgebung im demokratischen Rechtsstaat. In: Festschrift für Friedrich Schäfer; Opladen 1980, S. 76 ff.

Schröder, H., Die Stellung des Fachs „Verwaltungslehre" in den neuen Ausbildungs- und Prüfungsordnungen. Die öffentliche Verwaltung 1973, S. 193 ff.

Schuon, K.T., Wissenschaft, Politik und wissenschaftliche Politik; Köln 1972

Seibel, W., Regierbarkeit und Verwaltungswissenschaft; New York 1983

Siedentopf, H. & Koch, R., Strategien der Verwaltungsreform, Grenzen und Möglichkeiten der Rationalisierung öffentlicher Verwaltungen. In: Krüger, K., Rühl, G. & Zink, K.J. (Hrsg.), Industrial Engineering und Organisations-Entwicklung im kommenden Dezennium; München 1979, S. 319 ff.

Siedentopf, H., Juristenausbildung für die öffentliche Verwaltung. Die Verwaltung 2, 1981, S. 204 ff.

Siedentopf, H., Der Stand der Verwaltungswissenschaft. In: Kaiser, J.H. (Hrsg.), Verwaltung und Verwaltungswissenschaften in der Bundesrepublik Deutschland; Baden-Baden 1983, S. 42

Steinebach, N., Verwaltungsbetriebslehre; Regensburg 1980

Stolzlechner, H., Rationalisierung der Gesetzgebung (Bericht). Die Öffentliche Verwaltung 1, 1983, S. 25 ff.

Waffenschmidt, H., Aspekte zur Rechts- und Verwaltungsvereinfachung aus der Sicht der Bundesverwaltung. Verwaltung/Organisation/Personal 1, 1984, S. 4 ff.

Wagener, F., Neubau der Verwaltung; Berlin 1969

Weber, M., Wirtschaft und Gesellschaft; Tübingen 1980

Weingart, P., Wissenschaftsforschung und wissenschaftssoziologische Analyse. In: ders. (Hrsg.), Wissenschaftssoziologie, Wissenschaftliche Entwicklung als sozialer Prozeß; Frankfurt/M. 1972

Weingart, P., Wissenschaftsproduktion und soziale Struktur; Frankfurt/M. 1976

Wildenmann, R., Macht und Konsens als Problem der Innen- und Außenpolitik; Köln/Opladen 1967

Wittkämper, G.W. (Hrsg.), Bürokratisierung und Entbürokratisierung; Regensburg 1982

Wollmann, H., Implementationsforschung – eine Chance für kritische Verwaltungsforschung. In: ders. (Hrsg.), Politik im Dickicht der Bürokratie; Opladen 1980, S. 15 ff.

Wunderer, R. & Grunwald, W., Führungslehre, 2 Bde.; Berlin/New York 1980

Zimmermann, F., Der öffentliche Dienst und die staatliche Aufgabenlast. In: Even, B. (Hrsg.), Der öffentliche Dienst und die staatliche Aufgabenlast; Bonn 1983, S. 16 ff.

Optionen des Designs eines New Public Service

4

Ansätze und Folgen einer sozial-konstruktiven Besetzung der Modernisierungsproblematik

Rainer Koch[*]

---

[*] Rainer Koch & Rick Vogel (2012). Paradigmenkonkurrenz im Public Management. Zur Kritik des Diskurses um Management-Entwicklungen. Wiesbaden: Springer Gabler, S. 57–98.

4.1   Problem- und Fragestellung

Wie bekannt, geht es in der BRD seit Anfang der 90er Jahre darum, sich mit einer Vielzahl
an Modernisierungen des Staates und der Verwaltungen auf die sich globalisierungsbedingt
drastisch verändernden Anforderungen an das Regieren und Verwalten anzupassen. Zum
anderen zeigt sich allerdings ebenso, dass es gerade in jüngster Zeit zu deutlichen Tempover-
lusten kommt – zu sich sehr stark verästelnden bzw. spezialisierenden Bemühungen – zu ggf.
auch schon wieder rückläufigen Entwicklungen – in jedem Fall aber auch zur Rückkehr zur
Routine bzw. zur Normalität. Bei genauerem Hinsehen ist dabei allerdings auch schon zu erkennen, dass und wie diese „Atempause" der Modernisierung dazu genutzt wird, um nun Re-
chenschaft abzuliefern, erste „Evaluationen" durchzuführen – und dabei auch großkalibrige
„Statusberichte" oder „Zwischenbilanzen" über die Verwaltungsreform insgesamt zu erstellen. In bemerkenswerter Weise geht es bei entsprechenden „Zugriffen" auf die Modernisierungsproblematik nicht nur um eine quasi registrierende Feststellung von „Zwischenständen",
sondern auch und gerade darum, mit entsprechenden Ergebnissicherungen nun auch schon
die Weichenstellungen für die weitere zukünftig mögliche bzw. wünschenswerte Entwicklung
vorzunehmen (Bogumil et al. 2007). Wie es eben auch schon für andere Beispiele der Initiierung und Abwicklung tiefgreifender Wandlungsprozesse der Fall ist, ist daher auch für diesen
Fall einer voranschreitenden Modernisierung von Staat und Verwaltung zu erkennen, wie hier
die zwischenzeitlich eingetretene „Atempause" von einer Vielzahl (gerufener oder selbster-
nannter) Experten zum Anlass genommen wird, um nun mit ggf. gezielt initiierten „sozialen"
als auch „kognitiven" Besetzungen zu einer strategisch relevanten Neudisposition über die
„Modernisierungsproblematik" insgesamt (über ein im übrigen schon von sich aus äußerst
ressourcen- und auch reputationsträchtiges Handlungsfeld) zu kommen.

Soweit hier also bewusst initiierte Besetzungsversuche durchschlagen, wollen wir dies
auch schon selbst zum Anlass nehmen, um nun mit einer stärker reflexiv ausgerichteten –
mit einer stärker wissens- bzw. wissenschaftssoziologisch aufgefächerten Perspektive aufzuzeigen, aus welchen weiteren gesellschaftlichen Zusammen- bzw. Vermittlungszusammen-
hängen (genauer: auch aus welchen bewusst initiierten „Zusammenspielen") heraus versucht
wird, zu einer „sozialen" als auch "kognitiven" Beherrschung der sich offensichtlich auch
immer wieder neu stellenden „Modernisierungsproblematik" zu kommen. Mit der Anwendung einer solchen reflexiven Perspektive kann dann schon einmal deutlich gemacht werden, dass die Auseinandersetzungen um die Modernisierungsproblematik nicht schon (oder
auch nicht schon vorrangig) zum Gegenstand eines methodologisch angeleiteten Wettstreits
unterschiedlicher Erkenntnisperspektiven bzw. zum Kristallisationspunkt eines klassischen
Hypothesentests über die explikative bzw. prognostische Ergiebigkeit bzw. Überlegenheit
einzelner Perspektiven wird – und auf diesem Wege auch nicht schon zum Mittel einer konti-
nuierlichen Kumulation abgesicherter Wissensbestände (Hondrich/Matthes 1978). Ganz im
Gegenteil muss hier aus einer reflexiven Perspektive zur Kenntnis genommen werden, dass
und wie die aktuellen Erörterungen der Modernisierungsproblematik strukturell vermittelt
– also extern etwa durch den „Druck" veränderter politischer Opportunitäten angestoßen
und wissenschaftsintern durch die Verfeinerung von „Erkenntnisinteressen" aufgenommen
oder gar aufgesucht – zum Anlass werden, um nun in sozial-konstruktiver Weise zu einer
Institutionalisierung der nunmehr sozial als auch kognitiv zugelassenen „Zugriffe" auf die

Modernisierungsproblematik zu kommen. Statt eines womöglich auch nur naiverweise zu erwartenden Theorienwettbewerbs geht es hier in sozial-konstruktiver Weise vielmehr darum (und zwar auch je nach selbst angestrebter „Finalisierung" bzw. Anbindung der eigenen Theoriebildung an gesellschaftliche Zwecke), die Bearbeitung der Modernisierungsproblematik zum Vehikel einer gezielten theoriepolitisch zweckgerechten „Besetzung" zu machen – hier also auch mit einem bewusst angestrebten „Paradigmenwechsel" die Voraussetzungen bzw. Kriterien für eine jeweils kognitiv als auch sozial zulässige Bearbeitung der Modernisierungsproblematik zu etablieren. In dieser Weise ist dann über diese Ansätze hinweggehend zu erkennen, dass und wie hier eben nicht schon der erfolgreich abgewehrte Versuch einer (systematischen) „Falsifikation", sondern die Geschicklichkeit in der Initiierung sozial bedeutsamer (und auch sanktionierter) Prozesse des „community building" bzw. der „Vergemeinschaftung" darüber entscheidet, zu welcher Art einer sozialen als auch kognitiven „Beherrschung" der Modernisierungsproblematik es kommen wird (Vogel 2006; Lan/Anders 2000). Soweit es um das kognitive Substrat (um die „Diskurse") entsprechender Prozesse der Institutionalisierung geht, haben wir es schließlich auch mit der versuchten Etablierung von „Axiomatiken" zu tun, mit denen (als logisch rekursiv geschlossene bzw. sich selbst immunisierende Analyse- und Gestaltungsrahmen) in jeweils operativ geschlossener Weise Kriterien dafür vorgegeben werden, wie denn Probleme der Modernisierung erlaubterweise zu erfassen und auch einer Lösung zuzuführen sind (Bochenski 1954).

Für unsere Analyse wird dabei relevant, dass es bei der Bearbeitung der Modernisierungsproblematik (über die bisherige Aufzählung unterschiedlicher „Modernisierungstypen" hinaus) zu theoriepolitisch neuartigen „Lagerbildungen" kommt – dass demgemäß auch schon wieder auf unterschiedliche „Ideen" oder auch „Axiomatiken" zurückgegriffen wird – dass hier aber auf jeden Fall ein anfänglich noch gegebener Konsens brüchig wird (Oppen/Sack/Wegener 2005; Lorig 2008). In diesem Zusammenhang haben wir es dann theoriepolitisch zunächst einmal bis in die jüngere Zeit hinein (auch was die praktischen Entwicklungen anbetrifft) mit einer weitgehend geteilten planungs- und steuerungstheoretischen Perspektive der Modernisierung zu tun. Bei Anwendung einer entsprechenden Erkenntnisperspektive geht es bekanntlich – und zwar gemäß den systemtheoretisch angelegten „funktionalen Systemanalysen" – noch darum aufzuzeigen, wie nun gerade die im Zeichen der Globalisierung steigenden Anforderungen an die Effizienz bzw. Effektivität Staat und Verwaltung zu immer erneuten funktionalen Optimierungen bzw. Anpassungen des Managements (genauer: der Optimierung interner Struktur-Funktionenzusammenhänge) anhalten – im Einzelnen auch zu einer gesamtgesellschaftlich relevanten „Re-Positionierung" des Staates und einem daraufhin entsprechenden strategisch abgestimmten „Alignment" des Managements. Zum anderen ist hier jetzt allerdings ebenso zu beobachten, dass und wie sich eine – bei bisher noch nicht abgeschlossener Differenzierung bzw. Spezifikation denkbar unterschiedlicher Strömungen – sich Zug um Zug zuspitzende gesellschaftstheoretische bzw. ordnungspolitische Variante der Governance-Perspektive zu etablieren beginnt (Kooiman 2002). In entsprechender Weise kommt hier jetzt ein theoriepolitisch bedeutsamer Besetzungsversuch zum Tragen, bei dem die Bearbeitung der Modernisierungsproblematik nun auch eher aus der Sicht gegebener „Einbettungen" von Staat und Verwaltung in das Gefüge gesamtgesellschaftlich auferlegter Koordinationsmodi und Steuerungsbeziehungen (enger: aus der Sicht entsprechender „Stakeholder-Netzwer-

ke") zu erfolgen hat – sich damit aber der Fokus zunehmend auf die Analyse sozialstruk-
turell relevanter Bedingtheiten als auch verteilungspolitisch erheblicher Auswirkungen
staatlich-administrativen Handelns zu verschieben beginnt – und es somit letztlich auch
um die Frage einer gesellschafts-politisch bereits als prekär erkannten „Verteilungsgerechtigkeit" gehen kann. Soweit sich hier in dieser Weise eine eher grundlegend verändernde
Art der Bearbeitung der Modernisierungsproblematik (wieder) durchzusetzen beginnt, ist
auch nur folgerichtig, dass auch bei Fragen der "Lösbarkeit" auf höchst unterschiedlich
geartete Regelungen zurückgegriffen wird – dass es hier eben nicht mehr so sehr um die
bekannten planungs- und steuerungstheoretischen Konzepte des „Intelligentermachens"
des Managements (also um eine sachliche als auch soziale Optimierung von Systemen der
Leistungserstellung) geht, als vielmehr verstärkt um Fragen der Anwendbarkeit strukturell
erheblicher „Techniken des Macht- und Interessenausgleichs" (oder weicher: um Techniken der Sozialintegration bzw. der sozialen Inklusion) (vgl. Dror 2002, S. 63 ff.; Benz et al.
2007, S. 20).

Anhand entsprechender Rekonstruktionen ist daher zunächst und vor allem wieder
zu erkennen, dass und wie hier in vollem Umfang die bekannte Dynamik der erneuten
Herstellung von „Adäquanzen" bzw. Passungen (das volle „Wechsel- bzw. Zusammenspiel"
von veränderter politische Nachfrage nach legitimationsförderlichen Wissensbeständen
und einer daraufhin erneut anzupassenden institutionalisierungsförderlichen akademischen Erkenntnisproduktion) zum konstituierenden Faktor der Wissensentwicklung wird
(allgemein Koch 1985). In diesem Zusammenhang ist für unsere Rekonstruktionen von
besonderer Bedeutung, dass es sich dabei eben nicht so sehr um einen evolutionär angelegten (vorrangig kognitiv getriebenen) Prozess der systematischen Erkenntniserweiterung
handelt – bzw. um einen Versuch, mit einem schrittweisen Auffüllen konzeptionell stören-
der bzw. noch nicht kontrollierbarer „Erkenntnislücken" zu einer verbesserten Anwendbarkeit bis dato dominanter gestalt- und steuerungstheoretisch fundierter Management-
theorien zu kommen. Ganz im Gegenteil geht es hier im Sinne eines eher kompetetiven
Prozesses der „außergewöhnlichen Forschung" darum, nun auch schon bei Übergang von
einem so bezeichneten (positivistischen) „funktional-mechanischen" Paradigma auf die
epistemologischen bzw. ontologischen Prämissen einer postmodernen Sichtweise – auf
jeden Fall aber auch schon mit dem Mittel „lebensweltlich" bzw. diskursiv zu erschließen-
der „Planungs- und Handlungsrationalitäten" („Local Knowledge/Place Management")
die Bedingungen für eine grundlegend veränderte (inkommensurable?) Definition der
Modernisierungproblematik – und somit auch für die Konzipierung und die politisch
wirksame Verbreitung grundlegend veränderter „Designs" öffentlicher Dienste zu setzen
(Kegelmann 2007). Ohne sich dabei wiederum dem Problem eines „unendlichen Regres-
ses" auszusetzen – soll bei diesen (reflexiv angeleiteten) Rekonstruktionen daher auch von
ausschlaggebender Bedeutung sein, ob oder inwieweit es mit entsprechend konkurrierenden „Besetzungsversuchen" gelingen kann, mit bzw. neben der Bedienung veränderter
politischer Opportunitäten bzw. Verwertungszusammenhänge (neben der womöglich ge-
lingenden „Ideologie- und Bewusstseinsbildung") nun auch gemessen an der verbleibenden „Widerständigkeit" des Gegenstandes der Modernisierung selbst zu problemlösenden
Interventionsvorschlägen zu kommen.

4.2   Rahmenbedingungen und Prozessdynamiken sozial-konstruktiver Versuche der Besetzung der Modernisierungsproblematik

Im Folgenden geht es zunächst einmal – und zwar unter Rückgriff auf einige klassische wissenschaftssoziologische bzw. wissensoziologische, dabei allerdings in jüngerer Zeit auch bereits institutionentheoretisch verfeinerte Konzepte und Theoreme von Paradigmenwechseln deutlich zu machen, welche allgemeinerheblichen Rahmenbedingungen und auch Prozessdynamiken auf die für uns relevanten diskursiven Bemühungen um eine strategisch veränderte Besetzung der Modernisierungsproblematik einwirken (Weingart 2003) (vgl. auch unten Abbildung 4.1). Unter Rückgriff auf entsprechende Konzepte und Theoreme gilt es dabei sodann auch insbesondere herauszuarbeiten, wie nun auch hier ein bereits gesamtgesellschaftlich auferlegtes „Wechsel- bzw. Zusammenspiel" von sog. externen als auch internen Faktoren (also von veränderter politischer Nachfrage hier und entsprechend wissenschaftsintern angepassten Angeboten dort) zu den wesentlichen Treibern der uns interessierenden Wissens- bzw. Paradigmenentwicklung wird. Anhand entsprechend vorgegebener Dynamiken kann dann auch schon deutlich werden, auf welche Formen einer Diskursführung quasi zwangsläufig zurückzugreifen ist, um nun im Rahmen dauerhaft gegebener Konkurrenzen eigene Wissensangebote verbindlich machen zu können.

In entsprechender Weise gehen wir daher in unseren Rekonstruktionen zunächst davon aus, dass auch in unserem Fall die sich erneut ändernden bzw. zuspitzenden Reproduktions- und Legitimationserfordernisse von liberal-demokratischen Herrschaftssystemen mit ausdifferenzierter kapitalistischer Wirtschaftsordnung (so eben auch der notorisch steigende Bedarf einer Legitimierung staatlich-interventionistischen Handelns durch Wissenschaft und Technik, vgl. Habermas 1969, S. 52) zu den allgemein erheblichen auslösenden Bedingungen des hier interessierenden Prozesses der Wissens- und/oder Paradigmenentwicklung werden. So ist eben bei näherer Rekonstruktion recht gut zu erkennen, dass und wie sich verändernde Anforderungen an eine gesamtgesellschaftliche (sachliche als auch soziale) „Reproduktion" nun auch in diesem Fall „Politik" und „Wissenschaft" dazu anhalten, über ein gewissermaßen strukturell auferlegtes „Wechsel- und Zusammenspiel" (empirisch auch über eine Vielzahl an zyklischen und sich dabei auch rekursiv verstärkende Prozesse) zu einer erneut herzustellenden „Adäquanz" bzw. Passung zwischen politisch nachgefragtem Bedarf an rationaler Begründung bzw. Legitimation von Politikinhalten und einer entsprechend daraufhin anzupassenden Erkenntnisproduktion in der Wissenschaftsgemeinschaft zu kommen (allgemein Weber 1964; Käsler 1979). Gemäß diesem quasi gesellschaftlich auferlegten „Wechsel- bzw. Zusammenspiel" ist dann auch für unseren Fall zunächst einmal zu berücksichtigen, dass sich gegen Ende der „Amtszeit" der (zweiten) Großen Koalition aufgrund einiger grundlegender Änderungen in der „politischen Großwetterlage" (insbesondere angesichts einer im Zuge des Finanzmarktkrisenmanagements erneut ausbrechenden Debatte um Verteilungsgerechtigkeit) in einigen Teilen des politischen „Establishments" in zunehmend stärker werdender Weise das Bedürfnis nach einem „Politikwechsel" – und somit auch der Wunsch nach erneut politischopportun angepassten Formen einer „scientistischen" (quasi naturwissenschaftlich exakten) Legitimierung und/oder Popularisierung einstellt. Bekanntlich hält hier dann auch das zunehmend als bedrängend empfundene Risiko eines Macht- und Popularitätsverlustes gerade das weitere „linke Spektrum" der Großen Koalition (inklusive die entsprechend verknüpften Gewerkschaften) dazu an, sich auch in zunehmender Schärfe von der bis dato zumindest stillschweigend geteilten Philosophie (der „intellektuell wirksamen Hegemonie") einer – zumindest aufs Ganze gesehen- quasi liberal bzw. wettbewerblich orientierten „Modernisierung" oder „Re-Invention" von Staat und Gesellschaft loszusagen (Zumindest symptomatisch Clement/Merz 2010, insb. S. 74/75). Politisch-programmatisch ist daher im weiteren Verlauf auch gut zu erkennen, dass sich aus diesem „linken Spektrum" auch Zug um Zug (bei allerdings vorerst noch diffus bleibenden Absetzbewegungen vom Konzept des „Aktivierenden Staates") für eine Re-Vitalisierung „(neo-)wohlfahrtsstaatlicher" Designs von Staatsstrukturen und Politikprogrammen eingesetzt wird.

Da und insoweit in diesem Zusammenhang auch und gerade das Management des „Staatsapparates" selbst (und zwar der „Outcome-Dimension" nach) als ein Hebel für die Lösung der klassischen sozialen Frage (also für Fragen der „Um- und Gleichverteilung" der gesellschaftlichen Wohlfahrt) anzusehen ist, ist dann auch nur zwangsläufig, dass hier jetzt wieder – wenngleich vielfach vermittelt – verstärkt nach entsprechend politisch opportun entwickelten und dabei auch möglichst rational (scientistisch) begründbaren Besetzungen der Modernisierungsproblematik nachgefragt wird. Zum anderen entspricht es allerdings dieser Sicht eines bereits gesamtgesellschaftlich auferlegten „Wechsel- und Zusammenspiels" ebenso, dass entsprechende Bedarfe nach einer erneuten wissensbasierten Legitimation von Modernisierungspolitiken von den einzelnen „scientific communities" auch schon selbst als strategisch bzw. theoriepolitisch erhebliche Gelegenheiten (als „windows of opportunity") aufgegriffen werden, um nun – auch in Konkurrenz untereinander – mit dem Mittel einer bewussten Anpassung der internen Erkenntnisproduktion für ein Vorhalten nachfragegerechter (also erfolgverbürgender als auch legitimatorisch wirksamer) Wissensangebote zu sorgen – und sich auch auf diese Weise nachhaltig als eine gesellschaftlich gewertschätzte „Produktivkraft" etablieren zu können (allgemein Schuon 1972, S. 21 ff.). Soweit hier von entsprechenden „Wechsel- und Zusammenspielen" ausgegangen wird, wird es damit auch zu einem springen Punkt in unserer Betrachtung, dass es dann gerade die im Gegenzug erhofften Institutionalisierungsgewinne sind, die den akademischen Betrieb – im übrigen ja ein weitgespanntes Spektrum an verwaltungswissenschaftlich relevanten Bindestrich-Disziplinen – gemäß eigenen Bestandserhaltungsbedingungen (quasi im Sinne eines internen „Eigenregulativs" vgl. Böhme/van den Daele/ Krohn 1973) dazu anhalten, die eigene Sicht der Dinge (also das eigene „Paradigma") im Rahmen des weiteren kompetetiven „Angebotsverhalten" als vorrangiges bzw. gar einzig gültiges Kriterium für die Definition und Lösung aktueller Modernisierungsprobleme des Managements durchzusetzen – und sich mit dem Aufbau bzw. die Verbreitung einer verbesserten wissensbasierten Legitimation veränderter Modernisierungspolitiken als eine reputations- und ressourcensichernde „scientific community" zu etablieren (Kuhn 1977; Weingart 1964).

Indem wir hier auf klassische institutionelle Betrachtungen zum Paradigmenwechsel abstellen, kann bei entsprechenden Rekonstruktionen recht gut deutlich werden, dass und wie über diesen Rahmen eines gesellschaftlich auferlegten „Wechsel- und Zusammenspiels" hinaus nun auch die bekannten „Prozesselemente" von Paradigmenentwicklungen selbst – so insbesondere eine auch hier gut identifizierbare Phase der „außergewöhnlichen Forschung" zum eigentlichen Treiber der uns interessierenden Wissensentwicklung wird. Soweit auch in unserem Fall die prozesstreibende Größe einer „außergewöhnlichen Forschung" (und somit auch weitere kognitiv als auch sozial bedeutsame Elemente, wie etwa eine zunehmende Theoriedynamik, zunehmende Verzweigungen und schließlich auch Problemverschiebungen) zum Tragen kommen, ist hier allerdings zu bedenken, dass in diesem Fall das Bemühen um verbesserte Wissensangebote innerakademisch von vornherein den Charakter eines kompetitiv angelegten Prozesses des „Empirebuilding" annimmt. So ist dann auch für unseren Fall feststellbar, wie ein sich bei verändernden politischen Opportunitäten (bzw. bei Aufkommen erster praktischer Modernisierungsdilemmata) einstellender Bedarf nach Neu-Justierung von Wissensangeboten von einer insbesondere politikwissenschaftlich betriebenen Verwaltungsforschung (eine zwischenzeitlich auch nur mit Mühen aufrechtzuerhaltende „Politikfeldforschung") zum Anlass genommen wird, um nun quasi mit der „Wiedergewinnung" eines zwischenzeitlich an ein stark institutionen-ökonomisch aufgestelltes Public Management verloren gegangenes Forschungsfeld zur Bewältigung eigener chronischer kognitiver als auch institutioneller Identitätskrisen zu kommen (sehr selbstkritsch Benz 2003, S. 380 ff.; mit langfristiger Perspektive Blanke/ Kastendiek/Jürgens 1975). Bei Anlegen unserer Perspektive kann dabei also deutlich werden, dass es gerade die eher dauerhaft ungelöst gebliebenen Probleme einer zureichenden Etablierung in der akademischen Arbeitsteilung (auch als Berufs- und Karrierefeld) sind, die jetzt gerade das politikwissenschaftliche Spezialgebiet dazu anhalten, die sich hier andeutende Nachfrage als „Schlupf" für einen strategisch angelegten Besetzungsversuch zu nutzen (mit Hinweisen auf Abgrenzungen Reichard 2002, S. 264 ff.). Da und insoweit in die Aufmachung einer entsprechenden Phase der „außergewöhnlichen Forschung" nun auch schon bis dato ungelöste Probleme einer nachhaltigen Institutionalisierung von disziplinären Spezialgebieten oder Arbeitsschwerpunkten hineinreichen, ist dann schon aus diesem Grunde nur bedingt oder gar nicht damit zu rechnen, dass sich nun innerakademisch mit grenzüberschreitend geöffneten Kommunikationsstrukturen, mit einer entsprechend eingebundenen „Peer review" oder sogar mit dem Mittel eines quasi methodisch rational voranschreitenden Theorienvergleichs (oder logisch: mit dem Kriterium progressiver bzw. regressiven Reduktionen) über die ggf. notwendig werden Anpassungen von Wissensangeboten entscheiden ließe (vgl. u.a. Giesen/Schmid 1977, S. 143). Ganz im Gegenteil ist unter diesen Bedingungen quasi zwangsläufig davon auszugehen, dass auch in unserem Fall die Anpassung der innerakademischen Wissensproduktion den Charakter eines sich zunehmend schließenden sozial-konstruktiven Prozesses des Aufbaus und der Verbreitung eigener Perspektiven als praktisch und legitimatorisch brauchbare Bezugsrahmen („Frames") für die Erfassung und Lösung von Modernisierungsproblemen annehmen.

Wie es sich an der „Dramaturgie" dieser Phase einer außergewöhnlichen Forschung zeigt, ist daher auch gar nicht zu erwarten, dass es im Rahmen einer entsprechend aufkommenden „Theoriedynamik" um einen quasi systematisch vorangetriebenen Prozess der Wissenserweiterung gehen könnte. Was den Ablauf dieser Phase anbetrifft, ist dabei zwar noch einzuräumen, dass sich die Politikwissenschaft bereits über einen längeren Zeitraum (und zwar unter der auch richtungsweisenden Überschrift eines „Abschieds von der Binnenmodernisierung") mit Fragen des Ausbaus und der Anwendbarkeit einer stärker gesellschaftlich geöffneten „Governance-Perspektive" beschäftigt hat (gleichsam mit dem Aufbau einer kognitiv gemeinsam verbindlichen „disziplinären Matrix") (Oppen/Sack/ Wegener 2004). Der springende Punkt für unsere Rekonstruktionen ist dabei allerdings, dass und wie im weiteren Verlauf die sich zwischenzeitlich beschleunigend verändernden politischen Opportunitäten (die sich öffnenden „windows of opportunities") von politikwissenschaftlichen Gruppierungen aus dem sich fluide organisierenden Zwischensystem von Modernisierungsakteuren (also auch aus den Akteur-Netzwerken und Interaktionsstrukturen des einschlägigen „mode 2" der Wissensproduktion, vgl. allgemein Gibbons et al. 1994) als Gelegenheit ergriffen werden, um nun bei stark instrumentalisiertem Gebrauch des Kanons wissenschaftlichen Arbeitens Zweifel an der Brauchbarkeit der bisherigen (konzeptuellen) „Orthodoxie" zu sähen und in dieser Weise dann auch strategisch und gezielt die jetzt angemessen erscheinenden Anpassungen in den Wissensangeboten einzuleiten. In diesem Zusammenhang ist sodann auch schon mehr als deutlich zu erkennen, wie sich jetzt im Rahmen der mittlerweile ablaufenden, dabei auch allemal schon von interessierter politischer Seite finanzierten Evaluationen (der Abfassung von Sachstandsberichten bzw. von Perspektivplänen) nun des Mittels untersuchungstechnisch bewusst provozierter bzw. herbeigeführter „Anomalien" (ex definitionem: die im Objektbereich zwar anfallenden, aber im eigenen Untersuchungszusammenhang nicht erfass- oder beherrschbaren Design- und Implementationsschwächen) bedient wird, um dann dem Befund nach auch schon pauschal von einem „Scheitern" aller bisherigen Modernisierungsbemühungen (namentlich des NSM) sprechen zu können – und auf diesem Wege zu einer anscheinend politisch opportunen als auch jetzt akademisch akzeptablen bzw. legitimen Denunziation der bis dato konzeptionell als auch praktisch dominanten Planungs- und Steuerungsperspektive (der als ökonomistisch deklarierten Erkenntnis- und Gestaltungsperspektive eines Public Management) zu kommen (beispielhaft Holtkamp 2008). Im Sinne entsprechend von „außen" – also allein durch die eigenen Forschungsdesigns provozierter „Anomalien" geht es hier beispielgebend um die von vornherein überzogene und insofern auch zwangsläufig nicht einzulösenden Forderungen, dass es im Zuge der Modernisierung zu Komplettsanierungen öffentlicher Haushalte zu kommen hätte – oder sich ein Managementwandel unterstellterweise doch nur auf dem Niveau einer hohen Mitarbeiterzufriedenheit durchführen ließe

Im Sog veränderter politischer Opportunitäten (und vermittelt über eine Vielzahl weiterer „stakeholder" bzw. „local mediators") geht es hier also schon prinzipiell nicht mehr darum, die ja im Rahmen der Gestaltung und Steuerung tiefgreifend angelegter Wandlungsprozesse immer wieder auftretenden „Anomalien" (Auftreten bis dato offen gebliebener Forschungs- und Gestaltungsfragen) in der herkömmlichen bzw. üblichen Weise (wie etwa schon für den Fall des Rechnungswesens oder den des Personalmanagements) – also mit der Methodik der erweiterten Anwendung von konzeptuell integral mitgeführten „Musterbeispielen" des „Rätsellösens" – und somit mit einer sukzessiv konsistent bzw. extrapolierend voranschreitenden Anwendung des gestaltungserheblichen „Überschussgehaltes" von NPM/NSM Gestaltungskernen einer Lösung zuzuführen (Koch 2004). Unter diesen Bedingungen wird hier also nicht schon – wie ansonsten in Rahmen internationaler Entwicklungen üblich – der Versuch unternommen, die Leistungsfähigkeit der einmal angewandten Modernisierungsperspektive (im Kern also auch das NSM Konzept) durch einen weiteren Ausbau und einer entsprechend verbesserten Anwendungsgeeignetheit zu erhöhen. Wie auch noch näher auszuführen, werden Evaluationen in diesem Fall ganz im Gegenteil nicht nur dazu genutzt, um das Auftreten von „Anomalien" untersuchungstechnisch durch Anlegen allemal überzogener Maßstäbe allererst selbst zu provozieren, sondern ebenso dazu, um diese Befunde sodann auch noch kurzerhand (also ohne Prüfung eines entsprechenden Zusammenhanges) als Folge der Anwendung einer ja ohnedies bereits als ökonomistisch denunzierten Steuerungs- und Managementperspektive – also auch als ein Produkt der Anwendung von „false theory" zu geißeln. Gemäß der Struktur des übergeordneten, kognitiv konstruierten Zusammenhanges geht es hier also um die Suggestion, dass eine zunächst recht freihändig als fehlangepasst (als „ökonomistisch") etikettierte Managementperspektive (nämlich das NSM) nun auch noch in pauschaler Weise zur Ursache eines vermeintlichen Scheiterns des gesamten Managementwandels erklärt wird. Mit einer solchen recht perspektivischen Konstruktion von sozialer Wirklichkeit kann wissenschaftliches Arbeiten zum einen zu einer „Verurteilung" einer ja ohnedies auch schon in Teilen der Politik missliebig gewordenen „funktionalistischen" oder „ökonomistischen" Perspektive der Modernisierung als einer „bad management theory" beitragen (vgl. Ghoshal/Moran 1996). Zum anderen lassen sich allerdings mit dieser „Verurteilung" – zumindest dem gewollten konstruierten äußeren Anschein nach – auch schon wieder die (kognitiven)Voraussetzungen dafür schaffen, dass sich im Sog veränderter politischer Opportunitäten nun auch noch mit den notwendigen akademischen Weihen ausgestattet die Forderung nach einem Übergang auf eine grundlegend veränderte („wahre") Sicht der Modernisierungsproblematik erheben lässt – dabei eben auch zur Inthronisierung einer neo-wohlfahrtsstaatlich fundierten Governance-Perspektive zu kommen.

Im Rahmen einer so inszenierten „außergewöhnlichen Forschung" wird daher auch typischerweise das „Ökonomismus-Verdikt" zum Vehikel dafür, um nun nicht nur die bisherigen Ansätze einer Modernisierung (insbesondere das Neue Steuerungsmodell als ein vermeintlich ökonomistisches Konzept der Binnenrationalisierung) als epistemisch und auch ontologisch-gegenstandsspezifisch fehlangepaßte Perspektive für eine Modernisierung des öffentlichen Sektor (eben als „false theory") zurückzuweisen, sondern zugleich auch den Weg dafür zu öffnen, um nun insbesondere mit der mehr oder weniger genuin politikwissenschaftlichen „Governance-Perspektive" zu einer jetzt scheinbar politisch opportunen, dabei aber zugleich auch institutionalisierungsförderlichen bzw. ressourcensichernden „Besetzung" der Modernisierungsproblematik zu kommen. Soweit sich unter diesen Bedingungen die „Governance-Perspektive" als ein neues bzw. alternatives Leitbild für die Erfassung und Lösung von Modernisierungsproblemen zu etablieren beginnt, lassen sich dann zunächst einmal die Voraussetzungen dafür schaffen, dass sich Modernisierungsprobleme von Staat und Verwaltung nunmehr in scheinbar erneut politisch opportun angepasster Weise (statt aus einer vermeintlich bloß „funktionalistischen Systemperspektive") auch und vor allem aus der Perspektive ihrer gesellschaftlichen bzw. sozial-strukturellen Voraussetzungen und auch Folgewirkung zum Thema machen lassen (Benz et al. 2007). Wie zu erkennen, geht es hier theoriepolitisch dem Grunde nach auch darum, mit Hilfe einer zunehmend gesellschaftspolitisch ausgelegten (neo-wohlfahrtsstaatlich fundierten) „Governance-Perspektive" sicherzustellen, dass bei der Bearbeitung der Modernisierungsproblematik des öffentlichen Sektors (bei einer zugleich disziplinpolitisch eingeführten Gleichheitsproblematik) statt der bisher vermeintlich dominanten Maßstäbe einer weiteren bloßen „Produktivitäts-" und/oder „Effizienzverbesserung" nunmehr vorrangig auch Gesichtspunkte der „Verteilungswirkungen" (also Inzidenzen bzw. disparitäre Effekte) bzw. jene der „Umverteilung" zum Zuge kommen können. Soweit sich in diesen Zusammenhängen die Governance-Perspektive in zunehmender Weise als praktisch und auch legitimatorisch brauchbare Perspektive (als eine „true theory") für die Modernisierung von Staat und Verwaltungen etablieren lassen sollte, ist dann allerdings andererseits – und zwar auch schon aufgrund der gegebenen internen Kompetenz- und Arbeitsteilung – auch nur erwartungsgemäß, dass sich nun gerade die einschlägigen politikwissenschaftlichen Spezialgebiete als „Lieferanten" eines entsprechenden Wissensangebotes profilieren – und auch – gleich dem bekannten „Matthäus-Effekt" – in einer sich dynamisch verstärkenden Weise – von den entsprechend erwartbaren Institutionalisierungs- und Reputationsgewinnen profitieren dürften (nachgerade als Programm vgl. Benz 2003, S. 385 ff.).

Soweit wir es im Rahmen der übergeordneten Verhältnisse mit entsprechend strategisch angelegten Auseinandersetzungen zu tun bekommen, ist schließlich auch nur folgerichtig, dass es im Rahmen der Diskurse selbst doch nur darum gehen kann, die behauptete Überlegenheit eigener Wissensangebote (bei nicht verdrängter, sondern nur konstruierter „Rationalität") mit in sich möglichst stimmig aufgebauten und insoweit auch schon quasi zwangsläufig zu akzeptierenden Argumentationszusammenhängen (mit in sich geschlossenen „Axiomatiken" bzw. „Frames") zu begründen (Collins 1983). Wie es sich bereits aus der Dynamik der Gesamtverhältnisse selbst ergibt, kann es sich bei diesen Diskursen nicht schon um die quasi „herrschaftsfrei entwickelte Rede bzw. Gegenrede" bzw. um die diskursive (konsensuale) Einigung über die Geltungsansprüche eigener (kognitiver und normativer) Aussagen gehen – oder konventioneller, um einen nach gemeinsam geteilten wissenschaftstheoretischen Regeln vorangetriebenen Theorienvergleich (vgl. Habermas 1973 S. 211 ff.) Ganz im Gegenteil ist hier der Dynamik dieser Wechsel- bzw. Zusammenspiele entsprechend zu erkennen, wie diese Diskurse bzw. interpretativen Praktiken jetzt auch eher die Funktion übernehmen, die Erklärungs- bzw. Gestaltungskraft der einmal aufgemachten Wissensangebote nun auch mit Hilfe der Methodiken stark „perspektivisch" generierter Wissensbestände – logisch freilich auch schon in Form sich jeweils stark selbst bestätigender bzw. auch selbst immunisierender Argumentationsfiguren zu begründen (Miller/Fox 2001). So ist denn auch und gerade für unseren Fall gut erkennbar, dass im Rahmen eines entsprechend disziplinpolitisch getriebenen Prozesses die Überlegenheit der eigenen Perspektive eben nicht schon aus einem Vergleich, sondern doch nur methodologisch betrachtet in stark konstruktivistischer Weise bzw. mit Hilfe stark „zirkulär angelegter Richterurteile" zu begründen versucht wird (zu den für solche Diskurse typischen interpretativen Praktiken bzw. Repertoires vgl. Mulkay et al. 1983). Unter Ausspielen sich verändernder politischer Opportunitäten wird hier also zunächst im Sinne einer strategisch angelegten „Problemverschiebung" auf die Einführung eines neuen politisch passenden „Erkenntnisobjektes" der Modernisierung (mit dem Fokus auf der „wohlfahrtsstaatlichen Verteilungsproblematik" bzw. den „Impact-Dimensionen" von Staats- und Verwaltungsreformen) gedrängt – um dann allerdings nun auch um so besser – und zwar mit Blick auf diese zuvor erfolgreich eingeklagten „Problemverschiebungen" selbst- die Tauglichkeit gerade des eigenen (allemal sui generis politikwissenschaftlichen) Governance-Ansatzes als ein perspektivisch brauchbares „Erkenntnismittel" behaupten zu können. Dem Typus nach haben wir es hier also nicht mit grenzüberschreitenden Verständigungsversuchen (mit „contestations across discourses"), sondern typischerweise mit den in sich geschlossenen und insoweit auch entsprechend identitätsfördernden „hegemonic discourses" im Foucaultschen Sinn zu tun (Dryzek 2000, p. 75; Nordmann 2005, S. 32 ff.).

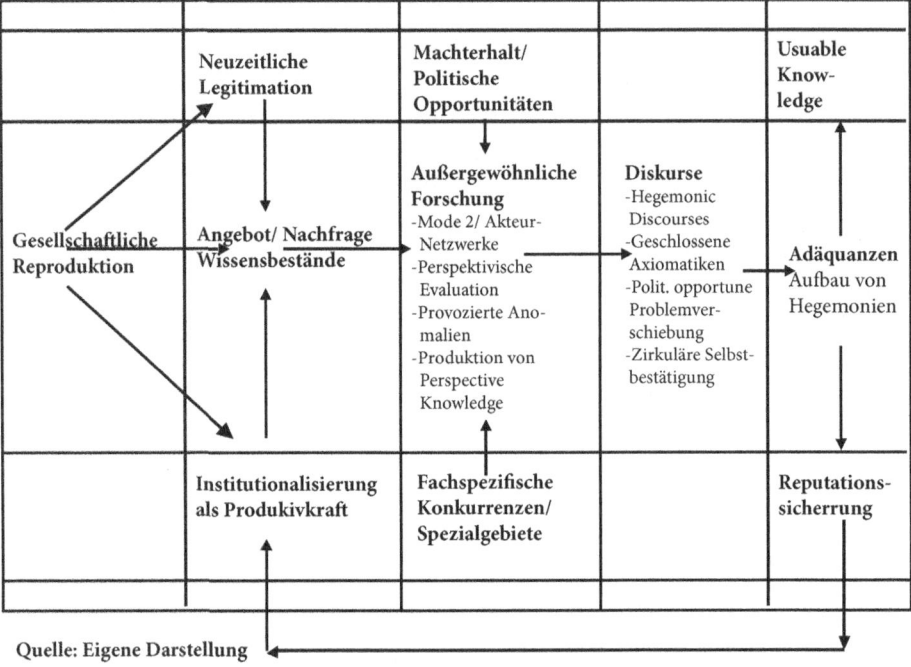

Abb. 4.1: Rahmenbedingungen und Prozessdynamiken der Besetzung der Modernisierungsproblematik

Da wir es jetzt mit einer auch epistemologisch bzw. ontologisch verändert fundierten Erkenntnis- und Gestaltungsperspektive zu tun bekommen (wir es jetzt auch mit „nicht-positivistischen" bzw. mit postmodernen Erkenntnismitteln – auf jeden Fall mit „Post-NPM Konzepten" zu tun bekommen), ist zwar nicht schon auszuschließen, dass es hier zum Ausbau eines verstärkt reflexiven oder auch kritischen „Blickes" kommt – es mit einer gezielt angewandten „De-Konstruktion" womöglich auch zur Aufdeckung bisher konzeptionell nicht erfasster Umstände oder Folgewirkungen kommen kann (allgemein Lyotard 1994; Ortmann 2003). Zum anderen muss allerdings schon hier ernsthaft in Zweifel gezogen werden, ob sich im Rahmen der so veranschlagten Governance-Perspektive – insbesondere aufgrund des hier erkenntnistheoretisch bzw. pragmatisch ins Spiel gebrachten „Überspringens" des klassischen „Theorie-Empirie" bzw. „Theorie-Praxis" Hiatus – überhaupt mit den signalisierten Erkenntnisgewinnen bzw. Handlungsmöglichkeiten rechnen lässt. Denn soweit hier die „diskursive bzw. konsensuale Einigung auf Geltungsgründe" (also auch das Mittel einer „verständigungsorientierten Kommunikation") zum methodisches Prinzip einer veränderten Modernisierungspolitik („Modernisierung von unten") erklärt werden sollte, muss eben bis auf Weiteres offen bleiben, ob sich auf diesem Wege überhaupt von der differenzierten Reflexion zum problemlösungsrelevanten Gestalten kommen lässt (generell zu dieser erkenntnistheoretisch zentral erheblichen Differenzproblematik vgl. Neidhardt et al. 2008, S. 23 ff.). Unberührt hiervon verbleibt dann allerdings die Möglichkeit, mit entsprechend zugerichteten Diskursen die Voraussetzungen für eine womöglich politisch hoch wirksame „Ideologie- bzw. Bewusstseinsbildung" (eben auch als „falsches Bewusstsein") zu legen (Mannheim 1969, S. 34) und somit auch – hegemoniepolitisch betrachtet – die kritischen Voraussetzungen für eine gesellschaftsweite, dann auch schon als zwanglos empfundene „Akzeptanz" einer grundlegend veränderten Modernisierungspolitik (Plehwe/Walpen/Neunhöffer 2006).

4.3 Ansätze bzw. Diskursformen der Besetzung der Modernisierungsproblematik

Mit entsprechenden Rekonstruktionen kann im folgenden aufgezeigt werden, dass und wie nun im Rahmen solcher Dynamiken gerade mit dem Aufbau bzw. der Anwendung verändert aufgemachter Diskurse (hier zunächst: sprachlich-argumentative Begründung und Verbreitung veränderter „Schemata" der „Wirklichkeitserfassung – und –Verarbeitung") versucht wird, die akademisch-kognitiven als auch politisch wirksamen Voraussetzungen für die Verbreitung veränderter Modellierungen wie auch Lösungen der Modernisierungsproblematik zu legen.

Wie oben schon angesprochen, wird im Zusammenspiel mit einer sich selbst verändernden „politischen Kulisse" – fast schon im Sinne eines sich hinterrücks bildenden Planes – auf Diskurs- und Argumentationsformen zurückgegriffen, mit deren Anwendung sich nun auch und gerade mit Einsatz sozialkonstruktivistisch hoch wirksamer Mittel zu einer kognitiv zustimmungsfähigen als auch politisch brauchbaren Besetzung der Modernisierungsproblematik kommen lassen soll (allgemein zu diesen symbolisch-sprachlich vermittelten Prozessen des Aufbaus alternativer „Sinnwelten" Berger/Luckmann 1966, S. 112 ff.). Im Rahmen der übergeordneten Dynamik kommt es also zur Auswahl bzw. Anwendung von Diskurs- und Argumentationsformen, die es eben schon von ihrem „inneren Aufbau" her (ihrer logischen Struktur nach) erlauben, nun auch mit der notwendigen Zwangsläufigkeit bzw. Verlässlichkeit zu den jetzt opportunen Modellierungen der Modernisierungsproblematik zu kommen (zur Frage einer bewussten Auswahl situativ passender „Frames", vgl. Esser 2003, insb. S. 58). Der logischen Struktur nach haben wir es dabei typischerweise mit Axiomatiken zu tun, die es aufgrund ihres zirkulären bzw. rekursiven Charakters ermöglichen, allein schon mit den einmal selbst ins Spiel gebrachten (also zunächst auch nur normativ gewollten) „Problemverschiebungen" die Voraussetzungen dafür zu schaffen, dass sich dann auch quasi zwangsläufig (und zwar bereits per „Deduktion")die eigene „Sicht der Dinge" als einzig angepasste bzw. konkurrenzlos gültige Modellierung der Modernisierungsproblematik darstellen lässt. Unter inhaltlichen Gesichtspunkten bekommen wir es mit Ansätzen einer Modellierungen zu tun, mit denen sich – und zwar aufgrund des ja übergeordnet jeweils konstant als auch geschlossenen gehaltenen „Systemzusammenhanges" der eigenen Gestaltungsphilosophien – nun auch schon aus einem Guss bzw. mit einem sich zunehmend verengenden Schluss nicht nur zur Definition der jetzt lösungserheblich erscheinenden Modernisierungsproblematik kommen lässt, sondern abhängig davon quasi automatisch zu den entsprechend angepassten Bewertungen bisheriger Maßnahmen und den nunmehr als angemessen anzusehenden lösungserheblichen Optimierungsmodellen. Soweit es hier zur Anwendung entsprechend konstruktivistischer Vorgehensweisen kommt, ist dabei – kritisch betrachtet – zwar sicherlich damit zu rechnen, dass es mit der Anwendung solcher sich konzeptuell bzw. kategorial zunehmend verengender Deutungsmuster quasi zwangsläufig zur Produktion stark perspektivischen bzw. partikulären Wissens kommt – und in dieser Weise zu dem zwar politisch womöglich noch brauchbaren, jetzt der Tendenz nach aber auch schon nur noch „ideologischen" Wissen (im Sinne der Vermittlung eines „falschen Bewusstseins"). Wie von anderer Seite erwogen, mag damit allerdings noch nicht abschließend ausgeschlossen sein, dass diese Art der Wissensentwicklung auch noch weiterhin gemäß den Anforderungen eines gerade für akademische Verhältnisse typischen „Wahrheitscodes" zu erfolgen hat – dass in der Wissensentwicklung – bei allem um sich greifenden „Relativismus" (bei aller behaupteter bzw. einzuräumender „interpretativer Flexibilität" gewonnener Erkenntnisse) doch weiterhin bzw. immer noch Eigenregulative bzw. interne Korrektive, wie etwa Glaubwürdigkeit, Kommunizierbarkeit und somit auch „Anschlussfähigkeit", zum Zuge kommen werden (Weingart 2003, S. 49).

4.3.1   Definitionen der Modernisierungsproblematik

Soweit es in dieser Weise um die Rekonstruktion der augenblicklichen Konkurrenzen geht, ist dann zunächst auch deutlich zu machen, dass und wie von den seit Anfang der 2000er Jahre zunehmend miteinander konkurrierenden Ansätzen (eben gemäß ihrer jeweiligen Axiomatiken bzw. Bezugsrahmen) nun auch schon bei der Definition der (als „regelungserheblich" angesehenen) Modernisierungsproblematik auf durchaus unterschiedliche Kriterien zurückgegriffen wird. Bei Anwendung dieser Axiomatiken ist dann unter methodischen Gesichtspunkten auch schon zu erkennen, wie hier jeweils die konzeptintern gegebenen – und dabei auch normativ als wünschenswert angesehenen gestaltungserheblichen „Zweck-Mittel-" oder „Zielerreichungszusammenhänge" zum Bezugspunkt bzw. Kriterium für eine Identifizierung der Modernisierungsproblematik als gefährdet und daher als optimierungserheblich angesehene Zusammenhänge herangezogen werden. Bei Anwendung jeweiliger Axiomatiken geht es dann von der einen Seite her betrachtet um den Gesichtspunkt einer weiteren Rationalisierung von Systemzusammenhängen des Managements, während im anderen Fall – ausgehend von einer sich zunehmend konkretisierenden ordnungs- bzw. sozialpolitischen Zielsetzung – doch schon der Gesichtspunkt einer „staatlich gelenkte Um- und Gleichverteilung des gesellschaftlichen Reichtums" zum Bezugspunkt gemacht wird. (Zu den materiell aufgefüllten Zusammenhängen vgl. die unten eingestellte Abbildung 4.2).

4.3.1.1 Modernisierung als Rationalisierung der Systemstrukturen des Managements

In dieser Hinsicht schlägt hier (in der BRD) zunächst auch ein international getriebener Ansatz zu Buche, bei dem es den ursprünglich gegebenen „politischen Opportunitäten" entsprechend bekanntlich darum geht, auf globalisierungsabhängig ausgelöste, dabei aber wohlfahrtsstaatlich verursachte Wirtschafts- und Finanzkrisen nun auch mit vergleichsweise weitreichenden ordnungspolitischen als auch managementerheblichen Anpassungen in Staat und Verwaltung zu reagieren (zur Etablierung dieser Sichtweise umfassend Wollmann 2002) In diesem Zusammenhang geht es – im Sinne eines vielfältig gestuften „interaktiven" Prozesses (NPM Kernanwender, OECD, Puma-Abteilung, Capam, Big Five der Consultancy Industry hier und Inthronisierung von Public Management dort) um den Versuch, nun auch unter Behauptung einer an sich schon „universell-konvergenten" Entwicklung den „Managerialism" (im Sinne einer bewussten Höherbewertung quasi privatwirtschaftlicher Handlungslogiken bzw. im Sinne eines Plädoyers für „Managed Markets" und ein „Output-orientiertes Management") zur „Plaupause" einer notwendigen und dabei auch erklärtermaßen hochleistungswirksamen Re-Invention bzw. eines Umbaus von Staat und Verwaltung zu machen (Pollit 1990; Saint-Martin 2004).

Unter Annnahme eines quasi gleichzeitig auftretenden „Staats-„ als auch „Marktversagens" geht es in diesem Zusammenhang bekanntlich um die übergeordnete gesellschaftspolitische Zielfunktion, nun auch und gerade mit Mitteln einer systematisch zu optimierenden Produktivität staatlich-administrativen Handelns (Optimierung der technisch-betrieblichen Effizienz) zu einer dauerhaften Optimierung des Ressourcengebrauchs im Verhältnis von Staat und Gesellschaft – abhängig davon zu den bekannten Nutzenvorteilen einer „allokativen Effizienz", schließlich aber wieder auf diesem Wege zu einer verbesserten internationalen Wettbewerbsfähigkeit (im Sinne einer verbesserten Kapitalattraktivität) und einem verstetigten wirtschaftlichen Wachstum zu kommen. Angesichts dieser übergeordneten Zielfunktion geht es dann den Präskriptionen einer veränderten „Managementlogik" nach (im Sinne einer neu entstehenden „Orthodoxie") mehr oder weniger zwangsläufig darum, bei – vorgelagerter strategischer (staatstheoretischer bzw. ordnungspolitischer) „Re-Positionierung" des Staates als bloßem „Gewährleister" (in der BRD auch mit Anklängen an die „Third Way Philosophy" bzw. die Konzeption des „Aktivierenden Staates") – nun gerade mit dem Aufbau bzw. der Anwendung eines dezentral-wettbewerblichen Kontrakt- und Vergabemanagements (eines „New Public Managements") den Rahmen dafür vorzugeben, dass sich jetzt bei der Erstellung öffentlich relevanter Leistungen je nach im Vergleich ermittelter „Vorteilhaftigkeiten" auf die jeweils denkbar besten Produktionsformen („Trägerschaften") aus dem gesamtgesellschaftlich insgesamt zur Verfügung stehenden Spektrum unterschiedlicher „Logiken" der Handlungskoordination (also je nach Vergabe auf die Produktionsverhältnisse von Staat, Markt oder aber Zivilgesellschaft) zurückgreifen lässt (Lane 2009). Gemäß dieser Logik soll daher auch mit einer Überführung bisheriger hierarchisch-monopolartige organisierter Produktionsverhältnisse in Systeme dezentral-wettbewerblich zu vergebener öffentlicher Leistungsaufträge (bzw. einer entsprechend optimierten Auswahl von „Trägerschaften") sichergestellt werden, dass die Leistungserstellung aufgrund der jetzt gegebenen Konkurrenzen unter den Leistungsanbietern in der Tat nach Maßgabe dezentral optimierter Leistungsangebote (gemäß dezentral optimierter „Input-Output-" bzw. „Input-Outcome-Relationen") und somit eben auch wieder mit den erhofften gesamtwirtschaftlichen Wirkungen bei insgesamt optimiertem Ressourcengebrauch erfolgen kann. Soweit die Leistungserstellung in dieser Weise auch zunehmend aus zwar politisch gesteuerten, dabei aber wettbewerblich aufgestellten Auftraggeber-Auftragnehmer-Beziehungen erfolgt, ist dann aber auch nur zwangsläufig, dass hier – anders als noch bei dem hergebrachten System einer „bürokratischen Regelsteuerung" die sachlich und sozial geschickt zu optimierenden Leistungsverträge (also verhaltenswirksame Verhältnisse von großzügig eingerichteten Verfügungsrechten und weiterhin gegebenen Möglichkeiten einer politischen Zielerreichungskontrolle) zum nunmehr zentralen Instrument einer insgesamt systemkonformen Leistungssteuerung werden.

Da und insoweit auch hier wieder mit dem Aufbau und der Anwendung eines Managementsystems (also einem „geordneten System von Teilfunktionen") auf mehr oder weniger fundamentale Leistungskrisen von Staat und Verwaltung reagiert wird („Management" als Problemlösungsinstrument eingesetzt wird), ist auch nur erwartungsgemäß, dass nun auch in diesem Fall von Anfang an auf die hier erheblich werdende Optimierungsaxiomatik von System- und Gestalttheorien für die Konzeptualisierung der Modernisierungsproblematik zurückgegriffen wird. Zum springenden Punkt wird also hier, dass eben auch für den Fall eines New Public Managements (analog auch für das praktische Konzept einer Neuen Steuerung) die Modernisierungsproblematik – allerdings auch bei Berücksichtigung vorgelagerter strategischer „Re-Positionierungen" – aus der Optik einer weiterhin notwendigen „Rationalisierung" systemhaft aufzubauender Strukturen der Leistungserbringung definiert wird. Auch hier schlägt also das für „Planung" und „Steuerung" so typische Rationalitätsverständnis („instrumentelle Rationalität") durch, dass es eben epistemisch als auch ontologisch möglich sein soll, mit theoretisch angeleiteten und dabei wohlüberlegten bzw. gedanklich vorvollzogenen Entscheidungen (bei gleichzeitig unterstellbarer Möglichkeit zu regelgesteuertem Verhalten) zu höheren Effizienz- als auch Effektivitätseffekten in der Gestaltung der sozialen Wirklichkeit zu kommen (White/Adams 1994, S. 4; Adams 2004, S. 31). Gemäß den hier metatheoretisch bzw. hintergründig einfließenden Voraussetzungen dürfte daher auch für diesen Fall gelten, dass ein sich ggf. aktuell zuspitzender Regelungsbedarf (bei vorgängiger impliziter Annahme eines zumindest „dosierten Voluntarismus" bzw. einer dem Prinzip nach verfügbaren Änderungsbereitschaft) in einem fast schon kontinuierlich unterstellten Bedarf nach weiteren intelligenten Designentwicklungen bzw. der Anwendung sozial zugkräftiger Implementationsstrategien zu sehen ist.

Soweit eine entsprechend pragmatisch-konstruktivistische Gestaltungsphilosophie („to make it better by making it more rational" Hess/Adams 2002) zum Zuge kommt, geht es hier also den aktuell regelungsbedürftigen Problembeständen nach in der Tat noch immer um die Frage, wie sich (ausgehend von dem präskriptiven Kern eines „Output- oder wettbewerbsorientierten Managements") nun mit dem Mittel weiterer leitbildgerechter bzw. strukturharmonischer (konsistenter) Komplettierungen des einmal begonnenen Managementwandels zu den insgesamt erwartbaren Effizienz- und Effektivitätssteigerungen in der Erstellung öffentlich relevanter Leistungen kommen lässt (Koch 2008).

4.3.1.2 Modernisierung als Instrument eines ordnungspolitischen Umbaus der Gesamtgesellschaft

Im Verlauf weiterer Entwicklungen zeigt sich jedoch, dass hier das Zusammenspiel einer Vielzahl veränderter Gegebenheiten – wie etwa eine sich auch faktisch zwischenzeitlich verlangsamende Modernisierungsdynamik, eine durch veränderte „politische Opportunitäten" (drohende parteipolitische Mobilisierungsdefizite) angestrengte (proaktive) Neuausrichtung offizieller Kooperationsangebote (insbesondere im Bereich der Stiftungen bzw. gutachterlich gezielt gesteuerte Drittmittelvergaben), schließlich aber auch eine von „innen" heraus (jetzt insbesondere von der Politikwissenschaft) verstärkt betriebene „Suche" nach allgemein erheblichen „Reputationsgewinnen" – dazu führt, dass ein anfänglich noch lose gegebener „Konsens" in der Bearbeitung der Modernisierungsthematik zumindest schleichend aufgekündigt wird.

Hier sind es dann auch die unter den Beteiligten verändert aufgemachten „Trade-Offs" bzw. relativen Vorteilhaftigkeiten, die dazu führen, dass es im Rahmen des fortlaufenden Modernisierungsgeschehens selbst zunehmend bewusst zu einem strategisch gemeinten Aufbau einer quasi revisionistisch zu verstehenden ordnungspolitischen bzw. neo-wohlfahrtsstaatlichen (inklusive einer „neo-weberianischen") Position kommt (historisch-klassifizierend Jann 2002; analytisch Klenk/Nullmeier 2004). Soweit es im Zuge eines solchermaßen veränderten „Zusammenspiels" zu einer (Re-)Transponierung bzw. Rückverlagerung der Modernisierungsproblematik auf eine „gesellschafts- bzw. ordnungspolitische" Diskussionsebene kommt, ist klar, dass es jetzt auch nicht mehr darum gehen kann, die Modernisierungsproblematik lediglich aus der Perspektive einer profanen „Managementlehre" bzw. dem vermeintlichen einseitigen Bedarf nach „betriebsinternen Rationalisierungen" (inklusive ihrer scheinbar zu kurz gegriffenen Ziele der Effizienz- und Effektivitätssteigerung) zum Thema zu machen. Ganz im Gegenteil zeigt sich im Zuge solcher Transponierungen mit zunehmender Schärfe, dass und wie hier (allerdings nicht schon aus einer „klassentheoretischen" sondern vorerst (nicht-paretianischen) „wohlfahrtstheoretischen" Sicht heraus) die Bearbeitung der Modernisierung von Staat und Verwaltung in zumindest macht- und interessenpolitischer Diktion auf Gesichtspunkte einer staatlich gelenkten Lösung der klassischen „sozialen" Frage – schlagwortartig auf Fragen einer staatlich zu lenkenden Um- und Gleichverteilung des „gesellschaftlichen Reichtums" zurückgebunden wird (mit Kommentierungen zu diesen konzeptuellen Differenzierungen Mayntz 2004; zu entsprechend makro-strukturellen Gestaltungsproblemen Considine 2001).

Bei genauerer Betrachtung der konzeptionellen Entwicklungen zeigt sich dann auch, dass und wie hier die Modernisierungsproblematik von Staat und Verwaltung (im übrigen intern wieder getrieben durch Identitätsfindungsprobleme der Politikwissenschaft) zum Thema einer zwischenzeitlich auch gesellschaftstheoretisch erweiterten „Governance-Lehre" wird. In programmatischer Hinsicht ist dabei zunächst einmal recht gut zu erkennen, dass und wie sich der Fokus (von Fragen einer bloßen Systemrationalisierung) auf die Analyse der stärker „vernetzten Bereiche" staatlich-administrativen Handelns verschiebt, wie damit Fragen der Kooperation bzw. Koordination mit anderen gesellschaftlichen Sektoren an Bedeutung gewinnen – und wie schließlich auch wieder „ordnungspolitisch zu kontrollierende Prozesse der sozialen In- oder Exklusion" zum normativen Bezugspunkt gemacht werden können. Von konzeptuell entscheidender Bedeutung wird hier allerdings, dass im Rahmen dieser „Besetzungsversuche" von Anfang an nicht daran gedacht wird, die „Governance-Perspektive" (wie eben noch im Ansatz einer auch strategisch erweiterten Planungs- und Steuerungstheorie) zum Vehikel einer politisch zu steuernden strategischen Ausrichtung des umfassenden „Systemmanagements" von Staat und Verwaltung zu machen (so auch Benz 2003). Unter theoriepolitischen Gesichtspunkten wird hier also von ausschlaggebender Bedeutung, dass Governance nicht schon als „Public Governance" zu einem normativ-strategischen Konzept einer politisch angelegten Vorsteuerung der „Wahlen" (choices) unter unterschiedlich möglichen Verfahren bzw. Logiken des „Managements" gemacht wird (Koch/Dixon 2007). Ganz im Gegenteil stoßen wir hier – wenngleich es sich dabei auch noch um recht variationsreiche, ggf. auch noch transitorisch zu verstehende Positionierungen handelt – auf eine Entwicklung, bei der die Diskussion der Modernisierungsproblematik doch schon wieder (bei allerdings noch „unsicher" bzw. „vorsichtig" verbleibenden „Absetzbewegungen" von dem in diesem Umfeld bis dato verpflichtend geltenden Reformleitbild eines „Aktivierenden Staates") in den Bezugsrahmen einer eher traditionell oder restaurativ wirkenden Modellierung des Funktionszusammenhanges von Staat und Gesellschaft zurückgenommen wird (hier sich also wieder deutliche Anklänge an den Typus der „legal-bürokratischen Herrschaft" einstellen – oder an den hier konzeptuell leicht variierten Typus eines nunmehr „neo-weberianisches Staates") (Bouckaert 2006, zur staatsrechtlichen Problematik Sommermann 2002).

Zum letztlich springenden Punkt wird hier allerdings, ob und inwieweit bei der Anwendung einer zunehmenden macht- und interessenpolitischen Ausformulierung der „Governance-Perspektive" (im übrigen ggf. auch als ein Ersatzprogramm von „Public Management" gedacht) Fragen der Gestalt- und Lösbarkeit von Modernisierungsproblemen paradigmatisch wieder aus der Sicht eines ggf. notwendigen Gestaltungsbedarfs eher klassisch konzipierter gesamtgesellschaftlicher Problemlösungsprozesse zum Thema gemacht werden. Soweit das Erkenntnisobjekt in dieser Weise in den „gesellschaftlichen Raum" verschoben wird, ist dann zwar nicht schon ausgeschlossen, dass hier Fragen der Steuerbarkeit (gerade bei Berücksichtigung der sich in der Zwischenzeit abzeichnenden Form einer „Neuen Staatlichkeit") auch noch bzw. weiterhin aus funktionaler Sicht (aus der Sicht eines „Navigating" von „networked public service delivery systems") zum Thema gemacht werden – hier also im Rahmen eines entsprechend aufgezogenen „Politik- oder Interdependenzmanagements" auch die Leistungsfähigkeit weicherer Steuerungsansätzen, also etwa denen der Selbstkoordination, von Partnerschaften und der Vertrauensbildung bis hin zur Anwendung von Solidarität und auch ehrenamtlichem Engagement, diskutiert wird (Lorig 2008; Priddat 2006 oder als Beispiel von der internationalen Bühne Ingraham/Lynn 2004). Zum anderen ist freilich für die aktuelle Diskussion nicht zu leugnen, dass sich hier bei der Thematisierung der Steuerbarkeit (eben in deutlicher Absetzung von der bis dato vermeintlich dominanten („eng geführten") Sichtweise einer Optimierung als sachlich steuerbare „Zweck-Mittel-Prozesse") nun doch wieder – und zwar sowohl für die Makro – als auch Mikro-Ebene – das Bild von der notwendigen Handhabung von (stakeholder-basierten) Konfliktregelungs- und Konsensbildungsprozesse durchzusetzen beginnt – und somit final auch der Ruf nach der Anwendung von Machtausgleichs- bzw. Interessenausgleichstechniken (oder soft core: als Bürger- und Beschäftigungsbeteiligung!) (politisch-programmatisch Schneider 2007).

4.3.2 Erfassung und Bewertungen des aktuellen Modernisierungs- geschehens

Die hier kenntlich gemachten „Positionierungen" werden nun insoweit relevant für eine soziale als auch kognitive „Beherrschung" der Modernisierungsdynamik, als ihre je spezi- fisch aufgemachten „Axiomatiken" in einem weiteren Schritt zu Zwecken einer expliziten „Bewertung" des bis dato gegebenen praktischen Modernisierungsgeschehens in Staat und Verwaltung angewandt werden.

In dieser Hinsicht haben wir es sodann also auch vermittelt über eine Vielzahl iterativer, also auch zyklisch und somit rekursiv verlaufender Prozesse (in concreto vermittelt über die jeweiligen „interaktiv" aufgemachten Kulissen bzw. communities – wie etwa den Stiftungen, den unterschiedlichen Spitzenverbänden, den von Amts wegen zuständigen Stellen oder den stärker intern getriebenen akademischen Fachkonferenzen) mit dem Versuch zu tun, mit der Anwendung dieser Axiomatiken zu einer konstruktivistischen Herstellung „sozialer Wirk- lichkeit" zu kommen – und somit mit entsprechend zwangsläufig selektiv verlaufenden Be- stätigungen bzw. Interpretationen zu einer Etablierung der je eigenen „Sicht der Dinge" von dem bis dato gegebenen Modernisierungsgeschehen als die sozial quasi einzig zulässige bzw. konkurrenzlos gegebene „Bewertung" („Etikettierung") zu kommen. Soweit hier aus Sicht dieser Axiomatiken zu einer sozialen als auch kognitiven „Beherrschung" der Modernisie- rungsdynamik geschritten wird, geht es allerdings nicht nur um eine je spezifisch interessen- geleitete Konstruktion „typisierender" Bewertungen, sondern werden mit entsprechenden „Bewertungen" – und zwar wieder im Sinne normativ als auch kognitiv wirksam werdender „Objektivationen" – zugleich Bedingungen für zukünftig mögliches Handeln gesetzt (Vogel 2006, S. 87 ff.). Im Rahmen dieser „Besetzungen" geht es also um Prozesse, mit denen ver- bindliche Standards sowohl für die „Erfassung" als auch „Lösbarkeit" der Modernisierungs- problematik vorzugeben versucht werden.

4.3.2.1 Bedarf nach weiterer Optimierung von Design und Implementation des begonnenen Managementwandels

In dieser Hinsicht stoßen wir zunächst wieder auf die (bis dato hegemonial bedeutsame) Erkenntnisperspektive eines (system- und gestalttheoretisch fundierten) Planungs- und Steuerungsansatzes, bei dem es – quasi im Sog einer entsprechend anhaltenden internatio- nalen Entwicklung – darum geht, Fragen der Gestalt- und Lösbarkeit praktisch gegebener Modernisierungsbemühungen paradigmatisch eben nach Maßgabe eines gezielt zu lösen- den Planungs- und Informationsverarbeitungsproblems zu bearbeiten (Klages 1971).

Wie es an den sozial-historischen Umständen der gesellschaftlichen Institutionalisie- rung erkennbar ist, kommt es dabei auch (objektiv-subjektiv) theoriepolitisch zum Aufbau einer wandlungs- und optimierungstheoretischen Sicht, mit der sich nun auch praktisch relevant werdendes Wissen für die Planung und Steuerung der ohnedies schon dauer- haft notwendigen wechselseitigen „Anpassungsprozesse" in einer liberal-demokratischen Herrschaftsordnung mit ausdifferenziertem marktlichen Wirtschaftssystem zur Verfü- gung stellen lassen soll. Gemäß diesen „Einbettungen" in den Reproduktionszusammen- hang liberal-demokratisch verfasster Herrschafts- und Wirtschaftsordnungen wird in die- sen Fällen (auch und gerade für den Fall der in concreto angewandten designtheoretisch fundierten Managementlehren) sodann auch unter epistemologischen bzw. ontologischen Gesichtspunkten in bekannter Weise davon ausgegangen (oder suggeriert), dass sich eben zum Zwecke einer erfolgreichen Bearbeitung von Modernisierungsproblemen in gut disponierbarer Weise über Erfolg verbürgendes „Gestaltungswissen" als „entity" verfügen lässt. Hier wird also den eigenen Prämissen nach davon ausgegangen, dass sich „Wirklichkeit" annähernd objektiv (intersubjektiv) nach dekomponierbaren Teilen „vermessen" bzw. „abbilden" lässt – sich solche „Abbildungen" sodann auch zu den bekannten handlungsleitenden „Zweck-Mittel-Zusammenhängen" umarbeiten – und auf diesem Wege schließlich selbst in recht verlässlicher bzw. sozialkonstruktivistischer Weise (zumindest dem logischen Status nach als „Best practices") auch noch für eine zweckgerechte „Manipulation" sozialer Prozesse anwenden lassen sollen (Fried 2002).

Soweit es daher im Rahmen der Dynamiken solcher kompetetiv angelegten Phasen bzw. Prozesse einer „außergewöhnlichen Forschung" über die verschiedenen „communities" hinweg zu Bewertungen des aktuellen Modernisierungsgeschehens (zentral bzw. pointiert gesagt des NPM/NSM getriebenen Umbaus zugunsten eines stärker „dezentral-wettbewerblichen" Kontraktmanagements) kommt, ist also aufgrund der hier konstitutiv wirkenden Prämissen davon auszugehen, dass entsprechende Bewertungen (bei Veranschlagung eines „dosierten Voluntarismus" bzw. einer nicht schon verabsolutierten „Pfadabhängigkeit" oder „Historizität") schon immer (also typisierend) aus der Sicht von Modernisierungsprozessen als zweckgerecht gestalt- und steuerbare („evolutive") Prozesse einer stetig notwendigen weiteren Optimierungen des Managements von Staat und Verwaltung erfolgen. Gemäß der hier ins Feld geführten Hypothese einer prinzipiellen „Effizienzüberlegenheit" von Planung (oder im Sprachgebrauch evolutiver Betrachtungen einer nun auch zwangsläufig zu steigernden „Institutionellen Reflexivität") wird in diesem Zusammenhang ja wiederum davon ausgegangen, dass sich gerade mit einer gezielten bzw. gedanklich vorweg genommenem Entwicklung von „Design" und „Implementation" zu den hier erhofften höheren Skalenerträgen in der Durchführung eines tiefgreifenden sozialen Wandels kommen lässt (beispielhaft Beyer 2000). Anders als bei den konkurrierend auftretenden Sichtweisen geht es hier (aufgrund entsprechender metatheoretischer Vor-Entscheidungen) allerdings ebenso darum, dass die Erfassung und Bearbeitung des aktuellen Modernisierungsgeschehen aus der Sicht einer notwendigen weiteren (allerdings auch mit den Anforderungen der weiteren gesellschaftlichen „Arbeitsteilung" abzustimmenden) Optimierung der „Teil-Rationalitäten" von Staat und Verwaltung (Luhmann 1966 S. 73 ff.) zu erfolgen hat – und somit zunächst auch aus der bewusst „binnenorganisatorisch" veranschlagten Perspektive einer steten Verbesserung der internen Produktionsbedingungen von Staat und Verwaltung. Gemäß einer so veranschlagten Erkenntnisperspektive ist dann gewissermaßen auch nur zwangsläufig, dass bei der faktischen Durchführung von Bewertungen bzw. Evaluationen in zunehmender Weise (wie im übrigen auch schon für den Unternehmensbereich erkennbar) auf die allgemein erheblichen Optimierungsgebote von designorientierten Managementlehren zurückgegriffen wird – dabei dann auch auf die Argumentationsfigur einer kontingenz- als auch konsistenztheoretisch fundierten „Doppel-Fit-Schematik" (bzw. auf die „erweiterte Fit-Hypothese") (Henselek 2000 im Sinne eines praktischen Beispiels vgl. P.C. Koch 2008).

Wie es an den praktischen Anwendungen dieser Schematik zu erkennen ist, geht es hier um eine Diskursform, mit der eben die Planung und Steuerung der Modernisierung dann auch zwangsläufig aus dem „Idealzusammenhang" vorgängig als optimal deklarierter Gestaltungsgrößen eines Managementwandels zu betreiben ist. Soweit es um die operative Anwendung im Einzelnen geht, ist dabei dem Aufbau bzw. den Anwendungsbedingungen dieser Schematik nach zudem zu erkennen, dass und wie hier mit einem jeweils konstant gehaltenen Satz an Optimierungsgrößen (vereinfacht gesagt mit den Forderungen nach jeweils „situationsgerecht ausgewählte" und sodann „intern konsistent" vorangetriebene Ausgestaltungen eines angestrebten Managementwandels) die Maßstäbe nicht nur für die Erfassung bzw. Bewertung bisheriger Bemühungen vorgegeben werden, sondern zugleich auch (konzeptionelle) Ansatzpunkte für die Ableitung weiterer Handlungsempfehlungen der Bessergestaltung (generell Miller 1987). Mit der Anwendung dieses „Doppel-Fit-Schemas" kommt es also zur „Auferlegung" eines „Idealzusammenhanges" eines Managementwandels (so etwa die Voraussetzungen, Gestaltungsgrößen und Ziele eines NSM auf kommunaler Ebene), mit dem eben nicht nur die Kriterien für eine Identifikation von Planungs- und Implementationsdefiziten vorgegeben werden, sondern mit einer Identifikation solcher Defizite als (modellmäßig oder konzeptuell relevante) „Mis-Fits" bzw. Fehlangepasstheiten zugleich auch der Weg (neuerdings die „Trajectories" bzw. Flugbahnen) dafür gewiesen wird, wie man strategisch angeleitet – und daher auch mit weiteren leitbildgerechten bzw. strukturharmonischen Komplettierungen („systemhaften Gesamtaufbauaktivitäten") zu den insgesamt notwendigen Leistungssteigerungen des geplanten Managementwandels zu kommen hat. Im Rahmen entsprechend angeleiteter (akademischer oder praktischer) Evaluationen (praktischerweise auch als „Konfigurationsmanagement") ist dann zwar auch nur zwangsläufig, dass es dabei zur Identifikation einer Vielzahl an Planungs- und Implementationsmängeln (insbesondere auch beim Aufbau eines „zukunftsfähigen" Öffentlichen Dienst) kommt. Der springende Punkt ist hier allerdings, dass festgestellte Defizite unter diesen Bedingungen sogleich zum Anlass werden, um nun aus der Gesamtperspektive heraus mit lernkritischer Absicht umso nachdrücklicher zu versuchen, mit besser angepassten Designs und zugkräftigeren Implementationsstrategien (so etwa zur Aufgabenplanung (Leistungstiefenpolitik!), zur Makro- und Mikro-Organisation (Modularisierung/Dezentralisierung/GPO), aber auch zum Rechnungswesens (Doppik) und des Personalmanagements (leistungsorientierte Beschäftigungssteuerung)) für eine weitere systematische Komplettierungen eines begonnenen Wandels zu sorgen (Boyne et al. 2003, S. 152 ff.).

Für die Rekonstruktion entsprechender Argumentations- oder Diskursformen ist dabei zwar einerseits von Bedeutung, dass sich eben auch in diesem Fall zunächst nur des Mittels der bloß gedanklich angeleiteten (dabei aber auch sach-rational bzw. konzeptuell gesteuerten) „Deduktion" bedient wird, um ausgehend vom präskriptiven „Kern" des geplanten Managementwandels (in diesem Fall der angestrebte Wandel zugunsten der „Logik" eines output- oder wettbewerblich orientierten Managements) nun auch in jeweils treffsicherer bzw. zwingender Weise auf die weiter notwendigen systematischen – und dabei auch synergieproduzierenden Komplettierungen (als designtheoretische „Folgeelemente") schließen zu können. Der springende Punkt ist hier allerdings, dass es sich dabei insgesamt betrachtet um eine Art der Wissensgenerierung handelt, bei der eben auch für solche Präskriptionen – zumindest im Sinne (wirkungsorientiert kontrollierter) „Best-" oder „Better Practices" eine angemessen „externe Validierung" gesucht wird (Overman/Boyd 1994; White/Adams 1994). Bei einer entsprechenden Rekonstruktion stoßen wir also auf eine Art der Wissensgenerierung (eine Diskursform), die reflexiv betrachtet angesichts der gegebenen weiteren „Einbettungen" zwar nicht schon systematisch auf eine „Selbst- widerlegung" (auf „Falsifikation") des eigenen Gesamtkonzeptes ausgerichtet sein kann (hier aber wieder zur Ableitung der Regeln für erfolgskontrolliertes technisches Handeln aus geprüften Theorien Popper, vgl. Wellmer 1967, S. 216). Zum anderen zeigt sich an diesen Öffnungen allerdings, dass es hier nicht nur vordergründig um die Generierung nachgesuchter Legitimationen (der Produktion eines „falschen Bewusstseins" um die wah- ren Umstände dieses Reformansatzes) geht, sondern dass hier immerhin (eben der hier impliziten „instrumentellen Vernunft" geschuldet) der Versuch gemacht wird, das sozial- philosophisch für notwendig erachtete Projekt einer steten Verbesserung der „Intelligenz" von Staat und Verwaltung (ihrer systemischen Teil-Rationalität) zumindest auch unter Berücksichtigung der „Widerständigkeiten" des Objektbereichs – und somit zwar nicht als „utopische Gesamtplanung" (als „Bombenwurf"), so doch zunehmend als eine strategisch eingebettete und dabei empirisch sensible „Sozialtechnik" der kleinen Schritte ins Werk zu setzen (grundlegend Popper 1957 S. 213 ff.; zum „mixed scanning" wieder Etzioni 1975, S. 302; als international relevantes Beispiel Ingraham/Joyce/Donahue 2003).

4.3.2.2 Kritik ökonomistischer Konzepte des Managementwandels als „false theory"

Soweit es sodann im Rahmen der sich verändernden Dynamiken zu neo-wohlfahrtsstaat- lichen bzw. ordnungspolitischen Okkupationsversuchen kommt, kann hier schon prinzi- piell nicht erwartet werden, dass die Modernisierungsproblematik nur als Projekt einer weiteren sachlich als auch sozialen Optimierung des „internen" Systemzusammenhanges der Produktion öffentlich relevanter Leistungen anzusehen ist. Ganz im Gegenteil geht es bei den hier deutlich werdenden erkenntnisleitenden Interessen quasi zwangsläufig um den Versuch, die zwischenzeitlich stärker macht- bzw. interessenpolitisch aufgezäumte „Governance-Perspektive" dafür zu benutzen, um die Modernisierungsproblematik nun auch aus dem Zusammenhang eines gesamtgesellschaftlichen Bedingungs- und Wir- kungsgefüges zum Thema zu machen (von Anbeginn sehr kritisch Clarke/Newman 1997).

In dieser Hinsicht bleibt dabei zwar (allerdings auch wieder den hier relevant wer- denden akademisch produzierten Ungereimtheiten geschuldet) immer noch ziemlich im Dunkeln, in welcher weiteren konzeptuellen Aufmachung die „Governance-Perspektive" (ob nun als ad-hoc Konkretisierungen von „Stakeholder"-Konzepten oder doch schon nach stärker gesellschaftstheoretisch angeleiteten Unterscheidungen „arbeits(markt)poli- tischer" Betrachtungen, eines revitalisierten „Neo-Korporatismus" oder gar denen einer erneut einsetzenden Kapitalismusdebatte) nun auch als Mittel einer Konzeptualisierung der verschiedenen Modernisierungproblematiken (inklusive des Öffentlichen Dienstes) eingesetzt wird/werden soll. Zum anderen ist allerdings bereits mit zunehmender Schärfe zu erkennen, dass und wie hier in den „Besetzungs- und Bewertungsversuchen" über den Zielhimmel der tradierten „Rationalisierungsprojekte" der Modernisierung (also über die sog. profanen Größen der Effizienz bzw. Effektivität) hinausgegangen – und dabei eben auf

gesamtgesellschaftlich relevante ordnungspolitische (neo-wohlfahrtsstaatliche) Zielgrößen zurückgegriffen wird (allgemein Oppen/Sack/Wegener 2005). Für die relevant werdenden Diskursformen wird damit also zunehmend genauer erkennbar, wie hier sodann
auch wie selbstverständlich wieder auf die klassischen Gesichtspunkte einer strukturell zu
bedingenden „Um- und Gleichverteilung" zurückgegriffen wird – darüber hinaus allerdings auch schon auf die momentan erneut populärer werdenden Phänomene einer (im
übrigen nicht nur klassentheoretisch, sondern auch system- und damit differenzierungs-
theoretisch begründeten) sozialen „Inklusion" bzw. „Exklusion" (im übrigen auch als Abwehr von „Mittellosigkeit" im Sinne von „Machtlosigkeit").

Im Wege ersterer Anwendungen einer sich entsprechend konturierenden „Axiomatik"
zeigt sich für diese zwischenzeitlich stärker werdende Strömung, dass und wie nun gerade in diesem Fall mit dem vorab entwickelten bzw. eingeführten „Analyse- und Bewertungsrahmen" (und zwar in Gestalt der bereits in anderen Zusammenhängen gegeißelten
Argumentationsfigur des „Richterurteils" bzw. des Umstandes einer „zirkulären Selbstbestätigung") bereits die Bedingungen für eine hoch selektive bzw. lenkbare Erkenntnisproduktion bzw. Urteilsbildung vorgegeben werden. Gerade in diesem Fall zeigt sich
daher auch, dass und wie hier mit der Anwendung dieser „Axiomatik" zunächst einmal
versucht wird, den für die Bewertung relevanten Objektbereich also bereits im Wege der
kategorialen Erfassung selbst konzeptionell bzw. auch schon datenmäßig passungsgerecht
zuzurichten – hier also alle bisherigen Modernisierungsbemühungen gewissermaßen
ex-definitionem konzeptionell als Ansätze einer „ökonomistischen" Rationalisierung zu
denunzieren (Czerwick 2007; sehr viel ausgewogener Vogel 2008). Mit der Anwendung
entsprechender analytischer Zugänge (insbesondere mit dem Gebrauch der „Ökonomisierung" als eine fast schon unterschiedslos anwendbare „Catch-all bzw. Omnibusvariable")
(vgl. hierzu Harms/Reichard 2003, S. 15/16; aber auch – viel spezifischer orientiert an der
Kapitalrechnung – Weber 1964, S. 344) kann es daher auf diese Weise zunächst scheinbar mühelos gelingen, nun auch schon den gesamten Gang der Modernisierung (auch
schon bei Vernachlässigung denkbarer begrifflicher Differenzierungen zwischen Markt,
Wettbewerb und auch Output-Orientierung) als ein an sich schon artfremdes Projekt der
„Rationalisierung" staatlich-administrativen Handelns zu klassifizieren. Gerade die in diesem Zusammenhang zum Zuge kommende „Gewinner-Verlierer" Perspektive führt dann
auch dazu, dass der Gegenstand (zumindest aus gewerkschaftsnaher Sicht) recht einseitig
bzw. überzogen aus der Sicht zunehmender Statusverluste zum Thema gemacht wird – so
also auch aus der Perspektive von „Lohn- und Gehaltskürzungen" (Thema der Lohnquo-
tenentwicklung), einer zunehmenden „Arbeitsintensität" – wenn nicht schon in genereller
Hinsicht aus der Perspektive des Abbaus „guter Arbeit" bzw. gegenläufig des Überganges
auf „atypische" (und insoweit auch „prekäre") Arbeits- und Beschäftigungsverhältnisse
(entsprechende Tendenzen durchgängig Schneider 2007, S. 27 ff.). Soweit hier das Objekt
der Erkenntnis schon einmal in dieser Weise „zugerichtet" wird, ist es dann allerdings
auch nur noch folgerichtig, dass bei Anlegen des ansonsten eingeführten „Analyse- und
Bewertungsrahmens" (insbesondere bei Anlegen des ordnungspolitisch als notwendig
erscheinenden „Macht- bzw. Interessenausgleichs" als erfolgserhebliche Zielsetzung bzw.
Beurteilungsmaßstab) die bisher verfolgten Modernisierungsprojekte – da eben vom Ansatz her nur „ökonomistisch" – gewissermaßen allesamt gleichsam im Sinne einer schon

logisch als zwingend anzusehenden Deduktion bzw. als eine „self-fulfilling prophecy" als
„gescheitert" anzusehen sind (Holtkamp 2008). In diesem Zusammenhang kann dann
auch noch – den bekannten Wortspielen nach – relativierend angemerkt werden, dass bei
Berücksichtigung der anderweitig zumindest latent erzielten, aber normativ eben so nicht
als wünschenswert angesehenen „Rationalisierungserfolge" („Haushaltskonsolidierung")
das gesamte Projekt immerhin (in süffisanter Weise) als nur mehr „erfolgreich gescheitert"
angesehen werden kann.

Mit dem Aufbau und der Anwendung einer entsprechenden Diskursform stößt man
dann auch auf eine Form der Argumentations- und Diskussionsstruktur (auf eine „Pragmatik"), die allein schon aufgrund ihres hohen Maßes an vorgezeichneter „operativer"
Geschlossenheit (also auch gegebenen Tendenzen der „Selbstbestätigung") darauf angelegt ist, eine veränderte Sicht der Modernisierung mit scheinbar konkurrenzloser Gültigkeit als ein verbindliches Paradigma zu etablieren. Denn soweit hier mit entsprechenden
„Zurichtungen" gearbeitet wird, ist die hier ausschlaggebende „empirische Analyse" (sieht
man einmal von den jüngeren sehr durchsichtigen Versuchen ab, den planungs- und
steuerungstheoretischen Ansatz bereits an einer Konfrontation mit willentlich überzogenen Forderungen nach „Haushaltskonsolidierung" scheitern zu lassen) letztlich doch
nur dafür vorgesehen, den Beleg dafür zu erbringen, dass der bisherige „ökonomistische
Ansatz" einer Modernisierung (bei fehlendem „Machtausgleich") quasi zwangsläufig zur
„Entfremdung" (auch als Gattung von sich selber), zumindest aber zu einem grundsätz-
lichen „Motivations- und Vertrauensverlust" und damit zu den letztlich unüberwindbar
erscheinenden „Widerstandsneigungen" führen muss (zu diesen Punkten der methodologischen Kritik im Einzelnen Bogumil et al. 2007, S. 62, 63, 95, 109, 113, 305). Im Rahmen
der hier in Anschlag gebrachten „Axiomatik" übernimmt der empirische Test daher auch
bestenfalls nur die Funktion, die behauptete „kausal aufgemachte" Aussage vom „ zwangs-
läufigen" Scheitern (was aber auch schon an anderer Stelle in genereller Weise als kritisch
angesehen wird, vgl. Mayntz 2002, S. 7 ff.) im Sinne einer bloß gedanklich kontrollierten
(also nachträglich vorgenommenen) „Zusammenstellung" bzw. "Aneinanderreihung" der
Ergebnisse von dabei im Übrigen methodisch auch noch unterschiedlich aufgemachten
Teil-Untersuchungen (mit variierenden analytischen Ebenen bzw. mit unterschiedlich
quantitativen und qualitativen Daten) zu begründen – die Geltungsgründe vom „Scheitern" (bzw. vom „Erfolg") hier also keineswegs (ähnlich einer Methodologie der Falsifikation vorgesehen) im Wege einer Konfrontation mit möglichst unabhängig erhobenen
und dabei auch logisch konträr formulierten Basissätze (dabei auch ggf. gegen singuläre
Es-gibt-nicht-Sätze) ermittelt werden können (zu den auch hier zu bedenkenden Schwierigkeiten Wellmar 1967, S. 203 ff.). Mit einer solchen Art der operativen Geschlossenheit
(bzw. der „zirkulären Selbstbestätigung") kann es dann auch nur mehr schwerlich gelingen, den Diskurs über die „communities" hinweg in einer auch gegenseitig kommensu-
rablen Weise für eine Debatte um die Tauglichkeit unterschiedlich aufgemachter Moder-
nisierungskonzepte zu öffnen. Ganz im Gegenteil muss angesichts einer entsprechenden
Geschlossenheit damit gerechnet werden, dass gerade dieser Umstand (subjektiv/objektiv)
zum (gefundenen) „Schlupfloch" dafür wird, um eine veränderte Sicht der Modernisierung (ohne diese eigentlich selbst geprüft zu haben) als Paradigma zu etablieren – um
sich damit der entsprechend induzierbaren inner-akademisch nachgesuchten identitäts-

stiftenden Effekte zu versichern – und schließlich, um auf diesem Wege eine gewünschte veränderte gesellschaftspolitische Bewertung zumindest im Sinne eines stark einseitigen, insoweit auch schon wieder „ideologischen" (falschen) Bewusstseins ins Werk zu setzen (denn auch die gelungene Widerlegung von A liefert bekanntlich nicht die Begründung für die Anwendung von B).

Zusammenfassend betrachtet, wird hiermit auch eine „Axiomatik" oder Systematik in Gang gesetzt wird, mit der sich dann bisher gegebene Bemühungen quasi umstandslos (durch Produktion „falschen Bewusstseins") als unzureichend zurückweisen lassen – sich aber auch die gesamte Thematik auf die Ebene eines gesellschaftstheoretisch anzuleitenden Diskurses verschieben lässt, um sie dann dort auch schon wieder gemäß den Anforderungen drastisch veränderter „politischer" Opportunitäten bearbeiten zu können.

4.3.3 Lösungen bzw. Regelungen der Modernisierungsproblematik

Für die hier zum Zuge kommenden „Axiomatiken" ist nun aufgrund ihrer internen „logischen" Strukturen zwangsläufig, dass mit solchen „Bewertungen" zugleich auch in je spezifischer Weise das Spektrum der jeweils selbst für möglich bzw. für notwendig erachteten Entwicklungen vorgegeben wird (sie also mit den jeweils angewandten „zielbezogenen bzw. funktionalen Erklärungs- als auch Gestaltungszusammenhängen" den Raum für weitere Schlussfolgerungen öffnen).

4.3.3.1 Revisionistische Konzepte einer Rückkehr zum „starken Staat"

Soweit es hier zur Anwendung fundamental verändert aufgemachter (also auch „postmodern" basierter) gesellschaftsweiter Ansätze der Modernisierung kommt, ist dabei aufgrund zumindest implizit gegebener epistemologischer bzw. ontologischer Beschränkungen (und zwar insbesondere aufgrund eines direkten Rückgriffs auf „lebensweltlich" basiertes bzw. diskursiv zu erschließendes Wissen) zwar nicht schon umstandslos damit zu rechnen, dass sich nun auch mit einer Ableitung von Designs bzw. Handlungsempfehlungen im herkömmlichen Sinn um eine Bewältigung konzeptionell erfasster Modernisierungsprobleme bemüht würde. Zudem ist bei entsprechenden Re-Konstruktionen ja ebenso damit zu rechnen, dass sich die Bearbeitungen entsprechender Ansätze – und zwar auch und insbesondere mit bloß kritischer Absicht – wenn denn überhaupt, dann eben eher auf die Bearbeitung von Politik- und/oder Verwaltungsprozesse mit einer gesamtgesellschaftlichen „Reichweite" beziehen würden.

Da wir es in diesem Zusammenhang allerdings weiterhin zumindest rudimentär mit einer management-orientiert aufgezäumten „Governance-Perspektive" zu tun bekommen, ist hier gleichwohl zu erkennen, wie nun der Diskurs um das aktuelle Modernisierungsgeschehen selbst zum Anlass wird, mit einer auch pragmatischen Zielsetzung (also auch mit der Ableitung von „Lösungen") an eine Bearbeitung von Modernisierungsproblemen zu gehen. So stoßen wir in diesem Fall auch typischerweise (und zwar in Form der sprichwörtlich zirkulär aufgebauten Bewertungen) auf ein Argumentationsmuster, mit dem die bis dato als fehlgeschlagen eingestuften Modernisierungsprojekte eben nicht nur als Fälle von (quasi „nachträglich reparierbarem") „Praxisversagen" deklariert werden. Ganz im

Gegenteil führt hier ja der gleichzeitig „gesellschaftsweit" geöffnete Argumentationszusammenhang dazu, dass diese fehlgeschlagenen Projekte zugleich auch kausal betrachtet
– und zwar in besonders pointierter Weise – als zwangsläufig auftretende Produkte der
Anwendung von unzureichenden Ansätze einer „Binnenmodernisierung" gegeißelt werden – und somit auch auf den Umstand der Anwendung von „false theory" (als „bad management theory") zurückgeführt werden (wieder Bogumil et al. 2007, S. 165; und wieder
Ghoshal/Moran 1996). Bei entsprechend vorgängiger Öffnung zugunsten einer „Governance-Perspektive" wird daher eine solchermaßen herbeigeführte Bewertung in einem
weiteren Schritt sogleich zum Anlass, um nun die gesamte weitere Bearbeitung der Modernisierungsthematik (über die bisher kritisierte Engführung der Modernisierungsde-
batte als Managementreform) wieder in den Analyse- und Bewertungsrahmen gesamtge-
sellschaft geöffneter Ordnungsvorstellungen zu transponieren – und dabei allerdings auch
wieder (ohne wirkliche „Systemfragen" zu stellen) in ziemlich revisionistischer Art auf
tradierte Konzepte des Aufbaus von Staats- und Gesellschaftsordnungen (gleichsam als
„true theory") zurückzugreifen.

Da hier insbesondere Unverträglichkeiten zwischen Managementkonzepten („Managerialism") und den Ansprüchen von (normativen bzw. deliberativen) Demokratietheo-
rien (und dabei auch einer politisch scheinbar unhintergehbarer „Detailsteuerung") zum
Thema werden, geht es bei entsprechenden Verschiebungen auch mehr oder weniger
zwangsläufig um den Versuch, die gesamte Modernisierungsthematik staats- und gesellschaftstheoretisch zunächst wieder aus dem Gestaltungsrahmen des quasi verfassungs-
rechtlich vorgegebenen Modells eines „demokratischen und sozialen Rechtsstaates" einer „Lösung" bzw. „Regelung" zuzuführen (zugespitzt: aus dem Gestaltungsrahmen der
„legal-bürokratischen Herrschaft" mit funktionell ausgegrenztem Wirtschaftssystem)
(grundlegend schon König 1997). Soweit es sodann aus dieser Sicht um eine Diskussion
modernisierungsrelevanter Designs des „staatlichen Produktionsapparates" im engeren
Sinne geht, ist daher auch nicht besonders verwunderlich, dass und wie sich hier bei der
Suche nach den passenden Instrumenten bzw. Funktionsvoraussetzungen einer staatlich
angestrebten „Gleich- und Umverteilung" (trotz der Verweise auf Formen einer „Neuen
Staatlichkeit") doch deutliche Rückanpassungen an Modellelemente der tradiert mono-
polartig bzw. hierarchisch-vertikal geschlossenen zu organisierenden Produktions- und
Distributionsprozessen von wohlfahrtsstaatlichen Planungs- und Umverteilungsbürokra-
tien einstellen (zumindest aber die „Organisationselemente" des auf gleichsam organisch-
evolutionäre Weise erreichten neuen (hybriden) Typus eines neo-weberianischen Staates
als Maßstab zugrunde gelegt werden (vgl. Bouckart 2006 und mit durchaus variationsrei-
chen Akzentsetzungen Jann/Röber/Wollmann 2006)). Angesichts dieser Rückanpassungen ist dann zwar zunächst einmal auch nur konsequent, dass im Rahmen eines solchen
Diskurses gemäß gegebenen Erkenntnisinteressen nun nicht mehr so sehr an den visionä-
ren Designs eines „Gewährleistungsstaates" gearbeitet wird, als vielmehr wieder in traditioneller Weise (und dabei auch unter Anlehnung an die tradierten Modelle einer verbesserten „legislatorischen Programmsteuerung" oder einer „exekutiven Führerschaft") Fragen
einer angemessenen „politischen Steuerbarkeit" tiefgreifender Prozesse des sozialen und
ökonomischen Wandels (eine verbesserte „politische Systemsteuerung") ins Zentrum gestellt werden (im Sinne einer registrierenden Auflistung Mehde 2006). Zum anderen ist

allerdings mit einer solchen Fokussierung nicht schon gesagt, dass im Rahmen eines solchen Diskurs die Topoi der (systemrationalen) „Produktion" nun neben denen der „Teilhabe" bzw. des „Interessenausgleichs" – wie im übrigen in der klassischen Aufmachung des Spannungsverhältnisses von „Demokratie" und „Effizienz" – eine zumindest annähernd gleichgewichtige (über „Trade-Offs" regulierte) Bedeutung erlangen können. Denn ganz im Gegenteil ist hier bei den weiteren operativ relevanten „Lösungsvorschlägen" schon wieder zu erkennen, dass im Rahmen einer entsprechend gesellschaftspolitisch geöffneten Perspektive – und zwar ganz im Einklang mit den vorgängig behaupteten Ursachen des „Scheiterns" bzw. den vorgängig diskutierten Mängeln bisheriger Modernisierungsbemühungen – nun auch normativ bzw. politisch getrieben dem Gesichtspunkt „einer durch Beteilung von (Bürgern und) Beschäftigten" zu gewährleistenden Befriedigung bürgerschaftlicher Interessen ein eindeutiger Vorrang eingeräumt wird (hier Bogumil/Kißler 1995; international Newman 2005).

Soweit es hier also zur Anwendung einer ordnungspolitischen bzw. neo-wohlfahrtsstaatlichen Perspektive kommt, ist dementsprechend gar nicht überraschend, dass und wie es hier über die aktuell gegebenen Bewertungen hinweg (und zwar gar nicht mal paradoxerweise auch bei Rückholung einer „alten Staatlichkeit") zunächst und vor allem um die Diskussion einer verbesserten zentralen „politischen Steuerbarkeit" geht – sich hier also abgesehen von Fragen der Steuerbarkeit komplexer gesamtgesellschaftlicher Kooperationsprozesse wieder auf eine verbesserte politisch gelenkte „Systemsteuerung" des staatlichen Produktionsapparates konzentriert wird. In dieser Weise ist dann zum einen (quasi beim Herunterschreiten von der Makro- auf die Mikro-Ebene) zu erkennen, wie jetzt der Diskurs in einem ersten Fall (entgegen den bis dato dominanten Topoi der Modularisierung bzw. Agencyfication oder der Errichtung von Dienstleistungszentren) verstärkt auf die Identifizierung der Vorteile öffentlich-rechtlich verfasster (hochintegrierter) und somit auch politisch nachhaltiger lenkbarer Eigentums- und Betriebsformen der Dienstleistungsproduktion (samt der Fixierung interner „Governance-Strukturen") konzentriert wird, wie (trotz anderweitiger Arbeiten am Lenkungsinstrument von „Standard-Kosten-Modellen") nach „durchgriffsstärkeren" Formen einer staatlichen Regulierung gesellschaftlicher Prozesse (insbesondere bei den bis dato reformgetriebenen bereits eingeführten „Wettbewerbsprozessen") „gesucht" wird – und schließlich (gemäß den in der Praxis vermeintlich schon selbst ablaufenden Prozessen einer Rück-Anpassung) nun auch noch die „(Re-)Hierarchisierung" von Arbeitsprozessen zu einer wieder akzeptablen Steuerungslogik gemacht wird (sehr pointiert Bogumil 2007, S. 23). Soweit es darüber hinaus um Fragen einer Modernisierung des öffentlichen Dienstes im engeren Sinne geht, ist dann auch klar, dass es jetzt – funktionell abgestimmt mit diesen bereits im Gesamtrahmen angestrebten strukturellen „Rückanpassungen" (der Re-Invention des „starken Staates") doch nur darum gehen kann, den öffentlichen Dienst (entgegen den bei Teil-Verselbständigungen ja sukzessive bewusst eingeführten arbeitsrechtlichen Flexibilisierungen) nunmehr wieder im Sinne erneut öffentlich-rechtlich konstituierter „Dienst-, Status- und Arbeitsverhältnisse" in den Prozess der öffentlichen Leistungserstellung (zurück) zu integrieren (politisch-programmatisch im Einzelnen Mezger/Schneider 2006; Schneider 2007; Sack/Schneider 2005). Gemäß der einmal aufgemachten „zirkulären Argumentation" (also gemäß den einmal eingeführten ursächlichen Bedingungen des „Scheiterns" bzw. der erkannten Mängel bisheriger Modernisierungspolitiken) kann es dann an diesem Punkt auch nicht mehr darum gehen, mit einer gezielten weiteren Verfeinerung eines so unterstellten quasi „betrieblichen" Personalmanagements (bzw. seiner verschiedenen Teilfunktionen) zu einem optimierten Gebrauch von Personalressourcen (im Sinne funktionell bzw. kostenmäßig gut disponierbarer Bündel von Fähigkeiten und Motivationen) – und in dieser Weise zu einer „Rationalisierung" der Produktion öffentlich erheblicher Leistungen zu kommen. Unter der Bedingung einmal eingeführter Prämissen hat es in diesem Zusammenhang aus einer hier einschlägigen „macht- als auch interessenpolitischen" Perspektive" vielmehr darum zu gehen, mit dem Aufbau stabiler „arbeitspolitischer" Aushandlungsverhältnissen (wobei mikropolitisch betrachtet bei jetzt auch zwangsläufigem Rückgriff auf traditionelle Konzepte des „Corporate Citizenships" Partizipation wieder als „Mitbestimmung" und nicht als „Empowerment" verstanden wird) nun dafür sorgen zu können, dass sich der öffentliche Dienst (bei Wahrung der „sozialen Standards") in Verhältnisse „guter Arbeit" halten bzw. zurückholen lässt – und dass er damit – wie es auch interessenpolitisch pointiert vorgetragen wird – mit der Gewährung einer ohnehin schon längst als fällig angesehenen „Reformdividende" wieder zur notwendigen „sozialen Inklusion" zurückfindet (Kißler 2007, S. 25).

Soweit es in dieser Weise um die Aufmachung eines ordnungspolitischen bzw. neowohlfahrtsstaatlichen Diskurs geht, ist also recht gut zu erkennen, dass und wie es hier aus einer- dialektisch betrachtet auch durchaus stimmigen – Kombination von Rückholung einer „alten (altväterlichen) Staatlichkeit" und einem „innerorganisatorischen Macht- und Interessenausgleich" (quasi als Vergabe innerorganisatorischer „Staatsbürgerschaften") zu einer Verfolgung bzw. Realisierung der auch gesamtgesellschaftlich relevanten Zielgrößen von Verteilung und Umverteilung kommen soll. Aus der hier verfolgten Perspektive geht es dem Grunde nach auch um die „Renaissance" bzw. Wiederherstellung eines „institutionellen Arrangements", das es allein schon aufgrund der gegebenen Macht- und Einflussverteilung erlauben lassen soll, im Sinne rechtlich garantierter Leistungsansprüche zu einer Behebung „horizontaler Disparitäten" in der Leistungsversorgung – und somit übergreifend zur Verfolgung des wohlfahrtsstaatlich relevanten Gesichtspunktes des Ausbaus „gleichwertiger Lebensverhältnisse" zu kommen (als Beispiel aus dem Bereich der Sozialverwaltung Kessl 2005). Dabei lässt sich allerdings mit einer Rekonstruktion der epistemologischen bzw. materialtheoretischen Bedingtheiten dieses Diskurses recht schnell deutlich machen, dass es mit einer entsprechenden Aufmachung des Diskurses quasi schon vornherein nur bedingt bzw. gar nicht gelingen kann, auch zu einer Ableitung konventioneller Managementdesigns zu kommen. Denn soweit es einmal zur Inkraftsetzung der Modernisierung als „Arbeitspolitik" gekommen ist, kann es dann im Rahmen weiterer Ausführungen eben doch nur (neben einer womöglich durch „De-Konstruktion" angeleiteten „Kritik") darum gehen, nun den institutionellen Rahmen (Arenen bzw. Trägerschaften) für die Austragung entsprechend notwendig werdender Konfliktregelungs- bzw. Konsensbildungsprozesse (ggf. auch Mitbestimmung wieder als erweitertes Konzept der „Ko-Produktion") vorzugeben. Soweit ein solcher Ansatz der Modernisierung zum Tragen kommt, ist man allerdings –wie zu erkennen - nicht schon davor gefeit, dass sich in diesem weiteren gesellschaftspolitischen Zusammenhang dann auch schon wieder ein Bild vom „Staat" zu konturieren vermag, das dem „Staat" zumindest unterschwellig die Fähigkeit zuschreibt, gewissermaßen kraft seiner höheren (hegelianischen) „Rationalität" (als „benevolent dictator" – oder in kritischer Aufmachung als „platonic guardian") über die richtigen Wege zu einer wohlfahrtsgerechten Verteilung oder Umverteilung gesellschaftlichen Reichtums entscheiden zu können (mit Anklängen Schröter 2007, S. 170 ff.; zur bekannten kritischen Reaktion auf internationaler Ebene Rhodes/Wanna 2007).

4.3.3.2 Strategische bzw. leitbildgerechte Optimierung des öffentlichen Dienstes als ein New Public Service

Im anderen Fall haben wir es mit einem planungs- und steuerungstheoretischen Ansatz zu tun, bei dem es – bei impliziter Übernahme der Re-Produktionsbedingungen liberaldemokratisch verfasster Herrschaftsordnungen mit marktlich ausdifferenzierter Wirtschaftsordnungen – darum geht, sich nun auch unter Berücksichtung der an sich ja weiterhin gegebenen Änderungsanlässe gewissermaßen kontinuierlich um eine praktische Bewältigung von Modernisierungsproblemen im Sinne einer Optimierung funktionsspezifischer Teil-Rationalitäten zu bemühen.

Wie es für die planungs- und steuerungstheoretische Sichtweisen bereits im allgemeinen typisch ist, wird hier auch schon mit Hilfe eines vergleichsweise einfachen bzw. robusten „Lösungskriteriums" aufgezeigt, wie nun auch und gerade das Personal des öffentlichen Dienstes als ein optimal gesteuerter „Produktionsfaktor" (als ein optimierter Auf- bzw. Ausbau eines „Personalmanagements") in den ansonsten schon für notwendig erachteten Gang einer allgemeinen Anpassung des Managements von Staat und Verwaltung einzustellen ist. Im Grunde geht es hier wieder um die Anwendung des quasi bereits klassischen (kontingenz- und designtheoretisch fundierten) Ziel- und Gestaltungszusammenhanges, mit dem dann auch aufgezeigt wird, dass und wie es – und zwar auch mit welchen einzelnen Iterationen bzw. Durchläufen – zu den jetzt weiterhin notwendigen strategisch gelenkten und insoweit auch zusätzlich leistungssteigernd wirkenden Komplettierungen (im Sinne eines „fully fledged or blown model") des einmal begonnenen Managementwandels zu kommen hat. Im Sinne einer vereinfachten Anwendung geht es dabei heute materiell auch um die gestaltungserhebliche Frage, dass und wie nun (bei Verfolgung einer „Outside-In" oder „Inside-Out-Perspektive" bzw. der designtheoretischen Gebote der Herstellung „externer" als auch „interner" Fit-Verhältnisse) die Leistungsanforderungen einer politisch gewollten „Re-Positionierung" von Staat und Verwaltung (im weiteren Geflecht der gesellschaftlichen Arbeits- und Funktionenteilung) zum Ansatzpunkt eines „strategischen Alignments" des öffentlichen Dienstes zu machen sind – zum Ansatzpunkt der (nach außen hin optimierten) Auswahl bzw. (des intern konsistenten) Aufbaus eines veränderten Designs oder Modells des öffentlichen Dienstes (bei gleichzeitig intervenierender Anwendung des „Harvard-Modells" bzw. des „Michigan-Modells" des Human Resource Managements, vgl. Oechsler 2004). Soweit dabei praktischerweise die Diskussion um eine „Re-Positionierung" als Gewährleistungsstaat (mit einer institutionen-ökonomisch/transaktionskosten theoretisch begründeten Variation von Leistungs- und Verantwortungstiefen) im Vordergrund steht, ist dann auch gar nicht überraschend, dass hier konzeptuell (international als auch national) zunächst einmal verstärkt auf (eher faktortheoretisch fundierte) Konzepte eines „dezentral-flexiblen" New Public Service abgestellt wird (wenngleich es in diesem Zusammenhang in jüngerer Zeit zur Fokussierung auf ein stärker „competency"-basiertes Human Resource Management kommt). Sieht man einmal von vielen weiteren materiellen bzw. methodologischen Fundierungen ab (insbesondere der auch möglichen Konzipierung des öffentlichen Dienstes als eigenständigen strategischen „Erfolgsfaktor"), dann geht es hier also um das einfach gehaltene „Lösungskriterium", dass der begonnene Wandel eben über die bekannten (allerdings auch unabhängig voneinander wirksam werdenden) Kriterien der notwendigen (externen) „Kongruenz" als auch (internen) „Konsistenz" voranzutreiben ist (Koch/Dixon 2007).

Darüber hinaus zeigt sich allerdings auch an den praktisch durchgeführten Anwendungen selbst, mit welchen weiteren Schrittfolgen bzw. Operationen dieses „Lösungskriterium" zum Zuge zu kommen hat. In diesem Zusammenhang ist schon einmal auf die Anwendungsbeispiele bei den sog. NPM-Kernanwender zurückzugreifen, bei denen ja der Versuch gemacht worden ist, diese Gestaltungsphilosophie möglichst „systemhaft bzw. ganzheitlich betriebener Gesamtaufbauaktivitäten" nun auch schon im Sinne von „Bombenwurfstrategien" anzuwenden. Darüber hinaus lässt sich für diese Zwecke allerdings auch schon auf die jüngeren Erfahrungen der BRD (insbesondere für den Bund) verweisen – und zwar insoweit, als eben auch für diesen Fall zusehends deutlich wird, dass und wie es hier – unter dem Zwang des notwendigen „Imitationslernens" bzw. im Sinne eines Prozesses des Kristallisations- und Wachstumslernens – zu einem erkennbaren Übergang von einem ehemals bloß inkrementalen auf ein zusehends stärker strategisch ausgerichtetes und insoweit auch ganzheitliches bzw. synoptisches Vorgehen kommt (Koch 2010). Wie es sich dabei gerade an den jüngeren Fortentwicklungen zum Öffentlichen Dienst („Zukunftsfähige Verwaltung"/Föderalismus II/Dienstrechtsneuordnungsgesetzt) zeigt, ist hier eben im Sinne einer sich zunehmend beschleunigenden Selbstdynamik (und trotz womöglich noch anderweitigen semantischen „Verarbeitungen") recht gut zu erkennen, wie hier mit einem zunehmend ganzheitlich geschlossenen Gestaltungszusammenhang versucht wird, zu einer strategisch angelegten Optimierung des öffentlichen Dienstes zu kommen – wie hier mit funktionellen Abstimmungen unter den Beschäftigungsverhältnissen, den Verwendungsweisen und auch den Besoldungsregeln versucht wird, den Öffentlichen Dienst nun auch selbst (in der Gestalt eines dezentral-flexiblen „New Public Service" oder profaner: als Normalarbeitgeber) zu einem treibenden Element der Umstellung auf ein NSM – oder zulässiger: eines „Output-orientierten Verwaltungsmanagement" zu machen. Was dabei die Erfolg verbürgende Wirksamkeit einer Anwendung dieses „Lösungskriteriums" anbetrifft, ist hier schließlich von Bedeutung, dass es dabei (und zwar auch und gerade für den Fall von BRD Evaluationen) nicht nur um die Forderung bzw. den Umstand systematischer Komplettierungen schlechthin geht. Ganz im Gegenteil zeigt sich hier anhand weiterer Zusammenhangsanalysen (wie im übrigen auch für den Unternehmensbereich), dass sich das jeweils erreichte Ausmaß einer entsprechend systematischen Komplettierung zudem auch noch in schrittweise ansteigenden Ausmaßen positiv-funktional auf den „Erfolg" auszuwirken vermag – der pragmatisch-konstruktivistische Gehalt dieser Gestaltungsgebote sich nun offensichtlich auch nachhaltig als „Optimierungskriterien" zu bestätigen scheint (hier wieder Boyne et al. 2003, S. 152 und Koch 2003, S. 286 ff.). Soweit bei entsprechenden Analysen in materieller Hinsicht zudem auf unterschiedlich stark „geöffnete" System-Umwelt-Verhältnisse zurückgegriffen wird, geht es dann gewollten bzw. nachgewiesenen Wirkungen nach (bei allen weiterhin gegebenen Schwierigkeiten einer methodischen Differenzierung von eigenständigen Effekten gegenüber allgemeinen Erholungen bzw. „Windfalls") eben nicht nur um Gesichtspunkte einer Verbesserung betriebsintern getriebener „Cost-to-performance"-Ergebnisse, sondern ebenso – was aber gerne von der „Ökonomismuskritik" übersehen wird – auch und gerade um Wirkungen „zweiter Ordnung" – also auch um Wirkungen für eine verbesserte „allokative Effizienz" (um Verteilungseffizienz) und somit auch um nachgesuchte gemeinwohl-orientierte Auswirkungen (Mühlenkamp 2003).

Soweit entsprechende Regeln der Optimierung vorgegeben werden, wird mit der planungs- und steuerungstheoretischen Sicht schließlich auch aufgearbeitet, wie und warum es gerade jetzt im Zuge entsprechender Komplettierungen (und zwar im Sinne einer „High-Impact-Gestaltungsgröße") um eine leitbildgerechte Anpassung von Führungs-verhältnissen zu gehen hat. In Begleitung des aktuellen Modernisierungsgeschehens wird hier dann auch richtigerweise darauf hingewiesen, dass und wie heute – und zwar zur weiterhin zielorientierten Beschleunigung des fortlaufenden Wandels – dafür zu sorgen ist, dass eine in allgemeiner Weise in der Umsetzung befindliche „output-orientierte" Steuerungslogik (Behördenstrukturreform, Globalbudget/Rechnungswesen und Leistungsverträge)nun auch auf der „Arbeitsebene" bzw. an der Schnittstelle zum Bürger zur verbindlichen „Produktionslogik" zu werden vermag (Brüggemeier/Röber 2003). Nicht von ungefähr ist daher jetzt auch der Bund dabei, mit einem neu aufgelegten Fort- und Weiterbildungsprogramm (auch der Entwicklung von Führungs- (Kompetenz)profilen) die hier besonders gefragte Führungszwischenschicht auf diese neuartigen Anforderungen einzustellen. Wie zu erkennen, werden dann auch und gerade in diesem Punkt von der „Axiomatik" des Planungs- und Steuerungsansatzes Richtlinien oder Schemata dafür vorgegeben, dass auch dieses Gestaltungsproblem wieder nach Maßgabe der Entwicklung und Anwendung strukturharmonischer Komplettierungen zu lösen ist – wie hier nämlich über das Ausspielen des präskriptiven Gehalts des NSM oder NPM (also der institutionen-ökonomisch fundierten „Logiken" einer dezentral-wettbewerblichen Produktion und Verteilung von Gütern) die Kriterien dafür vorgegeben werden, nun gerade mit einem Umbau der (tradierten hierarchischen) Führungsverhältnisse zugunsten eines bloß kontextuell gesteuerten „Selbstmanagements" sicher zu stellen, dass das jetzt funktionell notwendige Leistungsverhalten provoziert werden kann (Conrad 2010; Koch 2008a). Bekanntlich wird in diesem Punkte ja der institutionen-ökonomischen Überlegungen gefolgt, dass hier eben Möglichkeiten einer ergebnisabhängigen Selbsterwirtschaftung von Belohnungsumfängen vorzugeben sind, um Mitarbeiter anzuhalten, nun auch schon auf dem Wege einer Selbst-regulation bzw. der Eigenregie (mit proaktivem Rollenverhalten) zu einem „bestmögli-chen" Gebrauch der dezentral eingerichteten Handlungsspielräume zu kommen.

Mit der Anwendung der Axiomatik von Planungs- und Steuerungstheorien werden also immer auch Handlungsvorschriften dafür entwickelt, wie denn Managemententwicklungen im Sinne kontinuierlich zu optimierender Wandlungsprozesse voranzutreiben sind. Soweit hier die „Axiomatik" einer entsprechenden Planungs- und Steuerungstheorie zum Zuge kommt, wird dann bei entsprechenden „Besetzungsversuchen" zumindest implizit (wenn nicht gar explizit) in Kauf genommen, dass damit der Erkenntnisbereich selbst – unter der Bedingung allgemein gegebener Re-Produktionszwänge – auch immer nur als Objekt eines gezielten Disponierens zur Untersuchungsgröße wird. Entsprechend einem solchen vorrangig „technischen" Erkenntnisinteresse wird dann der Gegenstand pointiert gesagt auch nicht schon nach den „lebensweltlich" zu generierenden Möglichkeiten der „Selbstaktualisierung" (Emanzipation) erschlossen, sondern nach „zweck-rational" oder „systemisch" aufzuerlegenden Bedingungen einer aufwandsminimalen (und dabei ressourcenbeschränkten) Produktion öffentlich relevanter Güter oder Leistungen (generell Huchler/Voß/Weihrich 2007). Von entsprechenden (teilweise auch nur geldwertmäßigen) „Verobjektivierungen" ist dann naturgemäß auch das hier besonders interessierende „Personal" (eben als Bündel von Fähigkeiten/Fertigkeiten und auch Motiven) betroffen – im übrigen auch und gerade in der aktuellen „Subjektivierungsdebatte", wenn es hier – auch unter Abstellen auf die Figur des „Arbeitskraftunternehmers" zunächst ja doch nur darum geht, die jetzt erneut als bedeutsam erkannte „Subjektheit" des Personals konzeptionell wieder in funktionell zugeschnittener Aufmachung (eben als persönlichkeitsspezifische Voraussetzung für proaktives Rollenverhalten) in den Kreis managementerheblicher Betrachtungen zurückzuholen (Moldaschl 2002). Zum anderen ist hier allerdings wieder genauso zu bedenken, dass es sich bei dem planungs- und steuerungstheoretischen Ansatz bekannterweise um den Ansatz handelt, der sich überhaupt auf direkter Weise (anders als die ggf. bloß verteilungsorientierten Konzepte neo-wohlfahrtsstaatlicher Betrachtungen) mit den Gestaltungsproblemen gesamtgesellschaftlich (also auch staatlich-administrativ) bedeutsamer Voraussetzungen als auch Folgen einer dezentral-marktlichen Produktion und Verteilung von Gütern und Lebenschancen beschäftigt- anders gesagt, also mit den funktionell erheblichen Wirkungszusammenhängen liberal-demokratisch verfasster Herrschafts- und Wirtschaftsverhältnisse – und insoweit wieder mit der politischen und auch ökonomischen „Integrationsfähigkeit" moderner Gesellschaften selbst (u.a. Luhman 1981, S. 143 ff.). Mit der Anwendung dieser „Axiomatik" stoßen wir daher zwangsläufig auf eine (planungs- und steuerungstheoretisch ausgelegte) Beherrschung der Modernisierungsproblematik, der entsprechend es (neo-klassisch) im Entstehungszusammenhang gesellschaftlichen Reichtums (BSP) zwangsläufig um Reduktionen auf zu begünstigende „individuelle Grenzbeiträge" geht, sich damit allerdings – euphemistisch betrachtet - aller erst wieder die Voraussetzungen schaffen lassen, dass sich Aneignungen bzw. Verteilungen dann wieder auf – allokativ-effizient gestalteten, höheren Niveaus der Wohlfahrtausstattung vornehmen lassen.

1) **Externe** **Faktoren** Embeddedness Kultur Hegemonie **Nachfrage**	a) Beherrschung/Globalisierung Aktivierender Staat Agenda 2010 Moderner Staat/Moderne Verwaltung Böckler Stiftung Themenbesetzung Wettbewerbsfähigkeit Staat/ Gesellschaft Soziale Marktwirtschaft	b) Große Koalition/Machterhaltung Mehrheitsverlust/Linke/DGB/Verdi Soziale Frage/Gleichheit/Freiheit Themenbesetzung Neo-Wohlfahrtsstaat/Kommuni-tarismus Kapitalismuskritik/Kritik Neo-Liberalismus Ökonomisierung

2) **Interne** **Faktoren** Makro-Mikro Sinnhafte Adäquanzen Voluntarismus Paradigmen/ Diskurse **Angebote**	**t 1** – Hegemonie Planung/ Steuerung – New Public Manage-ment/ NSM – Dez.-wettbewerbliches Kontraktmanagement – Etablierung Public Management – Implementations-defizite	**t 2** – Identitätskrise Polw. Aktivierung/Netz-werke – Prov.Anomalien/ Pers-Perspektivische Evaluation – False Theory/Ökono-mismus-Verdikt – Governance vs. Management Ordnungspolitik vs.Optimierung von Designs	**t 3** – Reputationssicherung – Paradigmenwechsel – Degenerative Pro-blemverschiebung – Starker Staat/ Hierar-chischer Vollzug – Umverteilung vs. Produktion – Lösungskraft/falsches Bewusstsein
	Außergewöhnliche Forschung: Diskurs als geschlossene Axiomatiken Produktion partikulären Wissens		
3)Entwicklung der Moderni-sierung des Managements von Staat und Verwaltung	a) Schlanker Staat b) Moderner Staat/Moderne Verwaltung c) Zukunftsfähige Verwaltung **Modernisierung** als gradueller/inkrementaler – zunehmend kumulativer/ strategisch angelegter **Lernprozess** Konzeptionell: Rechtsstaatliche Kontextsteuerung output-orientierter Leistungserstellung (Etzioni: Zunehmend ein Mixed scanning Prozess)		

Quelle: Eigene Darstellung

Abb. 4.2: Wechsel- bzw. Zusammenspiel zwischen externen und internen Faktoren der Wissens-entwicklung

4.4   Besetzungen und Perspektiven: Staat als Agent vs. Staat als Auswahlmechanismus

Wie hiermit zu erkennen, stößt man also bei der Bilanzierung aktueller Modernisierungsbemühungen auf recht unterschiedliche Versuche, zu einer sozial-konstruktiven Beherrschung bzw. Besetzung der Modernisierungsproblematik von Staat und Verwaltung zu
kommen – insbesondere der damit implizierten Managementproblematik. Wie hier zu
erkennen, wird dabei auch aus inhaltlich recht unterschiedlich aufgestellten „Zusammenspielen" (ggf. auch über aktiv hergestellte Adäquanzen bzw. Passungen) zwischen externen
Anforderungen und internen Anpassungen versucht, in zweck- oder interessengerechter
Weise zu sich zyklisch verstetigenden Bedingungen für eine gewünschte bzw. zulässige Art
der Thematisierung der Modernisierungsproblematik zu kommen. Im Rahmen solcher
Institutionalisierungsvorgänge (bzw. auch Diskursen) kommt es dann auch schon – im
Sinne kognitiver Begleiterscheinungen – zu einer Etablierung von „Axiomatiken", die allein schon wegen ihrer Forderung nach einer prämissenhaft geschlossenen Form der Erkenntnisgewinnung zu nahezu unumstößliche (sich also zumindest teilweise auch selbst
immunisierende) Formen der denkbaren Art der Erfassung als auch Lösbarkeit von Modernisierungsproblemen führen. Wie es sichtbar geworden ist, führt hier auch die Anwendung der unterschiedlich gearteten „Axiomatiken" der planungs- und steuerungstheoretischen Sichtweise und der ordnungspolitischen bzw. neo-wohlfahrtsstaatlichen Sichtweise
mittlerweile dazu, dass der Modernisierungsdiskurs – bei Einnahme recht unterschiedlicher gesellschaftspolitischer Ausgangspunkte und der Veranschlagung ebenso disparater
Zielgrößen – mehr oder weniger zwangsläufig zu einer Diskussion recht unterschiedlich
aufgestellter Spektren gewünschter Modernisierungsbemühungen führen muss – zu auch
unterschiedlichen Optionen für das Design eines zukünftigen „New Public Service".

Soweit es sich dabei um die ordnungspolitische bzw. neo-wohlfahrtsstaatliche Sichtweise handelt, ist klar, dass (von einer vergleichsweise stärker gesellschaftspolitischen
Position her) die Modernisierungsproblematik – den konzeptionellen Entwicklungslinien nach – von der hier relevant werdenden (sozialistischen) Freiheitsproblematik her
definiert wird – von den gesellschaftlichen Voraussetzungen der „Selbstwerdung" des
Menschen her – von der Befreiung von fremd auferlegter Arbeit – und somit letztlich
wieder von der Thematik einer Beherrschung der Produktionsmittel (oder der Änderung
der Produktionsverhältnisse) her erschlossen wird (zu diesen Herleitungen hilfreich Blan-
ke/Jürgens/Kastendiek 1975). Für den Gang der weiteren Konkretisierung folgt dann aus
dieser Positionierung, dass die Modernisierungsproblematik wieder – bei gleichzeitiger
Transponierung auf die Ebene einer gesellschaftlich erweiterten Governance-Perspektive – schwerpunktmäßig zu einem arbeitspolitisch zu lösenden Problem der notwendigen Gleich- und Umverteilung des gesellschaftlichen Reichtums werden kann (wird). Bei
Aufmachung dieser eher klassischen Gegensätzlichkeiten (eigentlich eben des strukturellen Widerspruchs von „Kapital" und „Arbeit" bzw. von „Produktion" und „Verteilung")
(Mauke 1971, S. 15 ff.) ist es dann auch nur noch ein kleiner Schritt, wenn im Zusammenhang der Entwicklung konkreter Modernisierungspolitiken nun auch vom Staat und der
Verwaltung (bei gleichsam konzeptgerechtem Rückgriff auf das Bilder einer traditionellen
Staatlichkeit bzw. einer zentralistisch organisierten „fortschrittlichen Agentur") gefordert

wird, mit einer Begünstigung von Macht- und Interessenausgleichstechniken zu einer Lösung der klassischen „sozialen" Frage zu kommen (für den öffentlichen Dienst im Einzelnen auch wieder mit der Stärkung der Position der traditionellen Arbeitsmarktparteien/Tarifvertragsparteien, der Begünstigung von Partizipation als Mitbestimmung/Empowerment „von unten"/der Einrichtung von Personalräten/der Absicherung von Statussicherheit bzw. von „guter Arbeit").

Soweit es um die planungs- und steuerungstheoretische Perspektive geht, ist hier hingegen zu erkennen, dass es in diesem Fall zwar auch bei der Modernisierungsproblematik (allerdings aus einer prinzipiell anders gearteten „gouvernementalen" Perspektive) um eine (liberale) „Befreiungs"-Thematik (aus „menschenunwürdigen" Lebensverhältnissen) gehen kann, dass es dabei aber nicht schon nur um die „Verteilungs- bzw. Teilhabeproblematik" geht, sondern auch und gerade um die Frage, wie es mit fortwährender Anpassung („Fortschritt") der gesellschaftlichen Vorbedingungen überhaupt gelingen kann, zu einer weiteren Mehrung des gesellschaftlich zu verteilenden „Mehrproduktes" zu kommen (hier Willke 2003). In dieser Weise geht es dann auch im Rahmen der aktuellen Entwicklungen bzw. Beherrschungsversuche schon prinzipiell um die Frage bzw. um das Problem, wie es – auch und gerade unter den jetzt besonderen Bedingungen der Globalisierung – mit einer immer wieder aufs Neue vorzunehmenden (reflexiven) Anpassung der allgemeinen gesellschaftlichen Verkehrsformen – von Technik, Ökonomie als auch staatlichen bzw. administrativen Institutionen – gelingen kann, die Bedingungen für die stete (allerdings dezentral-individualistisch vermittelte) Mehrung der gesellschaftlichen Wohlfahrt zu setzen. Gerade in dieser Hinsicht zeigt sich für die aktuellen Modernisierungsbemühungen, dass es augenblicklich um einen Umbau von Staat und Verwaltung geht, bei dem es eben nicht denunziatorisch gesprochen um eine „Ökonomisierung" des Staates geht, sondern dem Staat zu einer Planungs- und Entscheidungsfähigkeit zu verhelfen, dergemäß er sich (sodann als „Gewährleister" samt eines dezentral-wettbewerblichen Kontraktmanagements) in der Lage sieht, bei Variation seiner Leistungstiefe jeweils anforderungsgerecht (also reflexiv!!) bestmögliche Wahlen unter den gesamtgesellschaftlich zur Verfügung stehenden Erstellungsformen (Handlungslogiken) für die Produktion und Verteilung gesellschaftlich relevanter Leistungen zu treffen (Lane 2009, S. 9).

Soweit es hier (den Bedingungen und Folgen nach) zu deutlich konträr gelagerten Besetzungsversuchen gegenüber der Modernisierungsproblematik kommt, kann sich (im Übrigen ähnlich wie zu Zeiten der klassischen Planungsdebatten bzw. staatstheoretischen Debatten Anfang der 70er Jahre) für uns die Frage stellen, ob es neben oder mit der bloßen wissenssoziologischen Rekonstruktion nun auch – im Sinne der Wissenschaft als aktives soziales Handeln – zu einer eigenen „Positionierung" zu kommen hat. Unter Rückgriff auf weitere metatheoretische Überlegungen (etwa dem Gebot der notwendigen konzeptuellen Kommensurabilität) wäre dabei schon einmal zu prüfen, ob oder inwieweit sich denn für die weiteren Überlegungen nun auch ggf. kombinativ auf die Themenbearbeitungen dieser unterschiedlichen Sichtweisen bzw. Axiomatiken zurückgreifen ließe. In dieser Hinsicht ist allerdings von vornherein zu bedenken, dass im Rahmen dieser Sichtweisen zwar eine Vielzahl an Themen eine übereinstimmende Etikettierung erhalten (von „Partizipation" über „Empowerment" bis hin zu „Diversity" oder „Subjektivierung"), diesen aber aufgrund ihrer Einbettungen in unterschiedliche Verwendungszusammenhänge auch eine jeweils abweichende Bedeutung (Definition) zuzumessen ist. Und darüber hinaus mag sich sogar schärfer zugespitzt die Frage einstellen, ob oder inwieweit sich nicht mit einer Auflösung von Zielantinomien (ggf. über eine Pluralisierung eigener praktisch verfolgter Zielsetzungen) zu einer insgesamt harmonisierten bzw. simultanen Anwendung dieser Sichtweisen kommen ließe. Da wir es aber gerade in dieser Hinsicht mit eher kontradiktorisch gelagerten Zielen (mit Verteilung hier und Produktion dort) zu tun bekommen, erscheinen solche Harmonisierungen bzw. Integrationen konzeptuell (bei welchen zu tolerierenden „Trade-offs" auch immer) kaum möglich, sondern dürfte man sich doch vor das Problem gestellt sehen, unter diesen Sichtweisen „Wahlen" (Optionen) treffen zu müssen.

Soweit man hier allerdings bereit sein sollte, den Forderungen einer „kognitiven Ethik" zu folgen – bzw. dem bekannten Gebot, dass „Sollen Können zu implizieren habe", dürfte in diesem Zusammenhang bzw. unter gegebenen Bedingungen – zum Zwecke der eigenen „Positionierung" doch davon auszugehen sein, dass zunächst eben doch (im Übrigen auch bei Erduldung der je unterschiedlich gültigen „Systemrationalitäten") „Verfügbarkeiten" vorzuliegen hätten, bevor sich „Verteilungen" organisieren ließen.

Literatur

Adams, D. (2004): Usuable Knowledge in Public Policy, In: Australian Journal of Public Administration, Vol. 63, No. 1, S. 29–42.

Benz, A. (2003): Status und Perspektiven der politikwissenschaftlichen Verwaltungsforschung, In: Die Verwaltung: Zeitschrift für Verwaltungsrecht und Verwaltungswissenschaften, 36. Jg., S. 361–388.

Benz, A. (2003): Institutionentheorie und Institutionenpolitik, In: Benz. A./Siedentopf, H./ Sommermann, K.P. (Hrsg): Institutionenwandel in Regierung und Verwaltung, Berlin, S. 19–32.

Benz, A. et al. (Hrsg.) (2007): Handbuch Governance, Theoretische Grundlagen und empirische Anwendungsfelder, Wiesbaden.

Berger, P./Luckmann, T. (1966): The Social Construction of Reality: A Treatise in the Sociology of Knowledge, Doubleday.

Beyer, R. (2000): Organisatorische Veränderungstypen in der öffentlichen Verwaltung, München und Mering.

Blanke, B./Jürgens, U./Kastendiek, H. (1975): Kritik der Politischen Wissenschaft 1, Frankfurt/M.

Bochenski, I.M. (1954): Die zeitgenössischen Denkmethoden, Bern und München.

Böhme, G./van den Daele, W./Krohn, W. (1973): Die Finalisierung der Wissenschaft. In: Zeitschrift für Soziologie, Heft 2, 2. Jg., S. 129–144.

Bogumil, J. (2007): Paradigmenwechsel durch Ergebnisorientierung in der öffentlichen Verwaltung. In: Schimanke, D. (Hrsg): Qualität und Ergebnis öffentlicher Programme, Münster, S. 12–24.

Bogumil, J./Kißler, L. (1995): Vom Untertan zum Kunden? Möglichkeiten und Grenzen von Kundenorientierungen in der Kommunalverwaltung, Berlin.

Bogumil, J./Grohs, S./Kuhlmann, S./Ohm, A.K. (2007): Zehn Jahre Neues Steuerungsmodell: Eine Bilanz kommunaler Verwaltungsmodernisierung, Berlin.

Bouckaert, G. (2006): Auf dem Weg zu einer neo-weberianischen Verwaltung: New Public Management im internationalen Vergleich, In: Bogumil, J./Jann, W./Nullmeier, F. (Hrsg.): Politik und Verwaltung, Wiesbaden, S. 354–372.

Boyne, G.A./Farrell, C./Law, J./Powell, M./Walker, R.M. (2003): Evaluating Public Management Reforms: Principals and Practices, Buckingham/Philadelphia.

Brüggemeier, M./Röber, M. (2003): Stand und Entwicklungsperspektive der Arbeitsorganisation im öffentlichen Dienst – auf dem Weg zu einem neuen Produktionsregime?, In: Koch, R./Conrad, P. (Hrsg): New Public Service, Öffentlicher Dienst als Motor der Staat- und Verwaltungsmodernisierung, Wiesbaden, S. 123–154.

Clarke, J./Newman, J. (eds.) (1997): The Managerial State: Power, Politics and Ideology in the Remaking of Social Welfare, London.

Clement, W./Merz, F. (2010): Was jetzt zu tun ist, Freiburg usw.

Collins, H. (1983): An empirical relativist Programme in the Sociology of Scientific Knowledge", In: Knorr-Cetina, K./Mulkay, M. (eds.) Science observed. Perspectives on the Social Study of Science, London, S. 85–113.

Conrad, P. (2010): Möglichkeiten und Grenzen der Anwendung von "Selbst-Management" als Führungskonzept in der öffentlichen Verwaltung, In: Koch, R./Conrad, P./Lorig, W.H. (Hrsg): New Public Service, 2. und erweiterte Auflage, Wiesbaden, S. 293–311.

Considine, M. (2001): Enterprising States: The Public Management of Welfare-to-Work, Cambridge.

Czerwick, E. (2007): Die Ökonomisierung des öffentlichen Dienstes: Dienstrechtsreformen und Beschäftigungsstrukturen seit 1991, Wiesbaden.

Davis, G./Sullivan, B./Yeatman, A. (1997): The New Contractualism?, McMillan.

Dryzek, J.S. (2000): Deliberative Democracy and Beyond, Liberals, Critics, Contestations, Oxford Press.

Etzioni, A. (1975): Die aktive Gesellschaft: Eine Theorie gesellschaftlicher und politischer Prozesse, Opladen.

Fox, C./Miller, H.T. (1996): Postmodern Public Administration: Toward Discourse, Thousand Oaks.

Fried, A. (2003): Wissensmanagement aus kontruktivistischer Perspektive, Frankfurt/M. usw.

Ghoshal, S./Moran, P. (1996): Bad for practice. A Critique of the Transaction Cost Theory, In: Academy of Management Review, Vol. 21, pp. 13–47.

Gibbons, M. et al. (1994): The new Production of Knowledge: The Dynamics of Science and Research in contemporary Societies. London.

Giesen, B./Schmid, M. (1977): Basale Soziologie: Wissenschaftstheorie, Opladen.

Habermas, J. (1969): Technik und Wissenschaft als „Ideologie", Frankfurt/M.

Habermas, J. (1973): Wahrheitstheorien. In: Fahrenbach, H. (Hrsg.): Wirklichkeit und Reflexion, Pfullingen, S. 211–265.

Harms, J./Reichard, C. (Hrsg.) (2003): Die Ökonomisierung des öffentlichen Sektors: Instrumente und Trends, Baden-Baden.

Henselek, H.F. (2000): Konfigurationseigenschaft als strategische Ressource: Konfigurationsmanagement als Metakompetenz. In: Hammann P./Freiling J. (Hrsg.): Die Ressourcen- und Kompetenzperspektive des Strategischen Managements, Wiesbaden, S. 466–489.

Hess, M./Adams, D. (2002): Knowing and Skilling in Contemporary Public Administration. In: Australian Journal of Public Administration, Vol. 61, No. 4, pp. 68–79.

Holtkamp, L. (2008): Das Scheitern des Neuen Steuerungsmodells. In: dms – der moderne staat – Zeitschrift für Public Policy, Recht und Management, Heft 2, S. 423–446.

Hondrich, K.O./Matthes J. (Hrsg.) (1978): Theorienvergleich in den Sozialwissenschaften, Darmstadt, Neuwied.

Huchler, N./Voß, G.G./Weihrich, M. (2007): Soziale Mechanismen im Betrieb, Theoretische und empirische Analysen zur Entgrenzung und Subjektivierung von Arbeit, München und Mering.

Ingraham, P.W./Joyce, P.G./Donahue, A.K. (2003): Government Performance, Why Management Matters, The John Hopkins University Press.

Ingraham, P.W./Lynn, L.E. (eds.) (2004): The Art of Governance, Analysing Management and Administration, Georgetown University Press.

Jann, W. (2002): Der Wandel verwaltungspolitischer Leitbilder: Von Management zu Governance?. In: König, K. (Hrsg.): Deutsche Verwaltung an der Wende zum 21. Jahrhundert, Baden-Baden, S. 279–305.

Jann, W./Röber M./Wollmann H. (Hrsg.) (2006): Public Management: Grundlagen, Wirkungen, Kritik, Berlin.

Käsler, D. (1979): Einführung in das Studium Max Webers, München.

Kegelmann, J. (2007): New Public Management: Möglichkeiten und Grenzen des Neuen Steuerungsmodells, Wiesbaden.

Kessl, F. (2006): Aktivierungspädagogik statt wohlfahrtsstaatlicher Dienstleistung?, In: Zeitschrift Für Sozialreform, Heft 2, S. 217–232.

KGSt-Bericht 2/2007, Das Neue Steuerungsmodell: Bilanz der Umsetzung, Köln.

Kißler, L. (2007): Warum die kommunaler Verwaltungsmodernisierung (fast) gescheitert ist oder: Wo bleibt die „Reformdividende" für die Beschäftigten. In: Bogumil, J. et al. (Hrsg.): Perspektiven kommunaler Verwaltungsmodernisierung, Berlin, S. 17–27.

Klages, H. (1971): Planungspolitik, Stuttgart usw.

Klenk, T. (2005): Governance-Reform und Identität: Zur Mikropolitik von Governance-Reformen. In: Oppen, M./Sack, D./Wegener, A. (Hrsg.): Abschied von der Binnenmodernisierung?, Berlin, S. 31–52.

Klenk, T./Nullmeier, F. (2004): Public Governance als Reformstrategie, Düsseldorf.

Koch, P.C. (2008): Optimizing Distribution Systems in Asset Management: Institutional Arrangements as Key Factors, Wiesbaden.

Koch, R. (1985): Paradigmenentwicklung und Institutionalisierung der Verwaltungswissenschaft. In: Braun, H.-J./Kluve, R. H. (Hrsg.): Entwicklung und Selbstverständnis von Wissenschaften, Frankfurt/M., S. 163–195.

Koch, R. (2003): New Public Management und Ausgestaltung des öffentlichen Personalwesens. In: von Eckardstein, D./Ridder, H.-G. (Hrsg.) unter Mitarbeit von Sven Neumann: Personalmanagement als Gestaltungsaufgabe im Nonprofit und Public Management, München und Mering, S. 271–292.

Koch, R. (2004): Umbau öffentlicher Dienste: Internationale Trends in der Anpassung öffentlicher Dienste an ein New Public Management, Wiesbaden.

Koch, R./Dixon, J. (eds.) (2008): Public Governance and Leadership: Political and Managerial Problems in Making Public Governance Changes the Driver for Re-Constituting Leadership, Wiesbaden.

Koch, R. (2008): Strategischer Wandel des Managements öffentlicher Dienste: Designorientierte Managementlehre und die Modernisierung öffentlicher Dienste, Wiesbaden.

Koch, R. (2008a): Neue Steuerung und Mitarbeiterführung, Kontextführung als Hebel einer leistungssteigernden Komplettierung von NSM-Systemen des Verwaltungsmanagements, In: Magiera, S./Sommermann, K.P./Ziller, J. (Hrsg.): Verwaltungswissenschaft und Verwaltungspraxis in nationaler und transnationaler Perspektive, Festschrift Heinrich Siedentopf zum 70. Geburtstag; Berlin, S. 595–610.

Koch, R. (2010): Theorieproduktionen und Gestaltungsoptionen in der Modernisierung öffentlicher Dienste, Konzepte und Folgen einer Betrachtung der Modernisierung als ein sich verstetigender Lern- und Entwicklungsprozess, In: Koch, R./Conrad, P./ Lorig, W.H. (Hrsg): New Public Service, 2. und erweiterte Auflage, Wiesbaden, S. 13–40.

Kooiman, J. (2002): Social-Political Governance: Overview, Reflections and Design. In: Public Management, An International Journal of Research and Theory, Vol. 4, Number 1, pp. 43–70.

König, K. (1997): Entrepreneurial Management or executive Administration: The Perspective of classical Public Administration. In: Kickert, W.J.M. (ed.): Public Management and administrative Reform in Western Europe, Cheltenham, pp. 213–232.

Kuhn, T.S. (1977): Die Entstehung des Neuen, Studien zur Struktur der Wissenschaftsgeschichte, Frankfurt/M.

Lan, Z./Anders, K.K. (2000): A paradigmatic View of Contemporary Public Administration Research. In: Administration and Society, Vol. 32, No. 2, pp. 138–165.

Lane, J.-F. (2009): State Management: An Enquiry into Models of Public Administration and Management, London.

Lorig, W.H. (Hrsg.) (2008): Moderne Verwaltung in der Bürgergesellschaft, Entwicklungslinien der Verwaltungsmodernisierung in Deutschland, Baden-Baden.

Luhmann, N. (1966): Theorie der Verwaltungswissenschaft, Köln und Berlin.

Luhmann, N. (1981): Politische Theorie im Wohlfahrtsstaat, Müchen und Wien.

Lyotard, J.-F. (1994) : Das postmoderne Wissen, Wien.

Mannheim, K. (1969): Ideologie und Utopie, Frankfurt/M.

Mauke, M. (1971): Die Klassentheorie von Marx und Engels, Frankfurt/M.

Mayntz, R. (2002): Zur Theoriefähigkeit makro-sozialer Analysen. In: Mayntz, R. (Hrsg.): Akteure-Mechanismen-Modelle: Zur Theoriefähigkeit makro-sozialer Analysen, Frankfurt/M., S. 7–44.

Mayntz, R. (2004): Governance im modernen Staat, In: Benz, A. (Hrsg): Governance – Regieren in komplexen Regelsystemen: Eine Einführung, Wiesbaden, S. 65–76.

Mehde, V. (2006): Governance, Administrative Science, and the Paradoxes of New Public Management, In: Public Policy and Administration, Vol. 21, No. 4, pp. 60–81.

Mezger, E./Schneider, K. (2006): Die Grenzen privater Beteiligung an öffentlichen Aufgaben. In: Jann, W. et al. (Hrsg.): Public Management – Grundlagen, Wirkungen, Kritik, Berlin, S. 49–60.

Miller, D. (1987): The Genesis of Configuration. In Academy of Management Review, Vol. 12, No. 4, pp. 668–701.

Miller, H.T./Fox, C.J. (2001): The Epistemic Community. In: Administration and Society, Vol.32, No, 6, pp. 668–685.

Moldaschl, M. (2002): Das Subjekt als Objekt der Begierde – Die Perspektive der „Subjektivierung von Arbeit". In: Schreyögg, G./Conrad, P. (Hrsg.): Theorien des Managements, Wiesbaden, S. 245–281.

Mühlenkamp, H. (2003): Zum grundlegenden Verständnis einer Ökonomisierung des öffentlichen Sektors – Die Sicht eines Ökonomen, In: Harms, J./Reichard, C. (Hrsg.): Die Ökonomisierung des öffentlichen Sektors: Instrumente und Trends, Baden-Baden, S. 47–74.

Mulkay, M. et al. (1983): Why an Analysis of Scientific Discourse is needed, In: Knorr-Cetina, K./Mulkay, M. (eds.): Science observed. Perspectives on the Social Study of Science, London, S. 171–203.

Neidhardt, F./Mayntz, R./Weingart, P./Wengenroth, U. (2008): Wissensproduktion und Wissenstransfer. Zur Einleitung, In: Mayntz, R. et al. (Hrsg.): Wissensproduktion und Wissenstransfer, Bielefeld, S. 19–40.

Newman, J. (ed.) (2005): Remaking Governance: Peoples, Politics and the Public Sphere, Bristol.

Nordmann, J. (2005): Der lange Marsch zum Neoliberalismus, Hamburg.

Oechsler, W.A. (2004): Human Resource Management in der öffentlichen Verwaltung – Ansätze zur organisatorischen Umsetzung. In: Koch, R./Conrad, P. (Hrsg.): Verändertes Denken – Bessere Öffentliche Dienste?!, Wiesbaden, S. 133–152.

Oppen, M./Sack, D./Wegener, A. (Hrsg) (2005): Abschied von der Binnenmodernisierung, Berlin.

Ortmann, G. (2003): Organisation und Welterschließung, Dekonstrutionen, Wiesbaden.

Overman, E.S./Boyd, K.J. (1994): Best Practice and Post Bureaucratic Reform, In: Journal of Public Administration, Research and Theory, Vol. 4, Issue 1, pp. 67–83.

Plehwe, D./Walpen, B./Neunhöffer G. (eds.) (2006): Neoliberal Hegemony: A Global Critique, London.

Pollit, C. (1990): Managerialism and the Public Service: the Anglo-American experience, Oxford.

Pollit, C./Bouckaert, G. (2000): Public Management Reform: A Comparative Analysis, Oxford.

Popper, K.R. (1957): Die offene Gesellschaft und ihre Feinde, 1, Der Zauber Platons, München.

Priddat, B.P. (2006): Gemeinwohlmodernisierung, Social Capital, Moral, Governance, Marburg.

Reichard, C. (2002): Verwaltung als öffentliches Management, In: König, K. (Hrsg.): Deutsche Verwaltung an der Wende zum 21. Jahrhundert, Baden-Baden, S. 255–278.

Rhodes, R.A.W./Wanna, J. (2007): The Limitis to Public Value, or Rescuing Responsible Government from the Platonic Guardians, In: The Australian Journal of Public Administration, Vol. 66, No. 4, pp. 406–421.

Sack, D./Schneider, K. (2005): Wirkungen materieller Teilprivatisierungen und betriebliche Handlungsmöglichkeiten. In: Oppen, M./Sack, D./Wegener, A. (Hrsg.): Abschied von der Binnenmodernisierung?, Berlin, S. 176–192.

Saint-Martin, D. (2000): Building the Managerialist State: Consultants and the Politics of Public Sector Reform in Comparative Perspective, Oxford University Press.

Schuon, K.T. (1972): Wissenschaft, Politik und wissenschaftliche Politik, Köln.

Schneider, K (2007) : Bilanz von mehr als zehn Jahren Forschung zum Wandel des öffentlichen Sektors. In: Bogumil, J. et al. (Hrsg.): Perspektiven kommunaler Verwaltungsmodernisierung, Berlin 2007, S. 27–38.

Schröter, E. (2007): Demokratietheoretische Kritik des öffentlichen Management, In: König, K./Reichard, C. (Hrsg): Theoretische Aspekte einer managerialistischen Verwaltungskultur, Speyer, S. 151–186.

Sommermann, K.P. (2002): Verwaltung im Rechtsstaat, In: König, K. (Hrsg): Deutsche Verwaltung an der Wende zum 21.Jahrhundert, Baden-Baden, S. 79–119.

Vogel, R. (2006): Zur Institutionalisierung von New Public Management, Disziplindynamik der Verwaltungswissenschaft unter dem Einfluss ökonomischer Theorie, Wiesbaden.

Vogel, R. (2008): Ökonomische Imperialismen: Grenzverwischung zwischen öffentlich und privat, In: von Maravic. P./Priddat B.P. (Hrsg.): Öffentlich-Privat: Verwaltung als Schnittstellenmanagement, Marburg, S. 91–117.

Weber, M. (1964): Vorbemerkungen zu den gesammelten Aufsätzen zur Religionssoziologie. In: ders., Soziologie, Weltgeschichtliche Analysen, Politik, hrsg. von Winkelmann, J., Stuttgart, S. 340–356.

Weingart, P. (1976): Wissenschaftsproduktion und soziale Struktur, Frankfurt/M.

Weingart, P. (2003): Wissenschaftssoziologie, Bielefeld.

Wellmer, A. (1967): Methodologie als Erkenntnistheorie, Zur Wissenschaftslehre Karl R. Poppers, Frankfurt/M.

White, J.D./Adams, G.B. (eds.) (1994): Research in Public Administration, Reflections on Theory and Practice, Newbury Park.

Willke, G. (2003): Neoliberalismus, Frankfurt, New York.

Wollmann, H. (2002). Verwaltungspolitische Reformdiskurse und -verläufe im internationalen Vergleich, In: König, K. (Hrsg.): Deutsche Verwaltung an der Wende zum 21. Jahrhundert, Baden-Baden, S. 489–525.

Wissenschaftskritik und Managementdiskurs 5

Zur kritischen Re-Konstruktion von Diskurs- und Argumentationsformen eines versuchten Paradigmenwechsels im Public Management

Rainer Koch[*]

[*] Rainer Koch & Rick Vogel (2012): Paradigmenkonkurrenz im Public Management. Zur Kritik des Diskurses um Management-Entwicklungen. Wiesbaden: Springer Gabler, S. 99–130.

5.1 Einführung

Bekanntlich geht es seit geraumer Zeit um die Frage bzw. das Problem, mit Hilfe welcher Perspektiven und demgemäß auch angepassten Veränderungsvorschlägen die weitere Modernisierung des Managements von Staat und Verwaltung (des „Staatsapparates") vorangetrieben werden soll.

Daher soll im folgenden der Versuch unternommen werden, nun auch – und zwar aus wissenschaftskritischer Sicht – an diesem Beispiel aufzuzeigen, dass und wie das gesamtgesellschaftlich auferlegte „Zusammenspiel" von politisch bedingter Nachfrage (hier des „interventionistischen" Wohlfahrtsstaates") nach einer „scientistischen" (quasi naturwissenschaftlich exakt begründeten) Legitimation und einem Bedarf von Wissenschaften nach immer erneuter gesellschaftlicher Institutionalisierung (der Anerkennung als gesellschaftlich erheblicher „Produktivkraft") zu den eigentlichen Treibern der Wissensentwicklung wird – zum eigentlichen Treiber des aktuellen Diskurs um die Optionen einer weiteren Managemententwicklung im öffentlichen Sektor. In entsprechender Weise soll dann an diesem Beispiel schon einmal aufgezeigt („rekonstruiert") werden, dass und wie diese Art der „sozialen Einbettung" Wissenschaft nun mehr oder weniger zwangsläufig (und zwar entsprechend dem allgemeinen Gang einer „Finalisierung" von Wissenschaft) dazu anhält, zu einem Protagonisten der „neuzeitlichen" (scientistischen) Rationalisierung von Politik und Herrschaft zu werden – und insoweit je nach wechselnden politischen Opportunitäten zu einem Lieferanten möglichst Erfolg verbürgenden – und demgemäß auch legitimatorisch brauchbaren Wissens (vgl. Schuon 1972, S. 118 ff.). Dem eigentlichen Untersuchungsgegenstand nach soll es dann im folgenden auch darum gehen entsprechend nachzuzeichnen, dass und wie hier im Rahmen eines solchen „Zusammenspiels" der Versuch unternommen wird, statt des gewissermaßen bisher gemeinsam geteilten „Steuerungsparadigmas" nunmehr eine gesellschaftlich stärker geöffnete „Governance-Perspektive" als vorrangig bzw. ausschließlich gültige Sichtweise für die Definition und Lösung von Modernisierungsproblemen eines „Public Sector Managements" zu etablieren.

Soweit es um die Re-Konstruktion entsprechender „sozialer Einbettungen" geht, geht es hier allerdings nicht nur darum (bei noch genauerer Bestimmung des epistemischen Ausgangspunktes) kritisch aufzuzeigen, dass und wie es im Sog entsprechender Entwicklungen zu dem bekannten (auch schon systemtheoretisch bedenklichen) „Autonomieverlust" bzw. zu einer zunehmenden „Finalisierung" des Wissenschaftsbetriebes kommt (bis hin zu den bekannten institutionellen Hybridisierungen im Sinne einer „post-academic science" oder dem „mode 2" der Wissensproduktion) (Gibbons et al. 1994). Ganz im Gegenteil soll der eigentliche Fokus eher darauf liegen deutlich zu machen, dass und wie sich damit zugleich Risiken breit machen, nur mehr stark „perspektivisch" geartetes, wenn nicht sogar „ideologisches" Wissen (faktisch also wiederum technisch wenig brauchbares Wissen) zu produzieren (Mannheim 1969, S. 244 ff.). In dieser Weise soll es also darum gehen, im Rahmen der übergeordneten „Dynamik" (des „Interplays" bzw. des „Zusammenspiels" von allgemeiner gesellschaftlicher Entwicklung und Wissenschaft) Diskurs- und Argumentationsformen aufzuzeigen, die dann zwar noch den akademischen Ritualen entsprechen können, dem Grunde nach aber eher vom „emphatisch-moralisch" Wünschbaren (oder dem „künstlich" aufgebauten „Schein" nach), denn vom „kognitiv" Machbaren her

auf die Begründung eines Pardigmenwechsels abstellen. Hier geht es also auch und gerade um Diskurs- und Argumentationsformen, die nicht schon umstandslos zu einer auch
„progressiven Problemverschiebung" (und somit auch zu einer „positiven Heuristik") in
der Erfassung und Lösung von Modernisierungsproblemen beitragen dürften (Lakatos
1974). Im folgenden wird dann auch im Rahmen einer wissenschaftskritischen Re-Konstruktion aufzuzeigen sein, dass und wie der angestrengte Paradigmenwechsel zugunsten
einer „Governance-Perspektive" – gemessen an der verbleibenden „Widerständigkeit" der
„outer world" – nicht schon zwangsläufig zur Vermittlung überlegener „Fähigkeiten zum
Handeln" (Francis Bacon) bzw. einer größeren Erfolg verbürgenden Gestaltungskraft führen muss. Ganz im Gegenteil wird hier aufzuzeigen sein, dass und wie hier im Rahmen
auferlegter Dynamiken mit der Initiierung von Paradigmenwechseln bzw. mit der Entwicklung veränderter Wissensangebote allein schon der Zweck verfolgt werden kann, die
damit verbundenen Chancen für eine erneute Anerkennung als gesellschaftlich relevante
„Produktivkraft" bzw. als einem gesellschaftlich erheblichen „knowledge entrepreneur" zu
nutzen. Um hier überhaupt die notwendigen Anhaltspunkte für eine entsprechend kritische Analyse managementerheblicher Wissensentwicklungen an die Hand zu bekommen,
ist dabei allerdings im Sinne faktisch zu unterstellender Verhältnisse bzw. normativ erheblicher Maßstäbe nun selbst schon davon auszugehen, dass es sich beim nachgefragten
Wissen in der Tat um auch objektiv notwendiges (problemlösungsrelevantes) Wissen handelt (die Nachfrage also nicht schon selbst wieder – dialektisch betrachtet – einen „ideologischen" Charakter hat) – und dass es dabei zudem um prinzipiell noch generierbares
oder erforschbares Wissen geht (also epistemisch noch Bestandteil des „Wissen-Könnens",
nicht jedoch schon des „Nicht-Wissen-Könnens" ist) (vgl. Grande 2008, S. 15; Böschen et
al. 2008, S. 196 ff.).

Da und insoweit es sich bei diesen Entwicklungen um quasi gesellschaftlich „eingelagerte" und sich demgemäß auch rekursiv verstetigende Prozesse bzw. Praktiken handelt,
ist wohl auch richtigerweise davon auszugehen, dass es bei einer „Heilung" entsprechender Verhältnisse (bei einem Versuch „to speak truth to power") nicht schon um beliebig
oder direkt herbeizuführende Harmonisierungen von Rationalitätsvorstellungen, sondern
bestenfalls um die Etablierung von Meta-Regeln der Kommunikation gehen kann (Mayntz
2009). Gemäß jüngeren wissenschaftspolitischen Überlegungen ist daher sicherlich auch
für unseren Fall zunächst zu erwägen, ob oder wie es mit der Strukturierung dieser „Interplays" im Sinne geordneter „Gestaltungsöffentlichkeiten" (als institutionell „geordnete
Diskurse") gelingen könnte, entsprechende Prozesse der Wissensentwicklung institutionell
gesteuert in gesellschaftlich geöffnete Prozesse der „Dauerreflexion" zu überführen – und
auf diesem Wege den sich aufspannenden Netzwerken von Wissensproduzenten jeweils
themen- bzw. problemgerecht zumindest allgemeine Regeln für ein angemessenes diskur-
sives Offenhalten bzw. Schließen von Argumentations – und Bewertungsmöglichkeiten
vorzugeben (Mayntz 2008, insb. S. 37; Böschen/Weis 2007, S. 170 ff.). Zum anderen wird
sich allerdings auch nur dann mit dem Aufbau solcher „geordneter Diskurse" zu irgend-
welchen Rationalitätssteigerungen kommen lassen, wenn es denn zugleich gelingt, sich
im Rahmen solcher Zusammenhänge – gerade über die erwartbaren unterschiedlichen
„epistemischen Kulturen" hinweg – auch wieder auf ein annähernd gemeinsam geteiltes
Verständnis von „Wahrheit" zu einigen – Wahrheit also zumindest im Sinne einer „re-

gulativen Idee" zur Leitlinie argumentativer Auseinandersetzungen zu machen (Giesen/ Schmid 1977, S. 124 ff.; Böschen et al. 2008, S. 197 ff.).

5.2 Konzeptuelle Aspekte einer Re-Konstruktion von Paradigmenentwicklungen

Unter Rückgriff auf einige jüngere sozialtheoretische und somit auch diffusions- und diskurstheoretische Verfeinerungen klassischer wissenschaftssoziologischer Betrachtungen geht es auch bei uns darum, mit einer gezielten Verknüpfung „externer" und „interner" Einflussgrößen den aktuellen Gang der managementerheblichen Wissensentwicklung als einen gesellschaftlich geprägten Prozess der Paradigmenentwicklung (oder als angestrebten Paradigmenwechsel) zu rekonstruieren. In entsprechender Weise richtet sich daher der Schwerpunkt unserer Konzeptualisierungen bzw. Schlüsselungen darauf deutlich werden zu lassen, dass und wie eine von uns näher begründete „Dynamik gesellschaftlich auferlegte Prozesse des diskursiven Aufbaus und der Verbindlichmachung von Schemata der Wirklichkeitserfassung und -gestaltung" zum eigentlichen Treiber der für uns erheblichen Wissensentwicklung wird. Wie es sich dem unten eingestellten Schaubild entnehmen lässt, gilt es dabei im Speziellen (also der „differentia specifica" nach) deutlich zu machen, dass und wie eine so konzipierte „Dynamik" nun auch und gerade zur Entwicklung stark perspektivischer oder gar ideologischer Formen der Wissensproduktion (im Sinne von „falschem Bewusstsein") führen kann.

In entsprechender Weise gehen wir für unsere Konzeptualisierung zunächst und vor allem davon aus, dass es sich auch in unserem Fall eines vorangetriebenen Paradigmenwechsels um einen in die allgemeinen gesellschaftlichen Zusammenhänge „eingebetteten" bzw. durch die Bedingungen der „gesellschaftlichen Reproduktion" vorgezeichneten Prozess der Wissensgenerierung handelt. Im Sinne erster allgemeiner Festlegungen gehen daher auch wir von der Überlegung aus, dass die historisch aktuell gegebenen Bedingungen einer „gesellschaftlichen Reproduktion" (namentlich von liberal-demokratischen Herrschaftssystemen mit ausdifferenziertem kapitalistischem Wirtschaftssystem) „Politik" und „Wissenschaft" dazu anhalten, auch ganz gezielt zu immer erneut herzustellenden „Adäquanzen" bzw. Passungen zwischen selbst nachgefragtem Wissen und einer wissenschaftsintern anzupassenden Erkenntnisproduktion zu kommen (zu der dabei konzeptuell unterschiedlich aufgemachten „Dynamik" vgl. Weingart 1976, S. 12 ff.). In dieser Weise gehen also auch wir zunächst – und zwar im Sinne eines „strukturell" erheblichen Gesichtspunktes – davon aus, dass ein quasi gesellschaftlich auferlegtes „Wechsel- oder Zusammenspiel" von steigendem politischen Bedarf nach „rationaler" Legitimierung (Herrschaft ideologisch verschleiert als Herrschaft vermittels bloßer „Naturbeherrschung" oder stylish auch nur als „evidence-based policies") und einem ebenso steigenden Zwang zur Produktion entsprechend brauchbarer und somit auch belohnenswerter Wissensbestände zu dem eigentlichen Treiber der uns interessierenden Wissensentwicklungen wird (Habermas 1968, S. 58 ff.). Soweit wir uns bei unseren Re-Konstruktionen auf ein solches „Wechsel- oder Zusammenspiel" beziehen, gilt es dann auch in unserem Fall den Umstand zu bedenken, dass es letztlich gerade die im Gegenzug zu den gewährten „scientistischen" Begründungen erhofften zusätzlichen Institutionalisierungs- und Reputationsgewinne (profan: gewährte Ressourcen) sind, die nun zu den bekannten, bereits säkularen Prozessen einer fortschreitenden „Finalisierung" bzw. Funktionalisierung von Wissenschaften führen – zu einer intern bewusst bzw. gezielt vorgenommenen Anpassung wissenschaftlicher Prozesse der Erkenntnisgewinnung an gesellschaftliche Zwecksetzungen und Verwertungszusammenhänge (also zur Bereitstellung des problemorientiert gewonnenen „usuable knowledge" als „Wissenstypus", vgl. dazu Böhme/van den Daele/Krohn 1973, S. 136; Kuhn 1977, S. 185 ff.; Kropp/Wagner 2008, S. 180 ff.). Mit dieser Art einer Re-Konstruktion gilt es dann auch für den uns interessierenden Fall des aktuellen Managementdiskurs deutlich zu machen, dass und in welcher Weise es sich auch bei diesem Fall eines angestrebten Paradigmenwechsels um einen Prozess handelt, in dem es den beteiligten „scientific communities" (also generell dem „Public Management") darum geht, sich mit dem Gewähren legitimatorisch brauchbarer – und dabei auch intellektuell-hegemonial verbindlich gemachter „Begründungen" als eine gesellschaftlich anerkannte „Produktivkraft" zu etablieren. Da und soweit sich eine Lehre vom Public Management schon allemal eher als eine „applied science" konstituiert (also auch als eine „Wissenschaft" mit vergleichsweise geringen Anteilen an „Grundlagenforschung"), kann schließlich wohl auch zu Recht davon ausgegangen werden, dass sich hier entsprechend identifizierbare Größen und Abläufe in besonderer Schärfe durchzusetzen vermögen.

Mit dieser Aufschlüsselung kann schon einmal aufgezeigt werden, wie mit diesem „Wechselspiel" von Gesellschaft und Wissenschaft die gewissermaßen „strukturell" wirksamen (also auch auf Dauer „kanalisierend" wirkenden) Zwänge dafür gesetzt werden, dass es bereits in allgemeiner Weise zu einer politisch-opportunen bzw. zweckorientierten Anpassung der Wissensentwicklung kommen kann. Wie es sich sodann an einem weiterführenden sozialtheoretischen „Fine-Tuning" dieser Abläufe zeigt, geht es bei den im Rahmen dieses „Zusammenspiels" angesprochenen Zwängen allerdings nicht schon um sich quasi mechanisch und entsprechend auch unbewusst bzw. stumm durchsetzende Anpassungserfordernisse (in voller Breite Vogel 2006, S. 81 ff.). Ganz im Gegenteil ist in diesem Zusammenhang davon auszugehen, dass hier das im Rahmen der allgemeinen gesellschaftlichen (sprich: wettbewerblichen oder gar kapitalorientierten) „Re-Produktion" dauerhaft bzw. notorisch knappe „Gut" einer gesellschaftlichen Anerkennung (oder wieder profan: der Zugang zu Ressourcen) die betroffenen „scientific communities" dazu anhalten, sich nun schon von sich aus – also auch bewusst und willentlich gezielt um passende Gelegenheiten („windows of opportunities") der Herstellung neuer „Adäquanzen" bzw. Passungen in der Wissensproduktion zu bemühen (vgl. Kuhn 1977, S. 186). Bei dieser Art einer Re-Konstruktion von Paradigmenentwicklungen wird es daher auch zwangsläufig zu einem springenden Punkt der Betrachtung werden, dass und wie hier das Ringen um das knappe Gut einer gesellschaftlichen Anerkennung die jeweils eingebundenen „scientific communities" (Fachdisziplinen und/oder Arbeitsschwerpunkte) dazu anhalten, gemäß jeweiligen Institutionalisierungsbedürfnissen nun auch in bewusster Konkurrenz bzw. hektisch aufgemachten Phasen einer „außergewöhnlichen Forschung" (also auch mit Mitteln des Verdrängungswettbewerbs bzw. with „guile" – oder mit „List und Tücke") zu einer Durchsetzung und Verbindlichmachung eigener Wissensproduktionen zu kommen (aus stärker diffusionstheoretischer bzw. auch operativer Perspektive wird hier auch vom

„enacting competitive wars" gesprochen (vgl. Rindova/Becerra/Contardo et al. 2004)). In entsprechender Weise wird daher auch im folgenden deutlich zu machen sein, wie hier insbesondere von verschiedenen politikwissenschaftlichen „camps" versucht wird, (bei Bedienung einschlägiger politischer Nachfragen) nun gerade mit der Durchsetzung einer „Governance-Perspektive" als allseits verbindliches Schema für die Definition bzw. Lösung von Modernisierungsproblemen sich wieder der notwendigen (also auch zwischenzeitlich eingebüßten) gesellschaftlichen „Wertschätzung" zu vergewissern (als entsprechend umfassend entwickeltes kognitives Substrat vgl. Benz et al. 2007). Gemäß dieser Sicht der Dinge wird es dann auch im Rahmen unser Re-Konstruktionen zu einem ausschlaggebenden Gesichtspunkt, dass eben erst je nach Art bzw. Ausmaß solcher Konkurrenzen unter den in Frage kommenden „scientific communities" (im Rahmen entdifferenzierter Strukturen der Wissensgesellschaft auch als Konkurrenz unter höchst unterschiedlich verfassten „Knowledge entrepreneurs" auf dem „knowledge market") darüber entschieden wird, in welcher Form nun auch situativ bzw. prozessbezogen ein angestrebter Paradigmenwechsel betrieben wird – mit welchen quasi rekursiv angewandten Regeln oder Praktiken zum Aufbau, zur Verbreitung und auch der Verbindlichmachung neuartiger „Begründungen" oder „Sichtweisen" geschritten wird.

Mit dieser Öffnung zugunsten einer prozessbezogenen und interaktiven Betrachtung wird es sodann zu einer zentralen Frage, auf welche sich situativ anbietenden sozialkommunikativ (rhetorisch) bzw. kognitiv-logisch erheblichen Diskurs- und Argumentationsfiguren (dabei also auch auf „Sprache" als ein sowohl gedanklich als auch handlungsmäßig zwingendes Mittel der bewussten Herstellung und Verbindlichmachung „sozialer Wirklichkeit", vgl. Phillips/Lawrence/Hardy 2004, insb. S. 638; klassisch Berger/Luckmann 1969, S. 36 ff.) zurückgegriffen wird, um nun auch sicherstellen zu können, dass sich die selbst erwogenen Anpassungen in Konkurrenz gegenüber alternativen Schemata anderer „knowledge entrepreneurs" als überlegene bzw. allein verbindliche Begründung bzw. Sichtweise in der Bedienung veränderter politischer Nachfragen durchsetzen lassen. Da die betroffenen „scientific communities" um das knappe Gut einer gesellschaftlichen Anerkennung zu konkurrieren haben (sie die sich durch einen Politikwechsel öffnenden „windows of opportunities" also auch für ihre Zwecke gezielt zu nutzen haben), kann hier auch nicht mehr umstandslos unterstellt werden, dass es bei entsprechenden Versuchen noch darum gehen könnte, die eigenen (vermeintlich überlegenen) Geltungsansprüche gewissermaßen im Rahmen eines rational angelegten Verständigungsversuches (pointiert gesagt: gleichsam nach den Diskursregeln einer „idealen Sprechsituation") verbindlich zu machen (so ursprünglich auch noch Habermas 1973, S. 255 ff.). Soweit hier Verdrängungsprozesse zum Tragen kommen (spieltheoretisch betrachtet, also auch sog. Nullsummen-Konflikte), ist daher insbesondere auch nicht damit zu rechnen, dass sich die eigene Überlegenheit allein schon mit Hilfe der rationalen Methodik des klassischen „Theorienvergleichs" nachweisen lassen könnte – sich also die Überlegenheit eigener Erklärungs- und Problemlösungsansätze gemäß einzuräumender Fallibilismusannahmen auch noch im Sinne erfolgreich abgewehrter Versuche einer systematischen „Falsifikation" demonstrieren ließe (vgl. Popper 1994, insb. S. 27).

Ganz im Gegenteil ist davon auszugehen, dass die hier einsetzenden Diskurse um die Leistungsfähigkeit unterschiedlicher Managementphilosophien schon vom Ansatz her strategisch und taktisch darauf angelegt sind, die „eigene Sicht der Dinge" als nurmehr einzig oder doch vorrangig gültige „Regeln" („Frames") für die Erfassung als auch Gestaltung von Modernisierungsproblemen – und in diesem Sinne unterschwellig auch als neue Form einer bewusstseinssteuernden „intellektuellen Hegemonie" durchzusetzen (Plehwe/Walpen/Neunhöffer 2006). Gerade im Zeichen der ansonsten schon zu unterstellenden Prozesse einer durchgängigen (teilweise auch selbst betriebenen) Finalisierung bzw. Anpassung des Wissenschaftsbetriebes ist daher damit zu rechnen, dass nunmehr auch mit einer bewussten Lockerungen erkenntnistheoretischer und wissenschaftslogischer Ansprüche (namentlich mit Übergängen von den verpönten „physikalistischen" Konzepten auf die stärker konsens- und/oder kommunikationstheoretisch begründeten „Wahrheitstheorien" von small t (truth) approaches bzw. auf postmoderne Ansätze einer „community-bezogenen" oder „diskursiven" Begründung (vgl. Kuhn 1977, S. 44; Miller/Fox 2001)) versucht wird, den Boden dafür vorzubereiten, dass sich wesentlich umstandsloser (also auch stärker kontruktivistisch-interpretativ und somit linguistisch bzw. semantisch variabler) zu einer zulässigen Produktion scheinbar „erfolgverbürgendem", dabei aber auch – den Zwecken nach politisch-opportunem Wissen kommen lässt. Im Ergebnis haben wir also bei der Re-Konstruktion des aktuellen Paradigmenstreits schon einmal zu bedenken, dass und wie es im Rahmen dieses „Interplays" (gleichsam im Sinne eines bald schon „libido-getriebenen Wettbewerbs" zwischen verschiedenen Paradigmen bzw. eines Zankes um das „paradise lost – and paradise regained" (Luhmann/Milton)) zu den ansonsten schon bedenklich erscheinenden strukturellen Autonomieverlusten bzw. Finalisierungen kommt – es dabei also auch und gerade für das „Public Management" als einer vorrangig „applied science" verstärkt zu einer strategisch bedeutsamen strengeren Anbindung von Erkenntnisprozessen an gesellschaftlich vorgegebene Zwecksetzungen kommt. Darüber hinaus ist allerdings ebenso zu bedenken, dass und wie nun diese Art der Wissensproduktion – und zwar im Schatten einer gleichzeitig durchschlagenden „kulturell-evolutionären" Relativierung von Erkenntnisprozessen bzw. einem zwangsläufig einzuräumenden „cultural turn" (Popper 1994, S. 127 ff.) – Gefahr läuft, sich nicht nur von einer irgendwie noch allgemein verbindlich anzusehenden „Idee der Wahrheit" („Wahrheit als regulative Idee") überhaupt zu verabschieden – sondern im selben Atemzug sich dem Risiko aussetzt, nur mehr stark „perspektivisches" Wissen („partikuläres" Wissen) – also allein vom Interesse her begründetes – und somit zunehmend „ideologisches" (umfassend Seiffert 1971, S. 59 ff.) und dann auch tendenziell nur mehr „dogmatisch" verbreiterungsfähiges Wissen zu generieren (im Sinne von „falschem" Bewusstsein) (Kappelhoff 2003, insb. S. 23).

Unter Berücksichtigung dieser Anpassungen des Wissenschaftsbetriebes haben also auch wir davon auszugehen, dass im Rahmen der aufgezeigten Dynamik der Diskurs um die Brauchbarkeit denkbar alternativer Managementkonzepte zunehmend den Charakter eines genuin „sozialen" oder gar „politischen" Prozesses annimmt – den Charakter eines fast schon zwanghaften Prozesses des Werte- und auch Einstellungswandels anzunehmen beginnt (oder banaler eines Prozesses: „to impose and legitimate a self-serving construction of meaning for others", vgl. Diefenbach 2007). Daher greifen wir hier schließlich auch noch auf einige diffusions- und diskurstheoretische Verfeinerungen zurück, um so dann auch (allerdings aus einer insgesamt nur gemäßigt „linguistisch-konstruktiven" Position heraus, vgl. Boje/Oswick/Ford 2004) aufzuzeigen, mit welchen verschiedenen symbolisch-kommunikativen (rhetorischen) als auch kognitiv-logischen Diskurs- und Argumentationsformen versucht wird, zu einer erneuten Herstellung legitimationssichernder und zugleich auch institutionalisierend wirkender Adäquanzen bzw. Passungen zu kommen – oder anders: eine politisch-opportune und zugleich auch intern reputationsfördernd wirkende Paradigmenentwicklung voranzutreiben. Im Sinne eines schrittweise zu rekonstruierenden bzw. überprüfungsrelevanten Zusammenhanges wird im folgenden daher auch im Einzelnen aufzuzeigen sein, mit Hilfe welcher Art an sprachlichen Handlungen (genauer: mit Hilfe welcher Kombination von moralischen bzw. pathetischen und kognitiv-logischen Begründungen) versucht wird, überhaupt Bereitschaften für eine Übernahme neuer managementerheblicher Wirklichkeitsbilder zu entfachen – dabei sodann auch veränderte gedanklich-konstruktive „Ordnungshilfen" (Paradigmen gleichsam als „Frames") für ein erneut sinn- und handlungsstiftendes Identifizieren als auch Lösen regelungsbedürftig anzusehender Gestaltungsprobleme vorzugeben – letztlich aber auch die Gewissheitsansprüche bzw. Verlässlichkeit entsprechend angenommener Veränderungsmöglichkeiten überzeugend zu begründen (Green 2004). Entsprechend unseren konzeptuell-theoretisch angeleiteten Verknüpfungen oder Spezifikationen geht es dabei im folgenden auch darum zu prüfen, ob oder inwieweit nun gerade die oben aufgezeigte Dynamik (insbesondere der von uns identifizierte Bedarf an Institutionalisierungsgewinnen) gewissermaßen zwangsläufig – und zwar im Sinne eines bewusst zu entwickelnden „strategischen Handelns" dazu anhält, bei der Begründung der „Vorzugswürdigkeit" bzw. „Überlegenheit" der je eigenen Wissensangebote weniger auf Aussagen zur „Sache" (zu den Konzeptionen), als vielmehr auf die Beeinflussung von „Bewusstseinszuständen" abzustellen – statt auf rationale Begründungen also eher auf die Wirksamkeit pathetischer bzw. moralisch-ethischer Appelle zu setzen. Hier wird es also zu einem zentralen Punkt, ob oder inwieweit gewissermaßen auch im Sinne eines strategischen Handelns versucht wird, die Übernahme von Wissen also bereits durch die empfundene „Wünschbarkeit" und nicht erst durch die Einsicht in eine überlegene Zweckmäßigkeit zu ermöglichen – sich bei der Vermittlung von bloß zu „glaubendem" Wissen dann allerdings auch umstandsloser an der politischen Nachfrage orientieren lässt – und die Entwicklung eines solchen Wissens über diese Schritte hinweg daher auch ihren stark perspektivischen und letztlich „ideologischen" Charakter (im Sinne der Vermittlung eines „falschen Bewusstseins") anzunehmen beginnt (wieder Seiffert 1971, S. 59 ff.; zu der hier hineinspielenden Spannung von Wissen und Nichtwissen vgl. Wehling 2006, S. 20 ff.).

Wie noch näher darzulegen, lässt sich mit Hilfe dieses diffusions- und diskurstheoretischen zugespitzten Untersuchungszusammenhanges sodann zusammenfassend betrachtet auch in der Tat recht gut erkennen, wie schon zu Anfang (ähnlich dem Lewinschen Konzept von Lernprozessen) zu Mitteln einer pathetisch-emotionalen Aufladung (zu einer emotionsgetriebenen Verunsicherung bzw. Aufmerksamkeitssteigerung) gegriffen wird, um so zunächst einmal das psycho-soziale „Terrain" für eine politisch-opportune „Problem- und Konzeptverschiebung" vorzubereiten; die dann durchgeführte Konzeptverschiebung kann zwar sicherlich den „Raum" (den „context of discovery") für die jetzt nachgefragte Thematisierung bzw. Signierung von Modernisierungsproblemen aus einer gesamtgesellschaftlich geöffneten Perspektive bereitstellen (und damit dann auch die „Bühne" öffnen für eine erneute Diskussion oder Re-Vitalisierung neo-wohlfahrtsstaatlicher Politikprogramme); der dabei sichtbar werdende bzw. behauptete kognitive „Überschussgehalt" entsprechender Verschiebungen (die reklamierte „Vernünftigkeit" bzw. „positive Heuristik") scheint allerdings nicht schon wieder auszureichen, um nun auch zwingend zur Ableitung entsprechend funktional notwendiger (erfolgverbürgender) Problemlösungsvorschläge (Modernisierungen des Staats- und Verwaltungsapparates) zu kommen, so dass dann letztlich – zum Zwecke einer weiteren nachhaltigen Diffusion – wiederum auf eher ethisch-moralische Rechtfertigungen bzw. Begründungen abzustellen versucht wird. Soweit hier eben – im Rahmen des insgesamt unterstellten „Interplays" – auf ein entsprechendes diffusions- bzw. diskurstheoretisches Analyseschemata abgestellt wird, kann dann bei entsprechenden Re-Konstruktionen des aktuellen Managementdiskurses auch schon deutlich gemacht werden, dass und wie es bei der Verbreitung bzw. Verbindlichmachung einer veränderten Sichtweise des Managements eben weniger stark um eine Ansprache des „logos", als vielmehr um einen intensivierten Gebrauch von „pathos" und „ethos" geht.

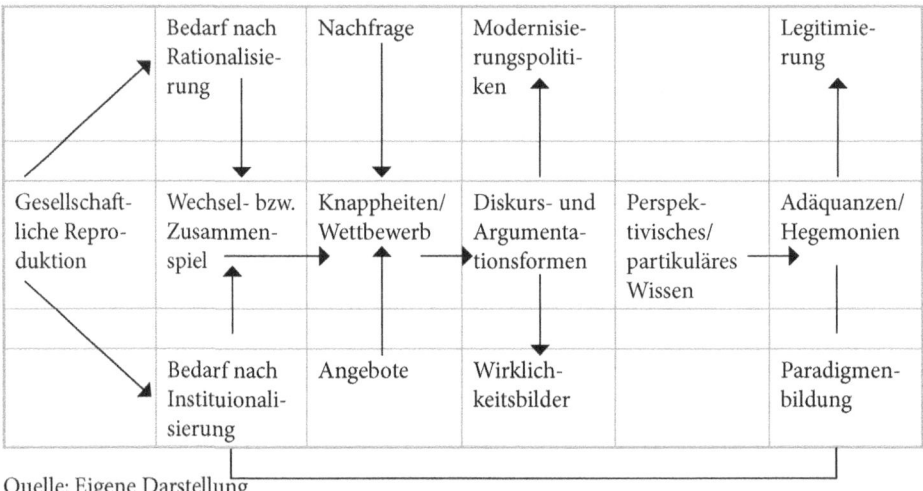

Quelle: Eigene Darstellung

Abb. 5.1: Größen der Analyse und Bewertung managementerheblicher Wissensentwicklungen

Soweit entsprechende Begründungen zum Tragen kommen, muss es von vornherein zu einem zentralen Punkt metatheoretischer Auseinandersetzungen werden, ob oder inwieweit sich mit dem hier anempfohlenen Konzept des Managementwandels überhaupt eine überlegene erfolgverbürgende „Gestaltungs- und Interventionskraft" für Design und Implementation von Leistungsprozessen zur Verfügung stellen lässt. Gerade im Zusammenhang mit dem Design von (pragmatisch oder interventionsorientiert angelegten) Managementkonzeptionen geht es immer wieder um die Frage, ob oder inwieweit solche Konzepte aufgrund eigener epistemischer bzw. ontologischer Vorentscheidungen überhaupt über ein „inneres Handwerkszeug" verfügen, mit dem sich nun auch in verbesserter Weise zu einer Überbrückung der für „Steuerungsprozesse" insgesamt so kritischen „Theorie und Empirie-" bzw. „Theorie und Praxis-Differenzen" kommen lässt (grundsätzlich zu diesen erkenntnistheoretischen zentralen Differenzproblemen vgl. Neidhardt et al. 2008, S. 23 ff.) . Bekanntlich spitzt sich die Diskussion auf die Frage zu, ob oder inwieweit sich nun gerade mit der hier anempfohlenen Methodologie eines „handlungsrationalen" Vorgehens (und somit auch mit einer noch im Diskurs selbst herzustellenden Einigung auf Geltungsgründe) gelingen kann, mit höheren Wirkungsgraden zu einer Überwindung des ansonsten so sperrig wirkende Hiatus von „Theorie" und „Praxis" zu kommen (gemessen an der verbleibenden „objectivity" bzw. „resilience" der „outer world", vgl. Hollis 1994, S. 257). Soweit sich hier allerdings nicht schon per se (oder gar empirisch) eine höhere Gestaltungskraft für dieses „handlungsrationale Vorgehen" (letztlich für ein zeitliches, örtliches und soziales „Überspringen" des gegebenen Hiatus!) reklamieren lassen sollte, wird sich der Perspektivenwandel nun auch zwangsläufig nicht schon durch einen höheren Rationalitätsanspruch, sondern bestenfalls mit Hilfe der selbst eingeführten normativen bzw. moralischen Pragmatik – und insoweit letztlich wieder nur ideologisch begründen lassen.

5.3 Diskurs- und Argumentationsformen eines angestrebten Paradigmenwechsels im Management öffentlicher Verwaltungen

Entsprechend diesen Vorüberlegungen wollen wir im folgenden aufzeigen, dass und wie dieses auferlegte, teilweise aber auch selbst gestaltete Zusammenspiel Politik und Wissenschaft dazu anhält, zu beidseitigem Nutzen zu einer immer wieder erneut notwendigen Herstellung von „Adäquanzen" zu kommen. Gemäß weiterhin gegebener Verfeinerung gilt es in diesem Zusammenhang sodann insbesondere deutlich zu machen, dass und wie entsprechend ausgelöste bzw. eingebettete Prozesse der Wissens- und/oder Paradigmenentwicklung bei gegebenen Konkurrenzen auf dem „knowledge market" zwangsläufig den Charakter bzw. die Dynamik „sozialer" Prozesse des Einstellungs- und Bewusstseinswandels annehmen. Unter methodischen Gesichtspunkten ist daher auch in diesem Zusammenhang im Einzelnen zu rekonstruieren, auf welche verschiedenen Kombinationen von gleichermaßen kognitiv als auch sozial wirksamen Diskurs- und Argumentationsfiguren (mit Sprache bzw. Rhetorik als Medien des bewussten Aufbaus und der Verbreitung von als unverbrüchlich gültig erscheinenden und insofern auch als fraglos handlungsleitend empfundenen Deutungen sozialer Phänomene) zurückgegriffen wird, um dann eben so die eigene „Sicht der Dinge" auch gegenüber rivalisierenden Angeboten als die jeweils allein passenden und dabei auch erfolgverbürgenden Leitbilder für die Erfassung und auch Lösung aktueller Modernisierungsprobleme des Managements begründen zu können. Im Sinne einer kritischen Rekonstruktion kann mit einem solchen Vorgehen zum einen deutlich gemacht werden, dass die hier identifizierbaren Diskurs- und Argumentationsfiguren (dabei ein speziell sequenzhaft angelegter Gebrauch „pathetischer", „logischer" als auch „ethisch-moralischer" Formen der Vermittlung von Begründungen, vgl. Green 2004) sicherlich gut dafür geeignet sind, die jeweils lancierten Wissensangebote (das ontologisch unterstellte „taken-for-granted") nun immerhin im Sinne eines „sozial erwünschbaren Wissens" (oder aus anderer Sicht: als legitimatorisch passendes Wissen) zu begründen. Zum anderen ist allerdings gerade an diesen Begründungen schon selbst zu erkennen, dass es damit möglicherweise nur dem wahrgenommenen „An-Schein" nach um die Vermittlung erfolgverbürgenden Wissens geht, die Übernahme oder Verbreitung also nicht

schon (einer „efficiency-choice-perspective" entsprechend) aus Einsicht in die selbst er-
fahrene Zweckmäßigkeit erfolgen muss – es also nicht schon zu einem „real learning"
im Sinne der Anwendung eines sachlich verändernd wirkenden Problemlösungsansatzes
kommt, sondern bestenfalls zu einer subjektiv als erheblich oder zwingend empfundenen
Lernerfahrung, also zu einem „superstitious learning" (vgl. Abrahamson/Fairchild 1999,
S. 714 ff.). Anders gesagt, kann damit wieder Tür und Tor dafür geöffnet werden, dass
nur mehr „interessengeleitetes" – und insoweit wiederum nur stark „perspektivisches" und
letztlich „ideologisches" Wissen lanciert wird (hier die umfassen angelegte wissenschaftshistorische Diskussion Maasen 2009).

5.3.1   Verändertes Zusammenspiel von Politik und Wissenschaft: Institutionalisierungsgewinne als Treiber von Paradigmenkonkurrenzen

Mit der Anwendung unserer Vorüberlegungen lässt sich sodann auch recht gut aufzeigen,
dass und wie hier ein sich veränderndes Zusammenspiel zwischen Politik und Wissenschaft – also eine quasi beidseitig einsetzende Suche nach einer erneut passenden „Adäquanz" zwischen nachgesuchten und daraufhin angebotenen legitimationsförderlichen
Wissensbeständen – und darüber dann selbst vermittelt – die wahrgenommenen Gelegenheiten (das „window of opportunity") zur Erzielung zusätzlicher Institutionalisierungs-
und/oder Reputationsgewinne – zu den eigentlich auslösenden Momenten eines kompetitiv angelegten Paradigmenstreits bzw. Managementdiskurses werden.

Wie mit den allgemeinen Überlegungen ausgeführt, geht es hier daher schon einmal
um den allgemeinen Umstand, dass sich gegen Ende der „Amtszeit" der (zweiten) Großen
Koalition aufgrund einiger grundlegender Änderungen in der „politischen Großwetterlage" (insbesondere angesichts einer im Zuge des Finanzmarktkrisenmanagements erneut
ausbrechenden Debatte um Verteilungsgerechtigkeit) in einigen Teilen des politischen
„Establishments" in zunehmend stärker werdender Weise das Bedürfnis nach einem „Politikwechsel" – und somit auch der Wunsch nach erneut politisch-opportun angepassten
Formen einer „scientistischen" (wissenschaftlichen) Legitimierung (und/oder Popularisierung) einstellt. Bekanntlich hält hier dann auch das zunehmend als bedrängend empfundene Risiko eines Macht- und Popularitätsverlustes gerade das „linke Lager" der Großen
Koalition dazu (inklusive die entsprechend verknüpften Gewerkschaften) an, sich auch in
zunehmender Schärfe von der bis dato zumindest stillschweigend geteilten Philosophie
(der „intellektuell wirksamen Hegemonie") einer – zumindest aufs Ganze gesehen – quasi liberal- bzw. wettbewerblich orientierten „Modernisierung" oder „Re-Invention" von
Staat und Gesellschaft loszusagen – und sich Zug um Zug (bei allerdings vorerst noch
diffus bleibenden Absetzbewegungen vom Konzept des „Aktivierenden Staates") für eine
Re-Vitalisierung „(neo-)wohlfahrtsstaatlicher" Designs von Staatsstrukturen und Politikprogrammen einzusetzen. Soweit in diesem Zusammenhang aus machtpolitischen Gesichtspunkten versucht wird, das Management von Staat und Verwaltung nun auch wieder
stärker auf die Lösung der „klassischen sozialen Frage" (in diesem Fall also die Versöh-
nung von „Kapital" und „Arbeit" durch „Um- und Gleichverteilung" der gesellschaftlichen

Wohlfahrt) zu beziehen, bedarf dies nun zwangsläufig auch wieder politisch-opportun angepasster – und dabei auch öffentlichkeitswirksam popularisierbarer „Begründungen" (als besonders treibend wirken hier bekanntlich die programmatischen Absetzbewegungen zwischen der Sozialdemokratie und der „Linken", vgl. Clement/Merz 2010, insb. S. 75 sowie Wagenknecht 2011, insb. S. 130). Da und insoweit wir es hier also mit einem erneuten Zyklus des „Wechsel- oder Zusammenspiels" von Politik und Wissenschaft zu tun bekommen, ist ja auch nur erwartungsgemäß, dass eine sich entsprechend verändernde Nachfrage – wie erwogen – nun auch von den potenziell betroffenen Fachdisziplinen (allerdings auch von den Akteuren der „post-academic science" oder dem „Modus 2" der Wissensproduktion – im Klartext: von den parteipolitischen Stiftungen) als willkommene Gelegenheit (als „window of opportunity") aufgesucht wird, um nun durch Anpassung der eigenen Wissensangebote das für sich immer knappe Gut der gesellschaftlichen Anerkennung mehren zu können – also zu weiteren Institutionalisierungs- und Ressourcengewinnen zu kommen.

Anhand entsprechender Re-Konstruktionen ist daher zunnächst und vor allem wieder zu erkennen, dass und wie hier in vollem Umfang die bekannte Dynamik der erneuten Herstellung von „Adäquanzen" – das volle „Wechsel- bzw. Zusammenspiel" von veränderter politischer Nachfrage nach legitimationsförderlichen Wissensbeständen und einer daraufhin angepassten institutionalisierungsförderlichen akademischen Erkenntnisproduktion zum konstitutiven Faktor der Wissensentwicklung wird. Im Rahmen dieses Wechselspiels kommt es daher zu einer Paradigmenkonkurrenz (genauer: den „langen Linien" nach zu einem seit langem angelegten, jetzt aber wieder manifest werdenden Paradigmenstreit), bei dem dann auch von der einen Seite der Protagonisten (den Akteuren einer politikwissenschaftlich betriebenen Verwaltungswissenschaft) der Versuch gestartet wird, gewissermaßen auch im Sinne eines „Nullsummen-Spiels" zu einer „Repatriierung" eines einst als gesichert geglaubten, zwischenzeitlich aber verloren gegangenen „Erkenntnisobjektes" (eines „paradise lost and now regained"!) zu kommen (historisch vgl. Blanke/Jürgens/Kastendiek 1975). In Konkurrenz zu einer sich bis dato primär betriebswirtschaftlich bzw. institutionen-ökonomisch aufbauenden Public Management Lehre geht es jetzt verstärkt darum, die herkömmliche „Planungs- und Steuerungstheorie" durch eine gesellschaftlich geöffnete „Governance-Perspektive" zu ersetzen – den Fokus dann entsprechend von einer vermeintlich bloß „ökonomischen Rationalisierung" des internen Managements auf die Analyse staatlichen Handelns in gesellschaftsweit auszulegende „Stakeholder-Netzwerke" zu verschieben – und damit schließlich auch in Abkehr von einer „zu optimierenden Steuerbarkeit" das eigentliche Erkenntnisinteresse wieder auf die Möglichkeiten eines gesamtgesellschaftlichen „Macht- und Interessenausgleiches" auszurichten. Selbst wenn dabei durchaus unterschiedliche Strömungen virulent bleiben, kann die hier durchschlagende „politische Nachfrage" dazu führen, dass jetzt auch noch mit einigen gezielten Verfeinerungen (etwa mit „Labour Process Analysis"-Argumenten oder arbeits-politischen Thematisierungen) dafür zu sorgen versucht wird, dass sich die zunächst recht unbestimmte Governance-Perspektive nun auch aus sich selbst heraus in zunehmend schlüssiger Weise zu einem konzeptuellen Vehikel für eine staats- und ordnungspolitisch angeleitete Debatte um eine „Um- oder gar Gleichverteilung" des gesellschaftlichen Reichtums machen lässt. (generell resümierend hierzu Budäus 2006, S. 179).

Entsprechend der hier gegebenen „sozialen Einbettung" ist nun nicht schon damit zu rechnen, dass dieser Paradigmenstreit zu einem quasi evolutionär angelegten (vorrangig kognitiv getriebenen) Prozess der systematischen Erkenntniserweiterung wird – also zu einem Versuch, die Überlegenheit der Perspektiven im Wege eines methodisch angeleiteten Theorienvergleichs zu ermitteln. Ganz im Gegenteil wird sich hier anhand einer Analyse einschlägiger Diskurs- und Argumentationsfiguren aufzeigen lassen, dass und wie die „Geschicklichkeiten" in der Initiierung und auch Steuerung sozial bedeutsamer Prozesse der „Vergemeinschaftung" (des „community-buildings") und der „Verbindlichmachung" eigener Sichtweisen über den Erfolg einer sozialen als auch kognitiven „Besetzung" der Modernisierungsproblematik entscheidet.

5.3.2   Pathetische Mobilisierungen von Wechselbereitschaften

Soweit hier die zum beidseitigen Vorteil bewusst herzustellenden „Adäquanzen" zur eigentlichen Triebkraft einer Paradigmenentwicklung werden, ist daher auch nicht überraschend, dass es bereits in der Phase der Initiierung zur Anwendung entsprechend funktional angepasster bzw. wirksamer Diskursformen bzw. Argumentationsfiguren kommt.

Soweit hier – wie unterstellt – die Dynamiken eines intensivierten „Interplays" zwischen externen politischen Abläufen und (reflexiven) internen Anpassungen der „scientific communites" auf die Wahl und Anwendung von Diskursformen bzw. Argumentationsfiguren durchzuschlagen beginnen, ist nämlich in gut angepasster Weise auch schon für diese erste Phase eines Paradigmenstreits zu erkennen, dass und wie entsprechende Initialzündungen nun nicht schon aus der „Logik" eines Theorienvergleichs bzw. einer systematischen und/oder kumulativen Erkenntniserweiterungen heraus erfolgen. Ganz im Gegenteil ist hier für eine erste Phase des Paradigmenstreits zu erkennen, wie die Initiierung gewissermaßen aus dem „Pathos" – und somit auch aus den „Emotionen" eines strategisch angelegten bzw. gezielt inszenierten „moralischen Widerspruchs" gegenüber den bis dato gemeinsam geteilten (also auch rekursiv bestätigten) „Selbstverständlichkeiten" (dem ontologischen „taken-for-granted") in der Bearbeitung managementerheblicher Modernisierungsprobleme – eben der unbefragten Anwendung des „Steuerungsparadigmas" erfolgt. Entsprechend den sich zunehmend dringlicher stellenden „externen" Nachfragen bzw. sich beschleunigt öffnenden „opportunity structures" (Klartext: dem Aufkommen von Wahlen bzw. sich verändernden „Positionieren" parteipolitischer Stiftungen) ist daher auch gar nicht damit zu rechnen, dass erste auftretende „Anomalien" in der Anwendung des „Steuerungsparadigmas" selbst (an sich das übliche Auftreten von Implementationsschwierigkeiten im Rahmen tiefgreifender Wandlungsprozesse) zum Anlass werden könnten, um nun im Wege des bekannten gemeinsamen „Rätsellösens" bzw. des Aufbaus eines „Schutzgürtels" von „Hilfstheorien" (vgl. Lakatos 1974) zu einer verbesserten Problemlösungskraft zu kommen (obschon es gerade in dieser Hinsicht vom Autor selbst den Versuch gibt, die aktuellen Bemühungen um ein „Management Change" nun auch konzeptionell angemessen mit der (evolutionstheoretischen) Interpretation als einen „sich selbst organisierenden bzw. sich verstetigenden Lern- und Entwicklungsprozess" wieder ins Lot zu bringen, vgl. Koch 2010, S. 13 ff.).

Da hier eben (auch vermittelt über personalpolitische Anpassungen im institutionellen „Modus 2" der Wissensproduktion) auf sich beschleunigend öffnende „windows of opportunity" zu reagieren ist, kommt es konsequenterweise auch zu keinen weiteren systematischen Versuchen, der ursprünglich verfolgten Modernisierungsperspektive mit entsprechenden Ausbauaktivitäten zu einer fortschreitenden Anhebung der Problemlösungskraft zu verhelfen. Im Unterschied zur internationalen Entwicklung fehlt es bemerkenswerterweise hier schon einmal an ernsthaften Versuchen, die im Systemansatz ja schon selbst – also immanent gegebenen Gestaltungspotentiale (den bis dato quasi ungenutzten präskriptiven „Überschussgehalt" des Steuerungspararadigmas) zu nutzen, um so zu weiteren leistungssteigernd wirkenden Modellierungen der einmal begonnenen Managementmodernisierung zu kommen (vgl hier Boyne et al. 2003; Koch 2004). Trotz verschiedenster kleinteiliger Verfeinerungen in der Praxis selbst geht es in dem hier aufkommenden Diskurs also nicht schon – gemäß der grundlegenden Gestaltungsmaxime designtheoretisch fundierter Systemansätze des Managements (also auch eines NSM) – darum zu prüfen, wie sich nun allein schon mit dem Design verstärkt strategisch gesteuerter sowie leitbildgerecht bzw. modellkonsistent voranzutreibender interner Komplettierungen zu einer leistungssteigernden Verstetigung des einmal begonnenen Managementwandels kommen ließe (Koch 2004a). Wie an anderer Stelle gezeigt, wäre er hier ein Einfaches, mit diesem Mittel einer entsprechend konzeptuell strategischen Vorgehensweise aufzuzeigen, wie sich nun mit einem jeweils leitbild- bzw. modellgerechten Auf- und Ausbau weiterer Managementfunktionen (neben den vertragstheoretischen Regelungen nun auch für das Organisations-, das Personalwesen und/oder das Rechnungswesen) zu den zusätzlich – also auch über-additiv leistungssteigernd wirkenden Effekten eines begonnen Managementwandels kommen lässt.

Darüber hinaus gibt es im Rahmen dieses Diskurses auch keinen weiteren Versuch, allein schon mit einer sukzessiven Öffnung der konzeptuellen Prämissen (insbesondere mit der Öffnung des anfänglich ja auch zu recht kritisierten „geschlossenen Systemcharakters" bisheriger Designentwicklungen – also auch der bis dato enggeführten praktischen Ausgestaltungen des NSM selbst) der bisherigen Modernisierungsperspektive zu einer verbesserten Anwendungsreichweite – und so zu einer fortschreitenden Anhebung der Analyse – als auch Problemlösungskraft zu verhelfen (vgl. hierzu Christensen/Laegried 2002). So fehlt es hier also auch schon an Bemühungen, nun mit theoretisch konsistenten Öffnungen zugunsten von weiter gefasster „System-Umwelt-Betrachtungen" und/oder evolutionstheoretisch begründeter „Zeit-Ablauf-Perspektiven" dafür zu sorgen, dass sich aufkommende Implementationsdefizite bzw. ein sog. Praxisversagen (so eben der Politikeinfluss als auch Probleme der Mitarbeitermotivation) nun auch aus der Sicht einer steuerungstheoretischen Argumentation der Sache nach angemessen modellieren und zum Gegenstand praktisch wirksamer Regelungen machen lassen könnten. Da es theoriepolitisch von Anfang an – dem bekannten Motto nach – nur um einen „Abschied von der Binnenmodernisierung" (also einer exante pejorativ besetzten „systemischen" Rationalisierung der Leistungserstellung) geht, ist daher auch – im Unterschied zu den angelsächsischen NPM „Core user countries" – nie ernsthaft versucht worden, dem hergebrachten Ansatz einer Managementmodernisierung (und somit zu gewissen Graden auch dem NSM) mit einer entsprechend einfachen konzeptuellen Transponierung von einem „Management

Design"-Ansatz in den eines „Management Change"-Ansatzes zu einer verbesserten Umweltangepasstheit und insoweit zu einer systematisch verbesserten Problemlösungskraft zu verhelfen (mit nochmals angepassten Zielsetzungen und Instrumenten, vgl. Dror 2002, insb. S. 63 ff.).

Ganz im Gegenteil kommen hier im Rahmen der sich zuspitzenden Dynamiken Diskursformen bzw. Argumentationsfiguren zum Zuge, mit denen es gelingen kann, allein schon mit der Anwendung einer hochgradig „perspektivischen" bzw. „partikulären" Sichtweise (oder anders betrachtet, mit der Anwendung bloß nominalistisch gebildeter „catch-all-" bzw. „Omnibus-Begriffe") zu einer folgenschweren Etikettierung aller bisherigen Ansätze einer Modernisierung von Staat und Verwaltung (insbesondere des NSM) als „ökonomistische" Ansätze zu kommen (Czerwick 2007). Denn soweit es sich bei dieser Klassifikation um eine bloß kategorial-gedanklich getriebene Etikettierung handelt (man sich hier dem Grunde also auch nicht schon um eine Identifizierung oder Anwendung empirisch gehaltvoller Abstufung unterschiedlich denkbarer Erscheinungsformen, wie etwa von „Markt", Wettbewerb" und „Leistungsorientierung" bemüht), kann es daher mit einem solch pauschalierenden Vorgehen gelingen, die jetzt auftretenden „Anomalien" (die von dem bisherigen Ansatz scheinbar nicht zu erfassenden bzw. gar selbst provozierten Implementationsdefizite, wie etwa die behauptete unzureichende Mitarbeitermotivation) nun auch und gerade unter gleichzeitigem Ausspielen landläufig scheinbar weit verbreiteter negativer „Voraus-Urteile" unversehens als Folge der Anwendung von „false theory" zu denunzieren. Indem es mit diesen Etikettierungen gewissermaßen in gezielter Weise (gleichsam der Anwendung der Regeln einer „klassischen Konditionierung" gleich) zu einer Koppelung mit quasi unverbrüchlich geltenden „Alltagsweisheiten" (diskursmäßig also zum Einsatz sog. endoxa bzw. populärer Vorbehalte gegenüber „ökonomischen Rationalisierungen"!) kommt, kann man sich hier der Möglichkeit bedienen, nun allein schon mit dem Mittel einer „pathetischen" Mobilisierung (also mit der Entfachung vorausliegend gegebener stark negativer Gefühlslagen) zur Diskreditierung des bis dato dominanten „Steuerungsparadigmas" zu kommen (konzeptuell vgl. Green 2004).

Mit der Anwendung einer entsprechenden Argumentation kann es also so erscheinen, als ob es sich beim bisherigen Gang der Modernisierung schon von Anfang an um einen quasi ontologisch fehlgangepassten und insoweit auch epistemisch unzulässigen Versuch der Anwendung (artfremder) „ökonomistischer" Steuerungsansätze für eine Regelung „öffentlicher Belange" – für eine Regelung des „bonnum commune" handelt. Im Rahmen dieses Diskurses wird dann zwar mit Hilfe dramatisch in Szene gesetzter Evaluationen immerhin noch der Versuch gemacht, bei gewisser Befolgung tradierter Regeln des Wissenschaftsbetriebes die einmal ins Spiel gebrachten „Denunziationen" nun auch in empirisch-analytischer Weise zu begründen – also auch den einmal zugeschriebenen „ökonomistischen" Charakter als tatsächlichen Verursacher versucht kenntlich zu machen (vgl. Bogumil et al. 2007, S. 63 ff). Zum anderen ist der jetzt sichtbar werdende akute „Finalisierungsschub" bzw. die interne Anpassung des Wissenschaftsbetriebes objektiv betrachtet wohl doch schon so weit gediehen (hier geht ja das böse Wort von der „Auftragsforschung" um – oder die selbstdekuvrierende Rede, dass man zwar „Geld" nehmen, dabei aber auf der Unabhängigkeit der eigenen Urteilsbildung weiterhin beharren würde!), dass es diesen Umständen entsprechend nicht mehr gelingt, diesen Nachweis nun auch in methodisch überzeugender Weise zu erbringen. Da die hier ins Feld geführten sog. „zusammengesetzten Erklärungen" – also die bloß gedanklichen – dabei aber als kausal suggerierten Verknüpfungen methodisch unterschiedlich entwickelter Untersuchungsergebnisse (vgl. zu einer Diskussion entsprechend allgemein erheblicher Probleme von makro-sozialen Analysen Mayntz 2002) methodologisch zwangsläufig nicht überzeugen können, ist dann auch gar nicht zu verhindern, dass diese Art der Beweisführung bzw. Erklärung doch eher den Charakter einer hoch selektiven „scientistischen" Ex-post-Rationalisierung annimmt – im Gesamtzusammenhang betrachtet, auch eher den Charakter der „Bedienung" einer bereits vorgängig getroffenen Entscheidung zugunsten eines Politikwechsels im Modernisierungsbereich.

Wie es ansonsten im Sog der übergreifenden „Interplays" (genauer: im Rahmen von Finalisierungsprozessen) nicht gerade untypisch ist, zeigt sich dann auch in diesem Fall der Initiierung eines Paradigmenwechsels recht deutlich, dass die eher normativen Aspekte – und damit auch wiederum die eher symbolisch-kommunikativen (statt der kognitiv-logischen) Funktionen ein deutliches Übergewicht in der Diskursführung erzielen. Wie es sich auch mit zunehmender Deutlichkeit an dem sich schrittweise aufbauenden Argumentationszusammenhang zeigt, halten hier ja die „Gesetzmäßigkeiten" des übergreifenden „Interplays" zwar zunächst auch noch dazu an, für den strategisch bzw. gezielt herbeizuführenden Aufbau neuer „Adäquanzen" (für den geplanten Paradigmenwechsel) nun auch zumindest dem Schein nach – und somit auch zumindest mit Hilfe der Signalwirkung des akademischen Rituals von Evaluationen – eine gewissermaßen unumstößlich „vernunftbezogene" (rationale) Begründung zu verleihen – hier also dem eigenen Anspruch nach auch mit Hilfe (empirisch gehaltvoller bzw. intersubjektiv gültiger) „Seins-Aussagen" den Bedarf nach einem Paradigmenwechsel zu begründen (wenngleich auch solche Versuche, das „Scheitern" von NSM zu begründen, zu normativ gesteuerten „self-fulfilling prophecies" werden können – wenn eben die „Ergiebigkeit" bisheriger Modernisierungen an von vornherein überzogenen Maßstäben, wie etwa jenen einer erhofften umfassenden „Haushaltskonsolidierung", bemessen wird! Vgl. hierzu Holtkamp 2008). Dem Grunde nach geht es bei dem sich hier aufspannenden Argumentationszusammenhang (und zwar bei einem entsprechend recht sorglosen Aufeinanderbeziehen von Fakten und Bewertungen bzw. der Ableitung von Sollens-Aussagen aus Seins-Aussagen) allerdings eher um den Versuch, allein schon mit der Ansprache eines weit verbreiteten (also auch stark verallgemeinerungsfähigen) Werturteils (dem „Ökonomismus"-Verdikt) – und damit auch bereits mit entsprechend spontan einspringenden ablehnenden bzw. zustimmenden „Empfindungen" den Boden für den notwendigen Paradigmenwechsel zu bereiten. Im Zweifelsfall ist es also der Umstand entsprechend entfachter „Empfindungen" (und nicht schon ein in vergleichenden Untersuchungen ermittelter und zudem kognitiv begründeter überlegener Problemlösungsgehalt), der jetzt bewusstseinsmäßig in einem Zug zunächst zu einer Diskreditierung bisheriger Selbstverständlichkeiten in der Erkenntnisproduktion führt, darüber hinaus aber mit seiner emotional bedeutsamen „Verunsicherung" bzw. gar mit einer entsprechend ausgelösten „Versagensschuld" (schon recht früh ist hier ja in anklagender Weise die Rede von der „Naivität" eines Konzepttransfers vom privaten auf den öffentlichen Sektor vgl. Reichard/Röber 2001) auch schon zum (hinreichenden) Beweggrund werden kann, um nun die Legitimität einer exklusiv gesellschaftlichen (letztlich dabei interessenpolitisch motivierten) Betrachtung von Modernisierungsproblematiken als gegeben anzuerkennen.

In diesem Argumentationszusammenhang sind es also letztlich die (methodologisch unzulässigen) mehrfachen unkontrollierten Übergänge von „Seins-" zu „Sollens-Aussagen" (der zumindest suggerierte Zusammenhang: da (zugeschriebener) Ökonomismus nicht zulässig bzw. nicht funktionieren kann, deswegen Governance größere Angemessenheit!), die es dann erlauben (sollen), dass sich im Rahmen übergreifender Konkurrenzen quasi umstandslos nicht nur politische Ansprüche nach „scientistischer" Rationalisierung bedienen lassen, sondern zugleich auch die Vorrangigkeit (die Begründetheit) einer gesellschaftspolitischen Bearbeitung von Modernisierungsproblematiken anmelden lässt (was dann wie zufällig selbst wiederum den Kern eines stets institutionalisierungsbedürftigen Arbeitsgebietes der Politikwissenschaft ausmacht!).

5.3.3 Kognitiv-logische Ausbauaktivitäten bzw. Vermittlung von Einsicht in die Zweckmäßigkeit

Den verschiedenen Aspekten eines Prozesses der Paradigmenentwicklung nach geht es hier allerdings neben Fragen einer pathetischen (also „arousal" vermittelten) Mobilisierung von Akzeptanzbereitschaften bzw. der Entfachung von Änderungsbereitschaften auch um den Gesichtspunkt, ob oder inwieweit es im Rahmen gegebener Konkurrenzen gelingt (gelingen kann!), nun auch mit der kognitiv-logischen Aufzäumung – und entsprechend mit der Ansprache des „logos" (also mit der gedanklich vorvollzogenen Einsicht in die Zweckmäßigkeit) zur Etablierung eines Paradigmenwechsels beizutragen. Stärker operationalisiert gesagt, geht es also um die Fragen, ob oder inwieweit die Forderungen nach einem veränderten Leitbild der Erfassung und Lösung von Modernisierungsproblematiken erkenntnismäßig zu dem bekannten „Auswerfen neuer Netze", zum Einstellen „neuer Scheinwerfer", zu einer (wahrnehmungspsychologisch relevanten) neuartigen Variation erkenntnisfördernder „Figur und Grund-Verhältnissen" führen kann (Popper 1994a, S. 353). In der Summe kommt es hier also darauf an, ob sich der eingeforderte Paradigmenwechsel durch den behaupteten empirischen, aber auch pragmatischen Erkenntnisüberschuss (durch eine „positive Heuristik") auszuzeichnen vermag (vgl. Lakatos 1974).

Soweit es hier um eine entsprechende Re-Konstruktion des kognitiv-logischen Aufbaus von Argumentationzusammenhängen geht, ist dann zwar nicht zu leugnen, dass es auch in diesem Fall einer kompetitiv angelegten Paradigmenentwicklung zu einer bereits recht früh aufziehenden Phase einer „außergewöhnlichen Forschung" – und insoweit zu einer auch durchaus selbstkritischen Aufarbeitung der Ergiebigkeit bisheriger Modernisierungsbemühungen kommt. Zum anderen ist in diesem Punkt freilich genauso festzuhalten, dass es im Rahmen entsprechender Diskurse programmatisch betrachtet vorzugsweise doch nur um einen „Abschied von der Binnenmodernisierung" geht (vgl. Oppen/Sack/Wegener 2005) – die Begründung der Vorzugswürdigkeit des eigenen konzeptuellen bzw. methodischen Leitbildes (das zunächst diffus bleibende Gebot einer gesellschaftsweit geöffneten Erkenntnisperspektive) dementsprechend allerdings auch nur „negativ" erfolgen kann. In entsprechender Weise wird hier also- unbesehen der damit gegebenen methodologischen Schwierigkeiten – der schon dem Grunde nach logisch untaugliche Versuch gemacht, sich mit der Zurückweisung des steuerungstheoretischen Ansatzes (argumentativ als einer „bad management theory" vgl. dazu schon Ghoshal/Moran 1996) zugleich eine positive Begründung für die nun scheinbar zwingend notwendig werdende Anwendung einer gesellschaftsweit angelegten Governance Perspektive erkaufen zu wollen (wobei ja unter den Beteiligten hinlänglich klar ist, dass die Zurückweisung von A zu Non-A und nicht schon zu B führt! Vgl. Bochenski 1964, S. 73 ff., S. 103 ff.). Gerade im Zuge der auch symbolisch dramatisch zugespitzten Evaluationen wird ja (explizit/implizit) immer wieder der (wenngleich auch nur mit den an sich schon methodologisch recht fragwürdigen „zusammengesetzten" Erklärungen) der Versuch gemacht, das allein schon aus den unterstellten erkenntnismäßigen Limitierungen bzw. Verblendungen eines steuerungstheoretischen Ansatzes (dem „Ökonomismus-Verdikt") heraus als zwangsläufig abgeleitete „Scheitern" bisheriger Modernisierungspolitiken nun auch selbst als hinlängliche Begründung für die Anwendung einer gesellschaftlich geöffneten Governance Perspektive – und dabei interessenpolitisch auch für eine erneute Thematisierung von Fragen der „Beteiligung", des „Machtausgleiches" und der „Verteilungsgerechtigkeit" anzusehen(programmatisch Schneider 2007, S. 27 ff.). In jüngerer Zeit wird dieses so aufgemachte „Scheitern" dann auch schon als Anlass genommen, um nun auch noch (was ja gemessen an den eigenen politischen Zielsetzungen auch nur konsequent ist) in zunehmend intensiver Weise ein „roll back" zu eher revisionistischen Konzepten von Staat und Verwaltung einzufordern – hier also für eine Rückkehr zum klassischen Leitbild des „Väterchen Staates" und somit auch für eine Wiederbelebung von „Hierarchie" als angemessene Managementlogik für die Gestaltung und auch Implementation (neo-)wohlfahrtsstaatliche Umverteilungsprozesse zu plädieren (Bogumil 2007, S. 23; Mezger/Schneider 2006, S. 54; generell Schimank 2009).

Soweit es um den kognitiv-logischen Aufbau von Argumentationszusammenhängen geht, ist allerdings ebenso zu berücksichtigen, dass hier in einigen Fällen auch noch auf das Mittel drastischer erkenntnistheoretischer Kurskorrekturen zurückgegriffen wird – namentlich auf das für postmoderne Betrachtungen so typische Verfahren einer systematischen „De-Konstruktion", um so nun zumindest ansatzweise inhaltlich aufzeigen zu können, mit welchen zusätzlichen Erkenntnisgewinnen (mit welcher „positiven Heuristik") im Falle eines Paradigmenwechsels zu rechnen wäre (generell dazu Lyotard 1994 und Ortmann 2003, S. 115 ff.). Im Rahmen solcher Begründungsversuche geht es ja bekanntlich um den differenztheoretisch angeleiteten Versuch, jeweils mit Verweis auf die in den bisherigen Argumenten bis dato logisch-analytisch zwar ausgeschlossenen, sachlich-konzeptuell aber zwangsläufig immer mit zu bedenken bzw. entsprechend erneut zu integrierenden Erkenntnisanteilen (also mit Hinweis auf das schleifenförmig sachlich wieder einzuschließende „Ausgeschlossene" bzw. die „Supplements"!) deutlich werden zu lassen, mit welchen Vorteilhaftigkeiten oder Erkenntnisüberschüssen sich bei der betriebenen „Problem- und Konzeptverschiebung" rechnen ließe. Im Wege einer solchen „De-Konstruktion" mag es dann zwar auch noch scheinbar zwanglos bzw. überzeugend gelingen, einer „funktional-mechanischen" Steuerungstheorie (in praktischer Konsequenz allerdings auch dem NSM) vorzuhalten, dass es sich bei ihr insbesondere bei der „Politik" und bei den „Mitarbeitern" (oder anders: bei „Macht" und „Motivation") um entsprechend vernachlässigte (also konzeptionell missachtete), jetzt aber auf jeden Fall (ob nun positiv oder negativ) zu thematisierende Einflussgrößen handelt (vgl. Kegelmann 2007). Wenngleich so zumindest der Anschein einer materiell-konzeptionellen Bereicherung bzw. Erweiterung erweckt wird, ist allerdings auch hier – wenn man pingelig sein will (wie eben NL in seinen „Beobachtungen" der Moderne vgl. Luhmann 1992, S. 28/64 ff.) an die kritische logische Forderung zu denken, dass eben auch eine solche, sich differenztheoretisch (genauer: différance) gegebene postmoderne Herleitung „neuer" oder „zusätzlicher" Erkenntnisse zum Zwecke der eigenen positiven Begründung (für die Benennung des „Oppositionellen") auf jeden Fall selbst wieder der zusätzlichen Einführung einer „Beobachtungsebene" Zweiter-Ordnung bedarf – oder einer „Meta-Theorie". Soweit es dann auch um die eigentlichen „Erträge" eines solchen Vorgehens geht, nimmt es schließlich auch nicht wunder, dass zumindest böse Zungen in diesem Zusammenhang davon sprechen, dass es mit dem Rückgriff auf die „Metapher" vom „Eingeschlossenen-Ausgeschlossenen" bestenfalls zu einer Re-Vitalisierung der Phänomene der „informellen Organisation" im Verhältnis zum Konzept der formalen Organisation kommt (entsprechend kritisch White/ Adams 1994, S. 14 ff.).

Obwohl also vielerlei weitere Anstrengungen unternommen werden („Governance" bei einschlägiger parteipolitischer Finanzierung ja auch konzeptuell zu einer „Reformstrategie" erkoren wird!), gelingt es bisher nur – oder besser: kann es auch nur in Ansätzen gelingen, den Governance-Ansatz kognitiv-logisch zu einem erkenntnisfördernden und zudem pragmatisch nutzbaren Paradigma bzw. Leitbild (oder auch Forschungsprogramm) der Modernisierungspolitik zu verdichten(über das gesamte Spektrum Rhodes 1997, S. 47 ff. und Lorig 2008). Da und soweit der Governance-Ansatz schon von Hause aus nur ein „slippery concept" ist – er also bei Lichte betrachtet auch über keinen eigenen paradigmatischen und insoweit forschungstreibenden Kern verfügt, kann auch in der Tat nicht von vornherein erwartet werden, dass es im Rahmen der hier einschlägigen Erkenntnis- bzw. Forschungsbemühungen zum Aufbau einer in sich konzeptuell bereits geschlossenen – und dabei auch heuristisch bzw. pragmatisch ergiebigen „disziplinären Matrix" kommt. Zum anderen ist hier allerdings – bei aller anderweitig verbleibenden Heterogenität bzw. gar Beliebigkeit in der Aufmachung von Forschungsfeldern – gleichwohl zu erkennen, dass und wie hier auch schon ein Minimum an gemeinsam geteilten konzeptuellen Prämissen (nämlich die „gesellschaftlich geöffnete Perspektive") dazu anhält, in gewisser Fortführung der traditionellen „Politikfeldforschung" – nun gerade die stark „vernetzten" Bereiche einer öffentlichen Leistungserstellung zum Fokus der Entwicklung eines entsprechenden (ggf. auch „gouvernemental" ausgerichteten) Forschungsprogramms zu machen.

Zusammenfassend betrachtet, führt dann eine solche Phase der „außergewöhnlichen Forschung" den einzelnen Schwerpunkten bzw. Bausteinen nach dann auch immerhin dazu, dass sich nunmehr intensiver mit der Analyse gesellschaftlich insgesamt verfügbarer Koordinations- und Handlungslogiken beschäftigt wird (hier natürlich auch von „Hierarchie" und „Markt"), dass sich dabei – auch schon im Sinne eines herausgehobenen Erfahrungsobjektes – eine Fokussierung auf (hybride) „netzwerkförmige" Leistungserstellungsverhältnisse (altdeutsch: Inter-Organisation-Beziehungen auf der Meso-Ebene) durchzusetzen beginnt – und sich schließlich – gewissermaßen im Einklang mit dem jetzt kultivierten „postmodernen Habitus" – gewisse Favorisierungen diskursiv bzw. partizipatorisch aufgemachter „Verhandlungstechniken" als Problemlösungsmechanismen (als „New Technologies of Power") breit zu machen beginnen (Übersichten bei Klenk/Nullmeier 2004; Benz et al. 2007). Soweit es aber mit dieser Fokussierung auf (Stakeholder basierte) „Netzwerkanalysen" quasi zwangsläufig wieder zu einer allzu weitgehenden Verschiebungen des Erfahrungsobjektes in den genuinen Politikbereich (ähnlich den ehemaligen „Neo-Korporatismus-Analysen") kommt, ist allerdings zu bedenken, dass sich diese Art einer Governance Perspektive auf ein Erfahrungsobjekt bezieht, das sich – angesichts des hier notwendigen Einsatzes von Macht-bildungs- und Konfliktregelungsprozessen – zunehmend der ja bisher erkenntnismäßig diskutierten Frage nach den Möglichkeiten einer systematischen zielorientierten Steuerung überhaupt entzieht (hier Jann/Wegrich 2004, S. 194). In entsprechender Weise bekommen wir es mit einem Ansatz zu tun, der zwar für sich (für welche Anwendungen auch immer) eine höhere „Ergiebigkeit" beansprucht, sich aber in dieser Weise schon selbst systematisch – da in Wahrheit in diesen intermediären Bereichen keine gelingende zielorientierte Steuer-barkeit erwartet werden kann – einem Nachweis der eigenen Leistungsfähigkeit zu entziehen beginnt (bzw. sich gegenüber dem Risiko des eigenen „technologischen Scheiterns" immuni-siert!) (in der Tendenz auch schon kritisch Budäus 2006, S. 179).

Trotz dieser kognitiv-logischen Ausbauarbeiten kann also bis dato noch nicht sicher-gestellt werden, dass sich mit diesem Ansatz bereits eine überzeugende und insoweit auch vorvollziehbare Einsicht in eine als zwingend empfundene „Problemerfassungs – und Handlungsidee" vorgeben lässt. Gemäß den aktuell noch unterschiedlich einfließenden Erkenntnisinteressen (insbesondere auch angesichts eines ja weiterhin existenten „gou-vernemental" ausgerichteten Partial-Ansatzes) ist zwar noch ziemlich offen, ob oder in-wieweit der Governance-Ansatz seine entsprechend zündend wirkende Idee nicht auch in der Gestalt eines pragmatisch verwendbaren „Auswahl- und Entscheidungsmechanismus" für die kontextspezifische Anwendbarkeit insgesamt verfügbarer „Logiken" einer Hand-lungskoordination auf gesellschaftliche Teil-Sektoren zu finden vermag (vgl. für die na-tionale Diskussion etwa Schuppert 2005; international Dror 2002). Wie es sich auch an internationalen Entwicklungen zeigt, scheint hier also nicht ausgeschlossen zu sein, dass sich der Governance-Ansatz auch zu einem Ansatz des (staatlichen) „Strategischen Ma-nagements" entwickelt, zu einem Ansatz also, mit dem dann die hier bereits typischen Dis-kussionen um eine angemessene leitbild-orientierte (Re-)Positionierung des Staates (im Sinne anzustrebender Einbettungen in die gesamtgesellschaftliche Arbeitsteilung) selbst zum Ausgangspunkt einer strategisch-systematischen Ausrichtung des („nachgelagerten") Managements von Staat und Verwaltung gemacht werden können (vgl. Koch/Dixon 2007). Bis dato stellt sich hier allerdings eher das Bild ein, dass es sich bei den bisherigen Aus-bauarbeiten (und zwar im Sinne von Governance als „Beobachtungskategorie") doch nur um „Öffnungen" gegenüber Analysegrößen handelt, die sich ohne großen Zwang (dabei auch in kommensurabler Weise) auch vom herkömmlichen „Steuerungsparadigma" – und zwar allemal mit den ja durchaus gängigen Erweiterungen des Steuerungsparadigmas zu-gunsten von „System-Umwelt" Betrachtungen – oder „System-Ziel-Betrachtungen" (vgl. Etzioni 1960; Mayntz 2006) bereithalten ließen.

Zum anderen erweist sich allerdings die bereits so durchgeführte bzw. angemeldete „Problemverschiebung" als ausreichend, um nun gemäß den Anforderungen des überge-ordneten „Interplays" die quasi hinreichende akademische Legitimität dafür zu produzie-ren, dass sich Modernisierungsprobleme politisch-opportun auch interessenpolitisch aus einer gesellschaftlichen (letztlich auch „ordnungs-politischen") Perspektive zum Thema machen lassen. Die erreichte „Problemverschiebung" eröffnet also allemal (auch in diesem Zustand einer noch ungenügenden gesellschaftstheoretischen Fundierung) genügend ana-

lytischen Raum, um nun die scheinbar bisher nur formalrational behandelten Fragen einer
Modernisierung des „State apparatus" von ihren sozial-strukturellen Begleitumständen
und insbesondere sozial-politischen Folgewirkungen her – und somit letztlich auch aus
der Perspektive einer gewollten Rückkehr zu „(neo-)wohlfahrtsstaatlichen" Sicherungspo-
litiken her zu bearbeiten (vgl. Koch/Vogel 2010).

5.3.4   Moralische Stabilisierungen bzw. Verstetigungen

Nach ersterer emotional wirksamer Aufmerksamkeitssteigerung und auch anfänglichen
kognitiven Ausbauaktivitäten geht es im Rahmen dieses etablierungs-relevanten Diskurs
schließlich auch um die Frage, ob bzw. inwieweit es nun im Rahmen rekursiver Wieder-
holungen gelingen kann, mit wiederholten Nachweisen der eigenen behaupteten Pro-
blemlösungswirksamkeit zu einer nachhaltigen Verstetigung des Paradigmenwechsels zu
kommen.

In dieser Hinsicht zeigt sich allerdings, dass die Dynamiken bzw. Aufforderungen des
übergeordneten Interplays die beteiligten Partner – insbesondere die ja untereinander
konkurrierenden akademischen „camps" in nur noch schwer lösbare bzw. regelbare Dilemmata gestürzt haben – sie also vor kaum überwindbare kognitive als auch soziale Eng-
pässe gestellt haben. Um sich der erwartbaren Reputationsgewinne zu versichern, ist dann
zwar einerseits zunächst auch nur konsequent, dass hier von den involvierten „camps"
(soziometrisch bereits durch die Nähe zur parteipolitischen Forschungsförderung zu bestimmen!) – im Zuge der sich auch öffentlichkeitswirksam zuspitzenden Konkurrenzen
– mit zunehmender Schärfe nicht nur die besagte „Problemverschiebung" betrieben wird,
sondern dabei auch zunehmend unverhohlen (wenngleich nicht unbestritten) ein „Aus-
schließlichkeitsanspruch" für die Anwendung des Governance-Ansatzes bei der Bearbeitung von Modernisierungsproblematiken erhoben wird (vgl. Oppen/Sack/Wegener 2005).
Im Übrigen lässt sich auch und gerade an den aktuellen Bemühungen um eine curriculare
Ausgestaltung sog. gestufter Studiengänge (der Definition von Lehrveranstaltungsmodu-
len) recht gut erkennen, mit welcher Schärfe entsprechende theoriepolitisch motivierte
Besetzungsversuche betrieben werden. Zum anderen geraten diese „camps" damit nun
zunehmend selbst unter Druck bzw. in das Dilemma, die suggerierte Überlegenheit eines
entsprechenden Ansatzes nun auch über eine Einzelfallanwendung auf komplexe, stark
vernetzte Formen einer Produktion bzw. Bereitstellung öffentlich relevanter Leistungen
(wie etwa für den Fall stark verselbständigter Formen gemischtwirtschaftlicher Unternehmen bzw. der Anwendung auf unterschiedlich geartete Public-Private Partnerships
Modelle etc.) hinaus im Sinne gezielt anwendbarer – und dabei auch erfolgverbürgender
Methoden bzw. Regeln für die gesamte Breite denkbarer Modernisierungsprobleme – also
auch für Fragen systemisch zu steuernder „Dienstleistungsprozesse" auf der Ebene der
„street-level bureaucracy" – nachweisen zu müssen.

Da und insoweit der Governance -Ansatz zumindest bis dato – auf materialtheoretischer
Ebene – über keinen konzeptuell exklusiven und insoweit auch nicht forschungstreibenden
Kern (also über ein geordnetes Verhältnis von „Theorie" und „Methode") verfügt, verbleibt
unter diesen Bedingungen zunächst auch nur die Möglichkeit, die hier ggf. auch nur still-

schweigend einfließenden epistemischen Voraussetzungen eigenen wissenschaftlichen Handelns (also die postmoderne Erkenntnistheorie selbst) als denkbare Methode einer Erfassung und Lösung von Modernisierungsproblemen zu propagieren (umfassend Fox/Miller 1966, S. 92 ff.). Um also den hier ja weiterhin gestellten Forderungen nach einer „scientistischen" Rationalisierung geplanter Politikwechsel begegnen (um sich zu einem „anwendungsorientierten Wissenstypus" entwickeln) zu können, wird hier also (gelegentlich auch bei gleichzeitiger kommunitaristisch-gesellschaftstheoretischer Fundierung) der an sich schon von Hause aus recht fragwürdige bzw. untaugliche Versuch gemacht, die diskursiv-kommunikativen bzw. partizipatorischen Methoden der Problemlösung (bei allemal sträflicher „De-Kontextualisierung" von Anwendungsbedingungen) zu den gewissermaßen allgemein anwendbaren Ansätzen der Bewältigung von Modernisierungsproblemen zu machen. Entsprechend veränderter epistemischer und ontologischer Positionierung wird daher auch nicht mehr – wie noch aus planungs- und steuerungstheoretischer Sicht – suggeriert, dass hier – bei vorgängiger Annahme einer gut vorgeordneten „Außenwelt" die Möglichkeit bestünde, mit einem planerisch einfach aufzubauenden als auch manipulierbaren Gestaltungswissens (Wissen als gut disponierbare „Entities") quasi in vorweg erfolgskontrollierter Weise zu den gewünschten Interventionen zu kommen (Wehling 2006, S. 154 ff.; Fried 2003). Ganz im Gegenteil wird hier epistemisch – bei vorausgehender Veranschlagung „multipler Wahrheitsbegriffe" bzw. variierender „lokaler Rationalitäten" davon ausgegangen, dass es jetzt erst des Aufbaus von (Betroffenen-) „communities" als Orte einer unverzehrten Kommunikation (einer „Deliberation unter Gleichen") bedarf, um dann auch so – und zwar im Sinne einer Aufhebung der ansonsten handlungsmäßig als sperrig erlebten „Subjekt-Objekt-Differenzen" – uno actu nicht nur zu einer authentischen Verständigung auf regelungserhebliche Problemstellungen zu kommen, sondern mit dem unterstellten gleichzeitigen, diskursiv herbeigeführten Aufschließen von nun auch allseits zur Disposition gestellten Handlungsräumen die Voraussetzungen für einen jetzt mehr oder weniger ungehinderten Vollzug von quasi spontan passend empfundenen Handlungsplänen zu schaffen. Obwohl es gerade in diesem Punkt an belastbaren Erfahrung mangelt (vgl. hier immerhin die Ergebnisse der 2009 Brisbane Jahrestagung der Australian Society of Public Administration mit ihren Diskussionen zu den Netzwerk-Technologien), hat dann diese „Sicht der Dinge" bekanntlich bereits dazu geführt, solche Formen einer „vor Ort" zu inszenierenden authentischen Willensbildung – und zwar unter dem Etikett des „Place Managements" – zu den „Best Practices" bzw. den „Goldstandards" der Modernisierung (dabei auch einer Modernisierung von „unten") zu erklären (vgl. hier umfassend Hess/Adams 2001).

Dabei ist dann zwar gar nicht zu leugnen, dass es jetzt in zunehmender Zahl Versuche gibt, nun auch schon mit der Entwicklung entsprechender Verfahren (also auch unter Berücksichtigung der hier einschlägigen Prinzipien eines „Handelns von Innen" oder denen einer „diskursiven Verallgemeinerung von Geltungsansprüchen") aufzuzeigen, wie sich gerade für die stark „vernetzten Bereiche" öffentlichen Handelns in möglichst gut kalkulierbarer Weise zu dem gewünschten bzw. erhofften konzertierten Handeln kommen lassen soll. Wie es sich etwa an den Entwicklungen zu einer „Bürgerkommune", dem Konzept eines „Bürgerhaushaltes" oder dem versuchten handlungs- und/oder kommunikationstheoretischen Umarbeiten des NSM zu einem Modell des „Management Change" zeigt, mögen in diesem Zusammenhang daher auch schon erste Beispiel dafür vorliegen, wie es denn unter Anwendung entsprechend dialogisch-reflexiver Verfahren (und somit auch mit dem diskursiven „Überspringen" der bis dato als schwierig zu überbrückend empfundenen „Theorie-Praxis"-Differenzen) nun auch zu einer quasi alternativen bzw. postmodernen Entwicklung einzelner Managementgrößen kommen könnte (vgl. umfassend Kegelmann 2007, S. 179 ff.). Bei Verfolgung einer entsprechenden Perspektive wird dann auch u.a. – ungeachtet des damit tatsächlich zu erzielenden Erkenntnisgewinnes – dafür plädiert, dass es für den Bereich der Zielsteuerung eben nicht mehr um den ex ante vorzunehmenden Aufbau eines hierarchisch gestuften bzw. intern vollständig transitiv geordneten Zielsystems zu gehen habe, sondern dass sich Ziele erst im Prozess selbst – und zwar im Wege dialogischer Lernprozesse zu bilden hätten. Doch selbst wenn es Bemühungen dieser Art gibt, kann es damit gleichwohl (wie es eben auch kritisch für das vielfach zitierte Beispiel der niederländischen Wasserwirtschaft anzumerken ist) noch nicht als entschieden gelten, ob es nicht auch und gerade in den „vernetzten Bereichen" zu einem instrumentellen Einsatz von Prinzipal-Agent Modellen (also des zweckspezifischen Einsatzes von Informationen und Anreizen bzw. Sanktionen) zu kommen hat. So wird hier ja weiterhin kritisch erwogen, ob und inwieweit es nicht doch auch der Anwendung von Mitteln der Fremdsteuerung bzw. von institutionalisierten Zwangsmitteln bedarf, um eben auch unter der Bedingung von Mehrdeutigkeiten oder Heterogenität zu einer Sicherstellung des öffentlichen Auftrages zu kommen (vgl. Lane 2009, S. 67 ff.).

Wie an diesen internen Anpassungen zu erkennen, gibt es hier dann zwar Versuche, das an sich notwendige Wissen bzw. die Konzepte für die politisch-opportunen „Problemverschiebungen" bereitzustellen; die dabei bis dato mitgelieferten Regeln für eine konzeptgerechte Erfassung als auch Lösung von Modernisierungsproblemen dürften allerdings nicht schon ausreichen, um nun über die Praktik gezielt wiederholbarer erfolgreicher Anwendungen zu einer quasi rekursiven kognitiven als auch letztlich sozialen Stabilisierung oder Verstetigung des eingeleiteten Paradigmenwechsels zu kommen. Ganz im Gegenteil dürfte mit den Ergebnissen dieser Praxistests (insbesondere mit den hier anempfohlenen handlungsrational bzw. diskursiv zu überspringenden „Theorie-Praxis-Differenzierungen") doch nur deutlich werden, dass sich mit diesen Problemverschiebungen zwar momentan politischopportun notwendiges Wissen zur Verfügung stellen lässt – es sich dabei allerdings – weil der Nachweis der eigenen (technischen) Wirksamkeit aus methodischen Gründen eigentlich gar nicht zu erbringen ist – letztlich doch wieder nur um „ideologisches Wissen" (im Sinne eines zweckgerechten „falschen Bewusstseins") handeln dürfte. Einer entsprechenden Wissensproduktions mag dabei im Übrigen auch schon insoweit ein „ideologischer" Charakter zukommen, als es sich bei gegebener „Problemverschiebung" eben doch nur um einen verzweifelten und sodann letztlich auch zum Scheitern verurteilter Versuch eines „making the intrinsically non-manageable political processes manageable" handelt (bisher an sich auch nur als Forderung Schneider 2007, S. 34). Um es zurückhaltender mit den augenblicklich popularisierten Differenzierungen von „Wissenstypen" zu sagen, bleibt eben dieses Wissen dem Aufbau nach – auch und gerade wegen der eingeschlagenen Problemverschiebung – zwangsläufig „überkomplex" – somit aber zugleich auch zu „unterprägnant", um dann noch eine politische Bedeutung erzielen zu können (Neidhardt et al. 2008, S. 36). So scheint es ja u.a. bis auf den heutigen Tag noch nicht hinreichend gelungen zu sein nachzuweisen, ob oder inwieweit es sich bei dem in diesem Zusammenhang immer wieder aufs Neue empfohlenen (handlungstheoretisch bzw. partizipatorisch entwickelten) Konzept von „Planungszellen" (ganz zu schweigen von komplexer angelegten „Mediationsverfahren" der jüngeren Zeit) in der Tat um Instrumente einer verbesserten „diskursiven" Rationalisierung von Politikergebnissen – um besser funktionierende Ansätze einer Verknüpfung von „Theorie" und „Praxis" zu handeln vermag (vgl. hierzu trotz der beindruckenden quantitativen Belege die nicht zu übersehende qualitativ geartete Kritik an entsprechenden Verfahrensweisen, Rheinland-Pfalz Okt. 2009, S. 18; zu einer detaillierten Analyse entsprechender partizipativer bzw. authentischer Verfahren der Politikentwicklung, vgl. Considine 2005, S. 186 ff.).

Soweit es hier also an den Möglichkeiten einer rekursiven kognitiven Verstetigung mangelt, heißt dies nun aber nicht schon, dass es jetzt überhaupt nicht – und zwar mit quasi äquivalenten Mitteln – zu einer Stabilisierung der eingeleiteten Problemverschiebungen zu kommen vermag. Gemäß den oben konzeptuell ins Spiel gebrachten prozesstreibenden Diskurs- und Argumentationsformen ist daher an dieser Stelle auch recht gut zu erkennen, wie hier jetzt auch schon statt einer weiteren kognitiven Begründung eine eher dezidiert „moralisch-ethische" Form der nachträglichen Stabilisierung betrieben wird (analytisch hier wieder Green 2004, S. 660). Im Rahmen weiterer Stabilisierungen (und auch Popularisierungen) geht es daher auch darum, die Begründung einer veränderten Sicht der Modernisierung nicht erst (oder nur) von den quasi erfahrungsabhängig kontrollierbaren Effekten gedachter Zweckzusammenhänge her, sondern bereits von der Modalität eines schon von Hause aus (standpunktbezogen) unwiderlegbar „richtigen Handelns" zu erschließen. Soweit sich eben die „instrumentelle" Brauchbarkeit nicht (oder nur begrenzt) nachweisen lässt, wird der Governance-Ansatz jetzt (auch ohne eine weitere irgendwie klassentheoretische oder sozialphilosophische Begründungen) allein schon deswegen gepriesen, weil er – so mit der Identifikation bzw. Differenzierung von „Stakeholder-Positionen" nun auch interessenpolitisch eine Vertretung von Mitarbeiterbelangen scheinbar allererst zulässt. Unter diesen Bedingungen ist dann gar nicht verwunderlich, dass sich der Governance-Ansatz (trotz einer ursprünglich auch „gouvernementalen" Ausrichtung) nun auch schon in ein Mittel verkehrt, um aus den sukzessive eingebauten „Arbeitgeber-Arbeitnehmer-Beziehungen" heraus Themen des „Machtausgleichs", der „Statussicherheit" (Abwehr „atypischer" Arbeitsverhältnisse) oder aber Fragen einer jetzt dringlich werdenden Ausschüttung von „Reformdividenden" aufzuwerfen (Kißler 2007, S. 17 ff.). In dieser Weise wird dann auch der Governance-Ansatz schlussendlich zu einem brauchbaren Vehikel dafür, die Legitimität und somit die Akzeptanz einer Rückkehr zu (neo-)wohlfahrtsstaatlichen Sicherungsprogrammen zumindest aus der Position an sich nicht negierbarer ethisch-moralischer Forderungen heraus zu begründen. Zu welchen Irrungen und Wirrungen es bei entsprechenden Begründungs- und Verwendungswechseln kommen kann, zeigt sich dann allerdings (gemäß einer „Tragic choice" Problematik) auch daran, dass man jetzt – bei dominanter Vertretung von Mitarbeiterinteressen (auch im Verhältnis zu den ansonsten als legitim angesehenen Interessen der „Konsumenten" oder „Bürger") das Risiko läuft, wieder das „hohe Lied" der „fordistischen Schutzfunktion" bürokratisch geordneter Arbeitsverhältnisse bzw. das der Hierarchie singen zu müssen (mit den entsprechenden Ambiguitäten schon Bogumil/Kißler 1995 insb. S. 10).

5.4   Wissenschaftskritik im epochalen Vorgang einer Finalisierung

Soweit es abschließend zwangsläufig auch um Regeln „richtigen" Handelns geht, ist sicher schon dem Grunde nach zu bedenken, dass es sich bei diesem Interplay bzw. einer entsprechenden Dynamik (inklusive der vorgestellten Diskurscharakteristika) zunächst doch nur um erwartbare (also nicht „schlimme") Bestandteile eines allgemeinen Prozesses der Finalisierung handelt. Selbst wenn hier das Maß einer denkbaren „Fremdsteuerung" nach jüngeren Erkenntnissen als nicht all zu hoch zu veranschlagen ist, ist daher für fast alle Disziplinen (Wissensbereiche) zu erkennen, dass und wie eben die Regeln einer Re-Produktion kapitalistischer Systeme (oder der ebenfalls vielfach beschriebene Prozess einer umfassenden Rationalisierung des „Okzidents" bzw. des bekannten Überganges von Mystik und Magie auf Kausalwissenschaften) bis dato dazu führen, dass sich akademische Disziplinen (die Wissensproduktion) ihren gesicherten Platz in der allgemeinen gesellschaftlichen Arbeitsteilung auch durch wiederholte zweckspezifische Anpassungen der internen Wissensproduktion zu sichern haben (Habermas 1968, S. 50 ff.; für Weber Käsler 1979, S. 140). Soweit sich der akademische Betrieb in dieser Weise (neben „Kapital" und „Arbeit") immer wieder aufs Neue als gesellschaftlich relevante „Produktivkraft" einzurichten hat, ist dann zunächst auch nur erwartungsgemäß, dass es in den Wissensproduktionen wiederholt zu Paradigmenkonkurrenzen – und folglich auch Vorgängen der „Entparadigmatisierung" und „Paradigmatisierung" kommen wird

In unserem Fall kommt allerdings noch der besondere Umstand hinzu, dass wir es mit dem „Public Management" (als einer „applied science") mit einem Wissensgebiet zu tun haben, das sich eben mit seinen typisch pragmatischen bzw. konstruktivistischen Erkenntniszielen (abstrakt: der „informativen Sicherung und Erweiterung erfolgskontrollierten Handelns") und seinen entsprechend auf Gestaltung und Intervention angelegten Konzeptbildungen (also gemäß dem sich in den 60/70er Jahren entwickelnden Selbstverständnis als eine technologisch relevante „Verwaltungsreformlehre") in besonderer Weise entsprechenden Sogwirkungen ausgesetzt sieht. Wie es sich anhand bekannter wissenschaftshistorischer Re-Konstruktionen zu erkennen gibt, hat daher auch „Public Management" als ein sich zu konsolidierendes Wissensgebiet (katalysatorisch getrieben durch verschiedenste konkurrierende Besetzungsversuche) immer wieder versucht, sich mit erneut durchgeführten Paradigmenwechseln – so etwa auch mit dem Übergang vom Bürokratiemodell auf die struktur-funktionale Planungs- und Steuerungstheorie bis hin zu den jüngeren Entwicklungen als einer designorientierten Managementlehre oder einem nunmehr gesellschaftlich geöffneten Governance-Ansatz – auf die sich verändernde politische bzw. gesellschaftliche Nachfrage einzustellen (vgl. Koch 2008, S. 3 ff.). Gemäß diesem Selbstverständnis hat sich eine „Verwaltungsreformlehre" bzw. eine Lehre vom „Public Management" schon immer (also auch bei bewusstem „Überspringen" von Phasen einer angemessenen „theoretischen Reifung") bereit gehalten, praktisch brauchbares Wissen für die bisher dominanten Politikansätze zu produzieren – so etwa auch schon für die Politik einer „Restauration" liberal-demokratischer Verhältnisse in der unmittelbaren Nachkriegszeit, für den Aufbau bzw. Ausbau des Wohlfahrtsstaates („Politik der inneren Reformen"), aber auch und gerade für die aktuellen Bemühungen um eine umfassende (effizienz- und effektivitätsorientierte) Modernisierung von Staat und Gesellschaft. Soweit „Public Management" dabei in besonderer Weise dem übergeordneten Wechselspiel von Angebot und Nachfrage ausgesetzt ist, ist daher auch gar nicht verwunderlich, dass gerade auch hier die schon generell gegebene Konkurrenz um gesellschaftliche Anerkennung besonders stark und nachhaltig auf die Art der Wissensproduktion durchschlägt. Anhand dieser Art an Konstitutionsbedingungen lässt sich dann allerdings auch schon recht gut deutlich machen, warum sich gerade das Wissensgebiet „Public Management" – wie gesehen – als besonders anfällig erweist für eine primär „ideologische" (partikuläre) Wissensproduktion. Zum anderen muss dem freilich aus einer eigenen normativen Perspektive entgegen gehalten werden, dass sich „Public Management" – soweit es sich mit seinen Präskriptionen die Gesellschaft als ein experimentell zu bearbeitendes „Soziallabor" zurichtet – zwangsläufig an einem hohen Maß an „Verantwortungsethik" zu orientieren hat.

Da sich diese Sog- und Folgewirkungen ja selbst aus den sich rekursiv stabilisierenden Bedingungen der Wissenschaftskonstitution ergeben, ist zwar nur selbstverständlich, dass sich hier nicht schon mit spontanen bzw. voluntaristischen Eingriffen (etwa von einer Beobachtungsebene Dritter Ordnung) zu den notwendigen Kurskorrekturen in der Wissensproduktion kommen lässt. Ganz im Gegenteil kann hier (ähnlich den selbstdestruktiv erscheinenden, dabei aber auch schöpferisch wirkenden (System-)Krisen der kapitalistischen Re-Produktion) auch nur aus evolutorisch-sozialtheoretischer Perspektive darauf gehofft werden, dass die zunächst als Beschränkung empfundenen Regeln rekursiv ablaufender Prozesse der Wissensproduktion nun selbst – und zwar abhängig von der Qualität der ja letztlich zu erbringenden Nachweise der eigenen Brauchbarkeit – zu den Ermöglichungsbedingungen (den „enablers") einer sich verändernden Praxis werden. Trotz der vielen sozial-kulturellen Relativierungen bleibt hier also die Frage, ob oder inwieweit es eben auch im Rahmen eines als „evolutionär" zu verstehenden Erkenntnisprozesses (also auch bei angenommener schrittweisen Anpassungen oder Fortentwicklung von Intellektualfunktionen bzw. Erkenntnisobjekten) gelingen mag, von der „Wahrheit" zumindest im Sinne einer „regulativen" Idee ausgehen zu können. Gemäß jüngeren wissenssoziologischen Debatten kann und soll in diesem Zusammenhang ja auch unterstellt werden, dass es sich bei ungelösten Problemen einer Managementmodernisierung (dem Wissenstypus nach) eben nicht schon gänzlich um „Nichtwissen" („Nicht-Wissen-Können"), sondern doch nur um ein „Noch-Nicht-Wissen" handelt – also auch um ein dem Prinzip nach kognitiv erschließbares Wissen (Wehling 2006, S. 20 ff.). Im Rahmen übergreifender Dynamiken wird es dann entsprechend auch den wohl geordneten Diskursen (also auch der „Wissenschaftskritik") selbst überlassen bleiben, für den Fall neu propagierter Konzepte nun immer auch – und zwar im Sinne einer kognitiven Begründung – den (vor- und nachvollziehbaren) Nachweis der Realisierbarkeit neuartig anzustrebender gesellschaftlicher Zustände oder Zwecke einzufordern (also das alte Lied zu bedenken, dass „Sollen eben auch Können" zu implizieren habe) (Albert 1975, insb. S. 75).

Literatur

Abrahamson, E./Fairchild, G. (1999): Management Fashion: Lifecycles, Triggers, and Collective Learning Processes. In: Administrative Science Quarterly, Vol. 44, S. 708–740.

Albert, H. (1975): Traktat über kritische Vernunft, 3. erweiterete Auflage, Tübingen.

Banner, G. (2006): Strategische Führung und Modernisierung des Unternehmens Kommune. In: Jann, W./Röber M./Wollmann H. (Hrsg.) (2006): Public Management: Grundlagen, Wirkungen, Kritik, Berlin, S. 253–270.

Banner, G. (2008): Logik des Scheitern oder Scheitern an der Logik. In: dms – der moderne staat – Zeitschrift für Public Policy, Recht und Management, Heft 2, S. 447–455.

Benz, A. et al. (Hrsg.) (2007): Handbuch Governance, Theoretische Grundlagen und empirische Anwendungsfelder, Wiesbaden.

Berger, P./Luckmann, T. (1966): Die gesellschaftliche Konstruktion der Wirklichkeit, Eine Theorie der Wissenssoziologie, Frankfurt/M.

Blanke, B./Jürgens, U./Kastendiek, H. (1975): Kritik der Politischen Wissenschaft 1, Frankfurt/M.

Bochenski, I.M. (1954): Die zeitgenössischen Denkmethoden, Bern und München.

Böhme, G./van den Daele, W./Krohn, W. (1973): Die Finalisierung der Wissenschaft. In: Zeitschrift für Soziologie, Heft 2, 2. Jg., S. 129–144.

Boje, D.M./Oswick, C./Ford, J.D. (2004): Language and Organization: The Doing of Discourse. In: Academy of Management Review, Vol. 29, No. 4, S. 571–577.

Böschen, S./Weiss, K, (2007): Die Gegenwart der Zukunft, Perspektiven zeitkritischer Wissenspolitik, Wiesbaden.

Böschen, S./Kastenhofer, K./Rust, I./Soentger, J./Wehling, P. (2008): Entscheidungen unter Bedingungen pluraler Nichtwissenskulturen. In: Mayntz, R. et al. (Hrsg.): Wissensproduktion und Wissenstranfer. Bielefeld, S. 197–220.

Bogumil, J./Kißler, L. (1995): Vom Untertan zum Kunden? Möglichkeiten und Grenzen von Kundenorientierungen in der Kommunalverwaltung, Berlin.

Bogumil, J./Grohs, S./Kuhlmann, S./Ohm, A. K. (2007): Zehn Jahre Neues Steuerungsmodell: Eine Bilanz kommunaler Verwaltungsmodernisierung, Berlin.

Boyne, G.A./Farrell, C./Law, J./Powell, M./Walker, R.M. (2003): Evaluating Public Management Reforms: Principals and Practices, Buckingham/Philadelphia.

Budäus, D. (2006): Entwicklungen und Perspektiven eines Public Management in Deutschland. In: Jann, W./Röber M./Wollmann H. (Hrsg.) (2006): Public Management: Grundlagen, Wirkungen, Kritik, Berlin, S. 173–187.

Christensen, T./Laegreid, P. (eds.) (2002): New Public Management, The Transformation of Ideas and Practices, Burlington.

Clement, W./Merz, F. (2010): Was jetzt zu tun ist: Deutschland 2.0, Freiburg usw.

Considine, M. (2005): Making Public Policy: Institutions, Actors, Strategies. Polity Press.

Czerwick, E. (2007): Die Ökonomisierung des öffentlichen Dienstes: Dienstrechtsreformen und Beschäftigungsstrukturen seit 1991, Wiesbaden.

Diefenbach, T. (2007): The managerialistic Ideology of organisational Change. In: Journal of Organizational Change Management, Vol. 20, No. 1, S. 126–144.

Dror, Y. (2002): The Capacity to Govern, Frank Cass Publisher.

Etzioni, A. (1960), Two Approaches to organizational Analysis, A Critique and a Suggestion. In: Administrative Science Quarterly, Vol. 5, S. 257–278.

Fox, C./Miller, H.T. (1996): Postmodern Public Administration: Toward Discourse, Thousand Oaks.

Fried, A. (2003): Wissensmanagement aus konstruktivistischer Perspektive, Frankfurt/M. usw.

Ghoshal, S./Moran, P. (1996): Bad for practice. A Critique of the Transaction Cost Theory, In: Academy of Management Review, Vol. 21, pp. 13–47.

Gibbons et al. (1994): The new Production of Knowledge, London.

Giesen, B./Schmid, M. (1977): Basale Soziologie: Wissenschaftstheorie, Opladen.

Grande, E. (2008): Reflexive Modernisierung des Staates. In: dms – der moderne staat – Zeitschrift für Public Policy, Recht und Management, Heft 1, S. 7–28.

Green, S.E. (2004): A rhetorical Theory of Diffusion. In: Academy of Management Review, Vol. 29, No. 4, S. 653–669.

Habermas, J. (1968): Technik und Wissenschaft als „Ideologie", Frankfurt/M.

Habermas, J. (1973): Wahrheitstheorien. In: Fahrenbach, H. (Hrsg.): Wirklichkeit und Reflexion. Pfullingen, S. 211–265.

Hess, M./Adams, D. (2001): Community in Public Policy: Fad or Foundation?, In: Australian Journal of Public Administration, Vol. 60, No. 2, pp. 13–23.

Hess, M./Adams, D. (2002): Knowing and Skilling in Contemporary Public Administration. In: Australian Journal of Public Administration, Vol. 61, No. 4, pp. 68–79.

Hollis, M. (1994): The Philosophy of Social Science, Cambridge University Press.

Holtkamp, L. (2008): Das Scheitern des Neuen Steuerungsmodells. In: dms – der moderne staat – Zeitschrift für Public Policy, Recht und Management, Heft 2, S. 423–446.

Hondrich, K.O./Matthes, J. (Hrsg.) (1978): Theorienvergleich in den Sozialwissenschaften, Darmstadt, Neuwied.

Jann, W./ Röber, M./Wollmann, H. (Hrsg.) (2006): Public Management: Grundlagen, Wirkungen, Kritik, Berlin.

Kappelhoff, P. (2003): Evolutionare Erkenntnistheorie als Grundlage eines aufgeklärten Kritischen Rationalismus, Internet-MS.

Käsler, D. (1979): Einführung in das Studium Max Webers, München.

Kegelmann, J. (2007): New Public Management: Möglichkeiten und Grenzen des Neuen Steuerungsmodells, Wiesbaden.

KGSt-Bericht 2/2007, Das Neue Steuerungsmodell: Bilanz der Umsetzung, Köln.

Kißler, L. (2007): Warum die kommunale Verwaltungsmodernisierung (fast) gescheitert ist oder: Wo bleibt die „Reformdividende" für die Beschäftigten. In: Bogumil, J. et al. (Hrsg.): Perspektiven kommunaler Verwaltungsmodernisierung, Berlin, S. 17–27.

Klenk, T./Nullmeier, F. (2004): Public Governance als Reformstrategie, Düsseldorf.

Koch, R. (1985): Paradigmenentwicklung und Institutionalisierung der Verwaltungswissenschaft. In: Braun, H.-J./Kluve, R. H. (Hrsg.): Entwicklung und Selbstverständnis von Wissenschaften, Frankfurt/M., S. 163–195.

Koch, R. (2004): Strategische Aspekte einer Modernisierung des öffentlichen Dienstes, In: Koch, R./Conrad, P. (Hrsg.): Verändertes Denken – Bessere Öffentliche Dienste?!, Ansätze und Instrumente einer dezentralen Personalwirtschaft, Wiesbaden, S. 15–37.

Koch, R. (2004a): Umbau öffentlicher Dienste, Internationale Trends in der Anpassung Öffentlicher Dienste an ein New Public Management, Wiesbaden.

Koch, R./Dixon, J. (eds.) (2008): Public Governance and Leadership: Political and Managerial Problems in Making Public Governance Changes the Driver for Re-Constituting Leadership, Wiesbaden.

Koch, R. (2008): Strategischer Wandel des Managements öffentlicher Dienste: Designorientierte Managementlehre und die Modernisierung öffentlicher Dienste, Wiesbaden.

Koch, R. (2010): Theorieproduktionen und Gestaltungsoptionen in der Modernisierung öffentlicher Dienste, Konzepte und Folgen einer Betrachtung der Modernisierung als ein sich verstetigender Lern- und Entwicklungsprozess, In: Koch, R./Conrad, P./Lorig, W.H. (Hrsg.): New Public Service, 2. und erweiterte Auflage, Wiesbaden, S. 13–40.

Kropp, C./Wagner, J. (2008): Wissensaustausch in Entscheidungsprozessen: Kommunikation an den Schnittstellen von Wissenschaft und Agrarpolitik. In: Mayntz, R. et al. (Hrsg.): Wissensproduktion und Wissenstransfer, Bielefeld, S. 173–196.

Kuhn, T.S. (1977): Die Entstehung des Neuen, Studien zur Struktur der Wissenschaftsgeschichte, Frankfurt/M.

Lakatos, I. (1974): Falsifikation und die Methodologie wissenschaftlicher Forschungsprogramme. In: Lakatos, I./Musgrave, A. (Hrsg.): Kritik und Erkenntnisfortschritt, Braunschweig, S. 89–189.

Lane, J.-E. (2009): State Management: An Enquiry into Models of Public Administration and Management, London.

Lorig, W.H. (Hrsg.) (2008): Moderne Verwaltung in der Bürgergesellschaft, Entwicklungslinien der Verwaltungsmodernisierung in Deutschland, Baden-Baden.

Luhmann, N. (1992): Beobachtungen der Moderne, Köln.

Lyotard, J.-F. (1994): Das postmoderne Wissen, Wien.

Mannheim, K. (1969): Ideologie und Utopie, Frankfurt/M.

Maasen, S. (2009): Wissenssoziologie, 2., komplett überarbeitete Auflage, Bielefeld.

Mayntz, R. (2002): Zur Theoriefähigkeit makro-sozialer Analysen. In: Mayntz, R. (Hrsg.): Akteure-Mechanismen-Modelle: Zur Theoriefähigkeit makro-sozialer Analysen, Frankfurt/M., S. 7–44.

Mayntz, R. (2004): Governance im modernen Staat, In: Benz, A. (Hrsg): Governance – Regieren in komplexen Regelsystemen: Eine Einführung, Wiesbaden, S. 65–76.

Mayntz, R. (2006): Governance Theory als fortentwickelte Steuerungstheorie?. In: Schuppert, F.G. (Hrsg): Governance –Forschungs, 2. Auflage, Baden-Baden, S. 11–20.

Mayntz, R. et al. (Hrsg.) (2008): Wissensproduktion und Wissenstransfer, Bielefeld.

Mayntz, R. (2009): Speaking Truth to Power: Leitlinien für die Regelung wissenschaftlicher Politikberatung. In: dms – der moderne staat – Zeitschrift für Public Policy, Recht und Management, Heft 1, S. 5–16.

Mezger, E./Schneider, K. (2006): Die Grenzen privater Beteiligung an öffentlichen Aufgaben. In: Jann, W. et al. (Hrsg.): Public Management – Grundlagen, Wirkungen, Kritik, Berlin, S. 49–60.

Miller, H.T./Fox, C.J. (2001): The Epistemic Community. In: Administration and Society, Vol. 32, No. 6, S. 668–685.

Neidhardt, F./Mayntz, R./Weingart, P./Wengenroth, U. (2008): Wissensproduktion und Wissenstransfer. Zur Einleitung, In: Mayntz, R. et al. (Hrsg.): Wissensproduktion und Wissenstransfer, Bielefeld, S. 19–40.

Newman, J. (ed.) (2005): Remaking Governance: Peoples, Politics and the Public Sphere, Bristol.

Oppen, M./Sack, D./Wegener, A. (Hrsg) (2005): Abschied von der Binnenmodernisierung, Berlin.

Ortmann, G. (2003): Organisation und Welterschließung, Dekonstruktionen, Wiesbaden.

Plehwe, D./Walpen, B./Neunhöffer G. (eds.) (2006): Neoliberal Hegemony: A Global Critique, London.

Phillips, N./Lawrence, T.B./Hardy, C. (2004): Discourse and Institutions. In: Academy of Management Review, Vol. 29, No. 4, pp. 635–652.

Popper, K.R. (1994): Alles Leben ist Problemlösen, Über Erkenntnis, Geschichte und Politik, München.

Popper, K.R. (1994a): Vermutungen und Widerlegungen, Das Wachstum der wissenschaftlichen Erkenntnis, Tübingen.

Reichard, C./Röber, M. (2001): Konzept und Kritik des New Public Management. In: Schröter, E. (Hrsg.): Empirische Policy- und Verwaltungsforschung: Lokale, nationale und internationale Perspektiven, Festschrift für Hellmut Wollmann, Opladen, S. 371–392.

Rheinland-Pfalz (2009): Bürgerbeteiligung im Rahmen der Kommunal- und Verwaltungsreform in Rheinland-Pfalz, Gutachten zur ersten und zweiten Stufe der Bürgerbeteiligung Oktober 2007-September 2009, Mainz.

Rindova, V.P./Becerra, M./Contardo, I. (2004): Enacting Competetive Wars: Competitive Activity, Language Games and the Market Consequences. In: Academy of Management Review, Vol. 29, No. 4, pp. 670–666.

Rodes R.A.W. (1997): Understanding Governance: Policy Networks, Governance, Reflexivity and Accountability, Open University Press.

Schimank, U. (2009): „Vater Staat": Ein vorhersehbares Comeback. Staatsverständnis und Staatstätigkeit in der Moderne. In: dms – der moderne staat – Zeitschrift für Public Policy, Recht und Management, Heft 2/2009, S. 249–269.

Schneider, K. (2007): Bilanz von mehr als zehn Jahren Forschung zum Wandel des öffentlichen Sektors. In: Bogumil, J. et al. (Hrsg.): Perspektiven kommunaler Verwaltungsmodernisierung, Berlin 2007, S. 27–38.

Schuon, K.T. (1972): Wissenschaft, Politik und wissenschaftliche Politik, Köln.

Schuppert, G.F. (Hrsg.) (2005): Der Gewährleistungsstaat – Ein Leitbild auf dem Prüfstand, Baden-Baden.

Seifert, H. (1971): Marxismus und bürgerliche Wissenschaft, München.

Vogel, R. (2006): Zur Institutionalisierung von New Public Management, Disziplindynamik der Verwaltungswissenschaft unter dem Einfluss ökonomischer Theorie, Wiesbaden.

Wagenknecht, S. (2011): Freiheit statt Kapitalismus, Frankfurt/M.

Wehling, P. (2006): Im Schatten des Wissens? Perspektiven der Soziologie des Nichtwissens, Konstanz.

Weingart, P. (1976): Wissenschaftsproduktion und soziale Struktur, Frankfurt/M.

White, J.D./Adams, G.B. (1994): Making sense with Diversity: The context of Research, Theory, and Knowledge Development in Public Administration. In: White, J.D./Adams, G.B. (eds.) (1994): Research in Public Administration, Reflections on Theory and Practice, Newbury Park, pp. 1–22.

Routines of Knowledge Creation in Context of Public Management Paradigm Shifts

6

Rainer Koch[*]

[*] Rainer Koch & Rick Vogel (2012): Paradigmenkonkurrenz im Public Management. Zur Kritik des Diskurses um Management-Entwicklungen. Wiesbaden: Springer Gabler, S. 131–147.

6.1 Problems and Questions: Knowledge Creation in Management Philosophy Contests

The vantage point of this debate can be the assumption that – also in the field of public management – a continuous refinement of research and methods (controllable modes to create as well as verify statements on "social reality") may necessarily have a positive impact on knowledge creation (either on expanding or refining knowledge of the "outer world").

In pursuing this question there is first the classic "positivist" assumption (the assumption of the analytical philosophy of science) that notably a strict reliance on the "methodology of falsification" (the attempt to deliberately trying to falsify propositions in the light of given basic statements) can be considered a reliable (epistemological) device for improving or extending our (objective) knowledge of the "outer world" (in Popper's words – is creating "growth" of knowledge). However, as it is well known this view is already fiercely contested for a long time by alternative "interpretative" or "constructivist" approaches insisting on the point that knowledge creation at large has to be considered part of a society-wide "reproduction circuit" according to which the whole range of academic disciplines – in the attempt to maintain the status of a politically as well as socially indispensable "production factor" – cannot but to produce "useable knowledge" and thus to organize knowledge creation in a strongly purpose-driven way from the very outset. From this view, it is then especially the externally imposed need of having to meet the societal articulated information provision requests which is consequently more or less inevitably turning knowledge creation into the production of some highly "constructed" as well as some very specific "perspective knowledge" from an epistemological point of view (Miller/Fox 2001). In defining knowledge creation in terms of such a "socially embedded event" it is nothing but consequent then to also understand knowledge creation as a genuine micro-political contest amongst various "scientific communities" mainly directed at achieving supremacy for their own paradigms as solely valid and thus legitimate perspectives to define as well as to resolve management design problems of the state and administration. Lastly, by making it part of a society-wide "reproduction circuit" this way – knowledge creation in management discourses is at least implicitly also to be considered as a notorious attempt at establishing one's own philosophy as dominant "intellectual hegemony" – and thus becoming awarded the status of a dominating "knowledge deliverer" in return (Plehwe/Walpen 1999).

Consequently, conceptualizing paradigm shifts as constant struggles amongst scientific communities to achieve dominance (or to retain its status) it becomes more than apparent that such a conceptualisation must inevitably have repercussions upon the way as how knowledge will be created. As far as such a view is applied to the wider field of public management (with its given set of contesting approaches) it will immediately become a main issue that under these conditions knowledge creation might from the beginning be rather directed at producing a kind of "ideologically fitting" knowledge – knowledge which can be used by politics to put its own policy developments on a rational footing. Strictly speaking, knowledge creation in this regard could then consequently become limited to the purpose to give some good (scientific) reasons (justifications) for following or accepting policy changes called upon from some political quarters. However, coming more narrowly from an also integrated epistemological point of view the more interesting question in this regard is to find out how the same range of conditions may not only require academia to provide highly specific "perspective knowledge" for policy legitimizing purposes, but also to give some convincing insights into the pretended or claimed superior functional capacity of one's own recommendations (Morgan 2007). Provided such a contest would challenge the various "camps" involved to also verify methodically as how their recommendations have to be considered as proven means for purposively restructuring "social reality" it then cannot be ruled out any longer that such a contest can also result again in creating "new" or "novel" knowledge – albeit understood in conventional terms (still linking paradigm shifts explicitly to questions of epistemology and methodology Zhang/Wang/Colucci/Wang 2011).

In the following it is then left to a specific system- and evolution-theory based social learning perspective to specify the conditions under which management philosophy contests are expected to also bring to light a "methodology" useful in itself for creating "novel" knowledge for designing and implementing management developments (expanding or refining our knowledge of the "outer world").

6.2   Conceptualizing Paradigm Shifts as Social Learning Processes

To deal adequately with our research question we firstly have to outline in conceptual terms (at best in terms of some testable hypotheses) as how the running of paradigm shifts can also result into the creation of novel knowledge about the design and implementation of public management developments (for all the most recent conceptual developments of the sociology of science studies Vogel 2006, pp. 134). In order to get an adequate preliminary understanding of the various single drivers of paradigm shifts we at least implicitly will make use of some meanwhile well-established conceptual specifications of the rather classic institutional approaches for reconstructing scientific knowledge creation processes (Staber 2002; Kappelhoff 2007; Maasen 2009, pp. 53). Accordingly, for mapping the various drivers we are especially going to follow the (system- and evolution-theory derived) social learning proposition of knowledge creation that also the various parts of the academia – as societal embedded "learning systems" – do have to constantly adjust (that means to "vary", to "select" as well as to "retain") their own "routines" (their modes of action) for staying able to successfully respond to changing environmental challenges (for an example with an integrated learning perspective Abrahamson/Fairchild 1999; for the more narrow epistemological implications see Luhmann 1985, pp. 647 as well as Popper 1994). Consequently, applying social learning arguments to academic developments this way we then also should obtain the opportunity to specifically unfold the whole dynamic (the"interplay") of exogenous and endogenous conditions under which parties of an ongoing paradigm shift will not only be required to use some "social routines", but will also have to revert to some very specific "cognitive" ones for pushing through a new management philosophy – for establishing a new "orthodoxy" in the field of public management (with regard to these routines also Gibbons et al. 1994, p. 3). By focussing our analysis on the way switches to new concepts are being justified in rather cognitive terms this then finally shall give us also the opportunity to find out how these activities are bringing to light "methodologies" already useful in itself for creating some "novel" knowledge – for expanding or refining our knowledge of the "outer world".

As being considered embedded into a society-wide "reproduction circuit" it is nothing but consequent of a social learning perspective to make specifically the challenge to single scientific communities to maintain its own status as a society-wide respected "production factor" the main driver of knowledge creation processes already at large. In line with this basic assumption it is then also a central part of our own theoretical thinking that single academic disciplines – for securing an adequate social as well as political appreciation – are even deliberately aiming at staging management philosophy contests or paradigm switches for getting the opportunity to demonstrate their status as superior "knowledge entrepreneurs" or "knowledge deliverers". As institution-building needs are coming into play here it is no wonder that under these circumstances management disputes are conceived as looked for opportunities for the single contesting "camps" to push through their own "knowing systems" in terms of the now solely valid and/or tolerable management philosophy at all – and thus trying to achieve "intellectual hegemony" at the end of the day. However, in order to trigger the necessary positive responses relevant in this regard (notably to attract the necessary social and/or political support) it is then only one further step to assume that under these circumstances academia already at large has to learn (as part of a wider "empire-building" strategy) as how to deal properly with the information provision needs articulated by powerful political actors – and therefore to also produce politically desired or fitting knowledge in exchange. By conceptualizing "cause-to-effect" relations of knowledge creation this way, it then also can easily be assumed (or justified) as how knowledge creation is also becoming inevitably directed at producing some very "perspective" (particularistic) knowledge – or is developing a highly "constructed", if not "ideological" character in turn (with reference to Mannheim see Maasen 2009, pp. 24).

However, unfolding conditions of knowledge creation this way this does not mean that knowledge creation will become exclusively tied back to fulfilling "empire-building-"or "community–building purposes". On the contrary, as being required to produce "useable knowledge" (because otherwise all the other measures to legitimize policy changes would not work) it is assumed from this point of view that knowledge creation is surely also to be directed at demonstrating (has to deliver some reproducible insight) as to how recommended measures can be trusted in as proven means for accomplishing the once envisaged management changes. Thus, following these different assumptions we expect that in the course of knowledge creation firstly attempts will become apparent to fall back on (to revert to) some "social routines" for pushing through a paradigm shift. Accordingly, it is nothing but consequential in this regard that also our own analysis is going to highlight as to how a well known set of some socio-psychological (or rhetorical) techniques – ranging from framing or screening of individual perceptions through attitude-building to value formation- is coming into play for justifying the envisaged change in management philosophies (Green 2004). As it is known from the socio-psychological concepts of triggering an "attitude change", to apply "social routines" of that kind means to give rather higher-level moral or ethical grounds as why to accept or to follow an envisaged "change in perspective" – in more epistemologically terms to accept new "lenses" or "frames" for capturing and processing management modernisation problems. Therefore, it does not come as a surprise either that in the course of current management discourses (on the basis of a more specific linguistic analysis) techniques to utilize moral or ethical issues rather than logical or rational ones are becoming dominant.

However, it is absolutely in line with the assumptions of a (system- and evolution-theory based) social learning concept that in ongoing contests at least in the long run some further "cognitive routines" must come into play for verifying the "truth" of one's own arguments in a way– for demonstrating also the superior capacity (the "technical credibility") of one's own concepts in dealing with modernisation problems in substantive terms. As this is all still taking place in context of social learning processes (under the still prior "need to survive" or to cope successfully with continuously changing environmental challenges) this of course cannot mean that such a verification will be carried through in terms of the well known routines of a "methodology of falsification". Under the given social circumstances it is clearly not to be expected that the competing parties will be inclined to put their concepts systematically to an empirical test – to tests with an uncertain outcome and thus being associated with some unbearable social risks. Nonetheless, with the help of our analysis we will be able to reveal as how the competing parties even under these circumstances are at least making attempts to give their own recommended concepts a steadily raising conclusive or rational character by systematically strengthening their internal consistency (very similar again Vogel 2006, pp. 159/160). Therefore, in relying on a social learning concept for reconstructing knowledge creation processes does not necessarily mean that we already have to abstain in total from the well-established assumptions about the possibilities of a systematic or a homogenous "growth" of knowledge – however, what is worked out by applying such an analysis will be that the "ways" and "means" to accomplish such a growth will take on a quite different character.

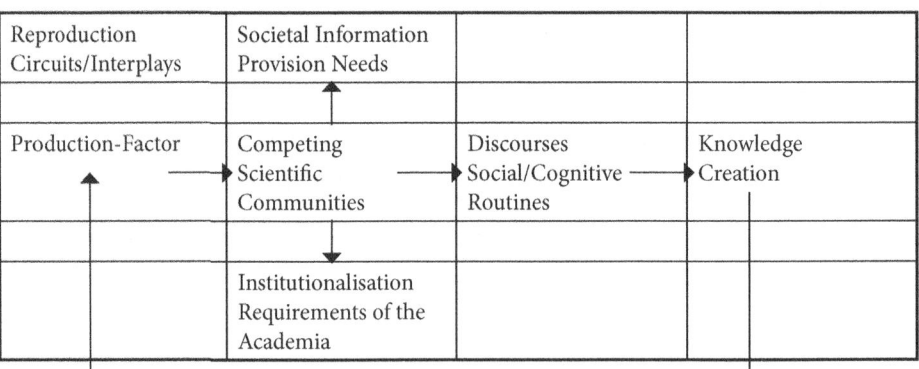

Own Source

Abb. 6.1: Social Learning Arguments to interpret Paradigm Shifts/Knowledge Creation

To find an adequate object of inquiry for bringing these implications to light it certainly would be useful to go over a broad range of different paradigm shifts. Consequently, as far as the more developed countries in Europe are concerned it would absolutely make sense to make all the well known paradigm shifts of the last decades or so the focus of such a survey – making then for instance shifts from the traditional bureaucratic system to the comprehensive planning system approach or that of a turn towards the NPM-type of a contract management fruitful objects of analysis (as applications to foregoing examples of paradigm shifts see again Vogel 2006 and for a comparative cross-sectional analysis of the emergence of the NPM doctrine Saint-Martin 2000). However, for our own purpose of analysis it should already prove to be sufficient to concentrate our analysis on the very latest developments relevant in this regard – to concentrate on the still ongoing attempt of the "governance perspective" (understood here as an "epistemic community") to over-throw the inherited NPM-paradigm in the shape of either an "output-oriented" type or even a "contract-based" type of management (and thus the inherited "planning and steer-ing" paradigm) as the dominant philosophy to modernise the management of state and ad-ministration so far (Rhodes 1997; Koch/Dixon 2008). To put the focus on this contest, the analysis is firstly allowing us to demonstrate as how – in terms of context-factors – some genuine social needs (the need to meet system- building ends and thus especially the need for some epistemic communities to get reestablished as respected "productions factors") are clearly becoming main driving forces for shaping the overall structure of the upcom-ing contest (and the "discourses" respectively). On the other hand this case also allows us to elaborate as how even under these conditions from a certain point onward needs come up to apply some rather "cognitive routines" for then validating the "truth" of one's own arguments – and thus spreading some convincing insight into the capacity or preferability of the envisaged replacement (in regard to all these aspects we are following Koch/Vogel 2011). Thus, following this design our analysis is going to give the opportunity to find out as to whether (if at all and the to what extent) paradigm shifts – conceptualized as strongly "socially embedded" phenomena – can be made a subject for detecting suitable ways to produce "better" or "novel" knowledge.

6.3   Routines to run Public Management Philosophy Contests

Applying social learning theory arguments of this kind for reconstructing knowledge creation processes it is becoming clear that also in our case, newly raising demands for scientifically justifying envisaged policy changes are typically setting off new knowledge creation cycles – thus calling various scientific communities (or camps) into action to push through their own paradigms as supposedly superior concepts in this regard

6.3.1   Raising Mistrust for Setting off a Paradigm Shift

Following these lines it obviously cannot come as a surprise that knowledge creation in this case is absolutely not set off by some upcoming "anomalies" or "inefficiencies" which could not be dealt with from the view of the hitherto dominantly applied modernisation concepts – from the more or less classic approaches of planning and steering theory (in the main we are relying here again on the compilation of evaluation study results in Bogumil et al. 2007 passim). In sharp contrast to the other well known "rational concepts" to reconstruct the history of science, it is therefore not a contest between competing concepts to find out which one is going to have a superior explanatory and/or pragmatic capacity to cope with these upcoming "anomalies" or "inefficiencies" (by the way we are speaking here of first upcoming "implementation deficits" as they can be expected already in general as regular side-effects of large-scale management change processes) which is making up the starting point of this intended paradigm shift. In contrast to the "rational concepts" it is rather a gradually emerging change in political orientation (and thus newly raising demands for a scientific legitimization for the envisaged "roll back" from a "small state concept" philosophy to some sort of "neo-welfare state policy") which is going to work as a trigger for a paradigm shift in the wider field of public management. Therefore, this paradigm shift is not so much on refuting the so far dominating concepts on methodically controlled rational reasons, rather attempts are becoming apparent to stage the management philosophy discourse by criticising the so far dominant concepts already for moral and/or ethical reasons.

Consequently, there is clear evidence in this case that under these circumstances some of the hitherto rather fringe academic disciplines (like some political science approaches) are seizing the opportunity to discredit the cognitive capacity of the so far dominant planning and steering approaches already at large. In following this track it is then clearly not the overriding aim of these camps to give detailed analytical proofs for the alleged failure of the planning and steering approaches to adequately design and implement management reform concepts so far (or to refute the "technical efficiency" of these approaches in terms of proven means). On the contrary, for bringing themselves back into the overall political as well as academic discourse as potent or powerful "institutional players" these camps rather make use of a more "social routine" (or technique) to blame the so far dominating concepts (and the respective single protagonists as being suffering from a deplorable personal handicap) of having already totally disregarded (and in turn also mistreated) the major challenges of modernising the management of state and administration by just applying "false theory" (Wildavsky). Instead of giving detailed proof rather the claim is raised that all the visible "inefficiency" (especially the failures to cut down debts or to raise work moral on part of public services) already stem from the problem of applying "economistic reform approaches" which – from their view – cannot but prove itself as inadequate to cope with management problems in the public sector from the very outset (as "bad management theory" Ghoshal/Moran 1996) due to its presumed epistemological as well as ontological limitations. Accordingly, instead of giving rational empirical grounds (e.g. by successfully empirically linking respective failures to "economistic reform approach" on a comparative basis) the attempt is made – by concurrently drawing on a changing political climate – to reject the suitability of the given approaches already at large – more specifically, by discrediting its "value" already on moral and/or ethical grounds. Lastly, for initiating this paradigm shift a fairly clear cut "social practice" (more precisely the techniques of "conditional learning" or just a widespread social prejudice) is being put into place here according to which a preceding successful classification of current approaches as (unsuitable) "economistic reform approaches" is then already becoming a sufficient means for raising mistrust in the effectiveness or suitability of these concepts solely because of all the widespread negative connotations such a classification is associated with in the wider public (for these debunking techniques see also Rindova/Becerra/Contardo 2004). In terms of a "social routine" the attempt is made to benefit from the negative psychological implications of deep-rooted (social) prejudices.

Reconstructing the take-off of a paradigm shift this way it is becoming more than clear that knowledge creation at this stage cannot be equated with an internal striving for novel knowledge – or with a striving to get closer to the "truth". Thus, knowledge creation at this stage is definitely not about a contest amongst competing approaches to find out which of them will be able to present more compelling knowledge on designing and implementing workable management improvements. Consequently, at that point of time, knowledge creation will not be either an undertaking from which methodical inventions for doing public management research can be expected. Under given circumstances it rather looks as if knowledge creation is resulting in politically induced and insofar also awarded practices to bring in some new or alternative "lenses" or "frames" for dealing with management problems at large. From our own meta-theoretical point of view, knowledge creation is then rather targeting at deliberately changing attitudes and perceptions (to make people following an envisaged "change") – and thus is taking on the shape of social learning processes from the beginning.

6.3.2 Value Judgements for Justifying Switches to Alternative Paradigms

Following the lines of a social learning perspective we will also become able to disentangle which measures or means will be taken by the various drivers of the paradigm shift for now specifically justifying the switch to an alternative concept (notably to a society-wide "governance perspective") in itself. In applying a social learning concept it cannot come as a surprise that at such a stage, knowledge creation will definitely not take on the shape of a special phase or sequence of "extraordinary science" (Kuhn) – the shape of finding out the superior cognitive capacity by way of running comparative tests. Since the claim for an alternative management philosophy has been substantiated so far on moral (or normative) grounds ("economistic concepts are bad for being applied to the public sector") it does not come by a surprise either that knowledge creation at this point is also proceeding in terms of a rather abrupt shift in favour of an alternative paradigm or concept – or in other words in terms of the widely cited figure of a "scientific revolution" (or of a "gestalt switch"). From our own view it is consequently becoming a crucial point that at this stage, knowledge creation is inevitably getting reduced to producing a value judgement – thus constituting decisions rather on the basis of politically derived desires or feelings (thus is rather imparting statements as to whether actions and practices are to be assessed as either "good" or "bad") (Hollis 1994, pp. 209).

To conceptualize this stage this way it certainly does not mean that none of the more cognitive routines for justifying a paradigm shift will have to fall due at this point of time. As all these competing camps have to go on operating in an academic environment it goes without saying that these camps are still required to also meet some "internal standards" for validating the "truth" (or adequacy) of their own academic reasoning. Therefore, it is no wonder that at this stage, also some attempts are made to give (methodically controlled) at least some empirical grounds for one's own claim to switch to an alternative management philosophy. To meet these expectations it is becoming apparent that especially some (by the way also politically funded) evaluation-studies are being deliberately put into the scene to justify these claims (Bogumil et al. 2007). And, as a matter of fact, in this regard some very serious attempts are being made to stick to a variety of fairly challenging methodologies (ranging from multi-level-analyses through factor analysis approaches to differently sampled surveys). However, under the given social as well as political circumstances, these efforts seem to denature to a "symbolic undertaking" lastly only being directed at refuting/rejecting the so far so dominant planning and steering approach with the help of some very biased or highly construed research outcomes – but not at all succeeding at the same time to prove the adequacy of the envisaged switch towards the "governance perspective" in itself. Up to now, these efforts have not yet been successful in proving how such a switch (in particular to a more "network-oriented analysis") could come off better in dealing with the so far highly criticised management reform deficiencies (especially with the still relevant claim to cut down budgetary deficits and an allegedly still progressing loss in work moral on the part of the public service or a likewise pretended raising resistance to change). Under these circumstances, it cannot come as a surprise that the desired switch then is simply justified in terms of a value judgement.

Therefore, having once successfully criticised preceding concepts as being far to narrow in heuristic terms (in particular the then stated lack to get an adequate grasp of all the politics involved in large-scale reform projects) it is already this critique which is giving now the room to these parts of academia (notably to some parts of the political science camp) to jump into this "vacancy" for recommending its own "governance perspective" as a now far better (first and foremost "heuristically" better) adjusted concept – as a concept having a better adapted "context of discovery" at hand. Under these circumstances it is definitely not the superior cognitive capacity of the recommended "governance perspective" to create proven or better functioning concepts and techniques for resolving current management problems (e.g. for deploying or allotting scarce financial resources efficiently) which makes the governance perspective succeeding over the other competing management approaches – notably over the classic planning and steering approach. On the contrary the crucial point in this regard is rather – what really makes a difference in this regard – the fact that the now slipping in "governance perspective" is going to offer a "context of inquiry" (in particular making the rather "networked" area of governing central "object of inquiry") which at the same time can be capitalized on by the supporting political quarters (this time political groupings from the left wing of our political party spectrum) for giving its own envisaged policy changes a more legitimate grounding in the view of the wider public. Therefore, also at this stage, it is not for cognitive grounds – it is not the expectation to get some more proven techniques on hand to drive modernisation activities – but it is the "value judgement" on the side of some interested political quarters to have from now onward (in contrast to foregoing planning concepts) an "object of inquiry" available which allows to make issues a subject of inquiry being of high importance or great value to mobilise support for one's own political philosophy within the wider public or electorate – at the end of the day offering a subject of inquiry which allows in particular to put issues as to how to popularize a (neo-)welfare state policy at the top of the agenda. Strictly speaking, the (higher) "value" of following this recommendation is then stemming from the now open possibilities (firstly in terms of academically induced "heuristics") to deal again with social prerequisites as well as consequences of management reform activities to a far larger extent (to link output-/outcome-optimization questions with those of spreading social welfare) – and thus becoming able to address also society-wide relevant issues of social welfare and equal treatment more strongly than before.

In line with our own attempt to conceptualize knowledge creation processes as overarching processes of social and /or political learning, it is then once again not a continuously spreading insight into a superior cognitive capacity but already a sort of a conviction which in the last resort becomes the crucial driver for getting the governance perspective lifted to a now dominant modernisation perspective (in our case also with all its implicit turns to a non-positivist or postmodern ontology and methodology).

6.3.3 Raising Internal Consistency for Verifying Adequacy/Suitability

Though the whole process has been conceptualized here as a process of social learning – as a process in which value judgements are playing a predominant role in declaring the governance perspective a superior academic paradigm – this definitely cannot mean likewise that the governance perspective is now totally exempted from producing at least some sort of evidence for being able to deal with actually given management problems in a somehow workable way. On the contrary, to give this perspective a sustainable character it also becomes necessary for this concept not only to provide new "frames" (an extended "positive heuristic") for identifying the now challenging management problems in a different way (as already spelt out by now turning the focus of inquiry towards the "net-worked area" of governing) but also to demonstrate how this concept is to be applied for deriving proposals to get these problems also effectively under control.

However, under given circumstances, such a stage of a knowledge creation process is clearly not directed at putting deliberately singled out propositions of the governance perspective (linguistically expressed as "means-to-ends" arguments) to an empirical test for finding out whether proposed actions to overcome management problems are going to work as predicted or not – or in other words, as to whether proposed actions are proving successful in changing "external conditions" of the "outer world" in the way predicted or desired. On the contrary, instead of testing the given concept against "reality" (or even trying to systematically "falsify" the stated utility of proposed actions) knowledge creation at this stage is rather directed at refining the given "internal structure" of one's own model (notably by refining the internal hypothetico-deductive structure of the concept itself) in a way that proposed actions can be – each time in the light of the once foregoing introduced challenges or premises – deduced as logically indisputable or compelling conclusions. Therefore, having once declared problems of politics as major challenges of running large-scale modernisation projects (notably to cope with problems of "consent building" and "conflict resolution") it is nothing but consequent under these conditions that methodological efforts – by coming from a postmodern epistemological position now albeit in terms of linguistic-interpretative constructions – are mainly spent for elaborating as why notably measures of "place management"

– and thus "discursive methods to communicate" have inevitably to be considered as best suiting means for making concerted actions possible in strongly net-worked or fragmented areas (see from an international angle Hess/ Adams 2001 and typical for a foregoing attempt with the NPM doctrine Barzelay 2002). In this regard, we should not omit mentioning that in the course of these elaborations – albeit a bit aloof from the rather micro-political activities – also attempts are underway to present a fully blown picture of an internally consistent constructed alternative system of management by now trying to strictly follow the postmodern methodical approaches of "deconstructioning" (see as example Kegelmann 2007). However, it is to be kept in mind that "internal consistency" may become here already an issue, because once a value decision has been taken to follow alternative management principles (e.g. by favouring "decentralisation" or "participatory measures" already in their own right) all the following elaborations necessarily have to stay in line with this principle already for moral or normative reasons.

As a consequence, there is evidence in this case that under these conditions knowledge creation at this stage is not that much focused at producing "better" or "more refined" knowledge notably by testing ones own propositions against the "external world". What is more obvious in this regard is that attempts of knowledge creation (methodological work) are rather directed to work out an increasingly consistent system in itself (by tradition in terms of logically construed "taxonomies") for becoming able to demonstrate on the basis of logically compelling conclusions as to how at least in the light of one's own epistemological and ontological premises measures to improve "place management techniques" will unavoidably prove most effectively to bring about concerted actions in the now important "networked" areas of governing. Therefore, once again knowledge creation is not so much focused at eliciting "truth" by testing assumptions against hopefully independently defined "basic statement", but rather at confirming the "adequacy" of given recommendations with the help of some (theory-based) self-referential or circular arguments (also critical but rather from a more conceptual point of view Lane 2009). Consequently, from a logical point of view, arguments are applied here according to which the "adequacy" of these recommendations is already confirmed in terms of a logical circle – lastly by making references to epistemological or conceptual premises (notably the politics dimension of all management reform projects) introduced beforehand (for a basic discussion Christis 2001).

In following a social learning concept for reconstructing paradigm shifts such an analysis then can, at least basically, highlight that also some basic "cognitive routines" are becoming relevant for giving recommended concepts a somewhat compelling appearance or character in their own right. However, to reconstruct cognitive implications this way, it is also becoming evident that there is – as a matter of fact – a striving to give one's own concept the now also needed more compelling character, but that this striving is rather stemming from the impact of the continuously influential social side-conditions of the ongoing management philosophy contest. Accordingly, the approach simply to improve internal consistency – and not to engage into a comparative testing of the capacity of alternative concepts is clearly not going back to the very often cited cognitive handicaps of a too large "incommensurability" amongst the concepts under question. As everybody knows, there are already attempts on the way since long to bring together the initially different frames of analysis of a society-wide governance perspective with that of a rather more closed system theory perspective in a convincing logical as well as substantive manner (see also Etzioni 1960). On the contrary, this approach is being put into action here because this approach allows on the one hand to reliably demonstrate one's own competence of being a valuable "knowledge entrepreneur" (especially in the eyes of politics), but on the other hand to do this also without putting oneself at a too difficult to calculate social risk by becoming engaged into a genuine test against "reality" on a comparative basis. Therefore, following these lines of a social learning process analysis it is becoming more than clear that there is no doubt that the various social conditions to run such a management philosophy contest (especially the overriding need to secure its status as an attractive "scientific community") are surely requiring academic camps to work at the scientific credibility of their arguments as well – but under given circumstances only to make them even more incontestable.

6.4   Epistemological Consequences of Having Knowledge Creation as Social learning

As far as the analysis as well as the evaluation of possible epistemological consequences of knowledge creation is becoming an issue it is clear that a wide spectrum of differently structured conceptual and epistemological positions (in principle also ranging from constructivism on the one hand to naturalism and realism on the other) is coming into play here (Geelan 1997, White/Adams 1994).

Against this spectrum our own social learning approach is firstly taking the stand that – in context of an overarching "reproduction-circuit" frame of reference – some "interplays" between exogenous and endogenous factors are acting as crucial drivers of knowledge creation. More specifically, the way we have reconstructed the various stages of such a process it is becoming clear in our case that it is, in the main, the interlocking or mutually dependent interests of politics and academia (the search for a rational grounding of policy switches on the hand – and the striving for becoming acknowledged as a valuable societal production factor on the other) which makes both sides interact in knowledge creation – and thus also to make them to follow some special forms of "social" or "cognitive routines" for the purpose of knowledge creation. However, coming from the epistemological as well as conceptual premises of a learning perspective it is also considered worthwhile in this context to now finally raising the question as to whether the different "routines" used for running such a process can be made an object for detecting suitable ways (or to indicate some sort of a "methodology") to produce "better" or "novel" knowledge for designing and implementing modernisation processes.

1) Going across the various stages it firstly becomes clear that a paradigm shift is not – at least not in this case – induced by passing phases of some sort of "extraordinary science" – by a need to jointly overcome spontaneously emerging "anomalies" (in terms of the often cited "puzzle solving") – and thus by running a contest amongst different concepts to find the superior problem solving mechanisms. On the contrary, it is becoming obvious that some social or psychological mechanisms are gaining the upper hand for paving the way for a paradigm shift – that at this stage an attempt is being made to discredit the inherited planning and steering approach already for some strong normative or moral reasons – de-

claring it a "false theory" – the use of which is eventually only aggravating giving management problems ("bad management").

2) However, also when it comes to closing the growing "gap" by a competing paradigm it is once again the rather "social routines" which are going to play a dominant role. Therefore, it is clearly not the expected cognitive capacity in overcoming topical management design problems (an already tested range of propositions relevant in this regard) which is playing a decisive role in declaring an alternative paradigm – in this case the governance perspective – the now dominant management philosophy. Without disregarding the driving force of all other exogenous factors, it is rather the growing "conviction" on all sides (thus a value judgement) that the envisaged turn to a governance perspective will provide a "context of discovery" (a "frame" or some new "lenses") absolutely useful for making now some relevant political ends (amongst others also issues such as raising wages or a general improvement of employment conditions for the public service at large) again topics of a public debate. In stressing the social learning character this way, it is also becoming clear that it is rather the assumed "relevance" than the possibly already proven "rigour" of already available arguments which is working as a crucial driver at this stage.

3) Even though it seems as if only rather social practices are at work so far, it definitely cannot to be ruled out that also some more genuine cognitive ones have to be applied for giving the overall change a somehow workable appearance at least for the long run. From a methodological point of view, cognitive methods to validate the "truth" may come into play here when attempts are made to actually recommend the "governance perspective" as a practical problem solving mechanism. As already mentioned above, it is true that in this regard, at least to some extent, also endeavours are becoming apparent to discuss methodological problems as how to get the governance perspective turned into a research concept and thus to give it a more operational as well as testable character (implicit subjects of discussion are then e.g. as how to link the macro- and micro-levels of analysis; as how to combine survey data and case study data- and last not least as how to quantify qualitative variables). However, in following the lines of our own concept of inquiry, it is becoming more than evident at this point that applying the governance perspective (as a "knowing system") to (external) "reality" also means in this case that knowledge can be or is only produced alongside its own epistemological as well as ontological settings or premises. Consequently, knowledge creation under these circumstances (especially leveraged by typical system-specific "autopoietic" communicative practices) does not mean to capture new insights from the "outer world", but is first and foremost directed at making sure that recommendations appear as conclusions each time derived in an incontestable logical way from these premises (whereas for some slightly different reasons the strategy of internally consistent model-building has already been since long at the heart of nearly all management design approaches of Public Management, see Miller 1987). Under these conditions, it nearly goes without saying that "truth" for these recommendations can only be claimed in terms of some "self-referential" and thus " self-confirming" arguments (to the greater debate again Christis 2001). From a theory of cognition point of view (as with the now popular theory of evolution variant) it is then becoming a crucial question from which point onward perceived or fed back "failures" ("inefficiencies") to deliberately intervening into the "external world" may or will give rise to modifying its own propositions

– and will lastly give reasons to adapt its own meta-theoretical and thus not yet contested settings (with a discussion of some criteria or thresholds being of theoretical relevance in this regard see again Luhmann 1985, pp. 655).

Consequently, all efforts of knowledge creation of that kind seem specifically directed at making their own perspective run as a problem solving mechanism as consistently as possible (like a logically "closed shop"). Under these conditions then "better knowledge" (understood in Lakatos words in terms of a "positive heuristic" or a "progressive research programme") can only be expected as far as attempts are made to elaborate the internally given hypothetico-deductive structure – the set of internally deduced conclusions (from the "hard core" of the concepts under consideration). Therefore, it is not surprising that, at the moment, respective efforts are rather directed at giving ever more conceptual reasons for a necessary application of the high-rated "Place Management" techniques ("communicative practices") than instead to simply put respective recommendations to a thorough "empirical test". As knowledge creation is then inevitably guided by the "horizons" unfolded by the theoretical arguments introduced beforehand, it finally also results from these observations that paradigm shifts are not at all leading to a production of novel or better knowledge (least off all "superior" knowledge) but is rather ending up in delivering "more and more knowledge of the same". To conceptualize knowledge creation processes from a basic social-theory perspective as processes of social learning it then also gives the opportunity to make clear that it is – generally speaking – the even partly self-imposed striving to secure its own status as a respected or valued "production factor" which urges academic camps rather to deliver logically consistent arguments than to put oneself continuously to test – or at risk.

References

Abrahamson, E./Fairchild, G. (1999): Management Fashion: Lifecycles, Triggers, and Collective Learning Processes. In: Administrative Science Quarterly, Vol. 44, pp. 708–740

Barzelay, M. (2002): Origins of the New Public Management: An International View from Public Administration/Political Science, In: McLaughlin, K./Osborne, S.P./Ferlie, E. (eds.): New Public Management, Current Trends and Future Prospects, London/New York, pp. 15–33

Bogumil, J./Grohs, S./Kuhlmann, S./Ohm, A. K. (2007): Zehn Jahre Neues Steuerungsmodell: Eine Bilanz kommunaler Verwaltungsmodernisierung, Berlin

Etzioni, A. (1960): Two Approaches to Organisational Analysis: A Critique and a Suggestion, In: Administrative Science Quarterly, Vol. 5, pp. 257–278

Geelan, D.R. (1997): Epistemological Anarchy and the Many Forms of Constructivism, In: Science & Education, 6, pp. 15–28

Ghoshal, S./Moran, P. (1996): Bad for practice: A Critique of the Transaction Cost Theory, In: Academy of Management Review, Vol. 21, pp. 13–47

Gibbons, M. et al. (1994): The new Production of Knowledge, The Dynamics of Science and Research in contemporary Societies, Sage

Green, S.E. (2004): A rhetorical Theory of Diffusion, in: Academy of Management Review, Vol. 29, No. 4, pp. 653–669

Hess, M./Adams, D. (2001): Community in Public Policy: Fad or Foundation?, In: Australian Journal of Public Administration, Vol. 60, No. 2, pp. 13–23

Hollis, M. (1994): The Philosophy of Science, Cambridge

Kappelhoff, P. (2002): Komplexitätstheorie: Neues Paradigma für die Managementforschung?, In: Schreyögg, G./Conrad, P. (Hrsg): Theorien des Managements, Wiesbaden, S. 49–102

Kegelmann, J. (2007): New Public Management: Möglichkeiten und Grenzen des Neuen Steuerungsmodells, Wiesbaden

Koch, R./ Dixon, J. (eds.) (2008): Public Governance and Leadership: Political and Managerial Problems in Making Public Governance Changes the Driver for Re-Constituting Leadership, Wiesbaden

Koch, R./Vogel, R. (2011): Public Management Modernisation Options: Towards a Socioconstructivist Analysis of the Emergence of Revisionist Models to Modernise the Management of the State Apparatus, In: Koch, R./Conrad, P./Lorig, W.H. (Hrsg.): New Public Service, 2., überarb. u. erw. Aufl., Wiesbaden, S. 368–382

Christis, J. (2001): Luhmann's Theory of Knowledge: Beyond Realism and Constructivism?, In: Soziale Systeme, Vol. 7, Heft 2, pp. 328–349

Lane, J.-E. (2009): State Management: An Enquiry into Models of Public Administration and Management, London

Luhmann, N. (1985): Soziale Systeme, Grundriß einer allgemeinen Theorie, Frankfurt/M.

Maasen, S. (2009): Wissenssoziologie, 2. kompl. überarb. Auflage, Bielefeld

Miller, D. (1987): The Genesis of Configuration, in: Academy of Management Review, Vol. 12, No. 4, pp. 668–701

Morgan, D.L. (2007): Paradigm Lost and Pragmatism Regained: Methodological Implications of Combining Qualitative and Quantitative Methods, In: Journal of Mixed Methods Research, 1, pp. 48–76

Plehwe, D./Walpen, B. (1999): Wissenschaftliche und wissenschaftliche Produktionsweisen im Neoliberalismus, in: PROKLA, Zeitschrift für kritische Sozialwissenschaft, Heft 115, 29. Jg., Nr. 2, 1–33

Popper, K.R. (1994): Alles Leben ist Problemlösen, Über Erkenntnis, Geschichte und Politik. München

Rindova, V.P./Becerra, M./Contardo, I. (2004): Enacting Competitive Wars: Competitive Activity, Language Games and the Market Consequences, in: Academy of Management Review, Vol. 29, No. 4, pp. 670–666

Rhodes R.A.W. (1997): Understanding Governance: Policy Networks, Governance, Reflexivity and Accountability, Open University Press

Staber, U. (2002): Der evolutionstheoretische Ansatz in der Organisationsforschung: Einblicke und Aussichten, in: Schreyögg, G./Conrad, P. (Hrsg): Theorien des Managements, Wiesbaden, S. 113–147

Vogel, R. (2006): Zur Institutionalisierung von New Public Management, Disziplindynamik der Verwaltungswissenschaft unter dem Einfluss ökonomischer Theorie, Wiesbaden

White, J.D./Adams, G.B. (1994): Making Sense with Diversity: The Context of Research, Theory, and Knowledge Development in Public Administration. In: White, J.D./Adams, G.B. (eds.) (1994): Research in Public Administration: Reflections on Theory and Practice, Newbury Park, pp. 1–22

Zhang, W./Wang, Y./Colucci, W./Wang, Z. (2011): The Paradigm Shift in Organizational Research, in: International Journal of Knowledge-Based Organisations, 1, No. 2, pp. 57–70

Konstitution der Verwaltungslehre als designorientierte Managementlehre des öffentlichen Sektors

7

Rainer Koch*

* Rainer Koch & Rick Vogel (2012): Paradigmenkonkurrenz im Public Management. Zur Kritik des Diskurses um Management-Entwicklungen. Wiesbaden: Springer Gabler, S. 149–174.
Überarbeitete Fassung von Rainer Koch: Strategischer Wandel des Managements öffentlicher Dienste: Designorientierte Managementlehre und Modernisierung öffentlicher Dienste, In.: Rainer Koch (2008): Strategischer Wandel des Managements öffentlicher Dienste, Gabler Verlag, Wiesbaden, S. 3–27.

7.1   Einleitung: Erkenntnisprogramm einer Verwaltungslehre als designorientierte Managementlehre des öffentlichen Sektors

Aus einer wissenschaftshistorischen Perspektive ist erkennbar, dass es – im Rahmen der auch weiterhin konkurrierenden Verzweigungen und Spezialisierungen – der tradierten Verwaltungslehre über die letzten Jahrzehnte gelungen ist, sich in kognitiver Hinsicht in zunehmender Schärfe als eine pragmatisch bzw. praktisch orientierte Lehre des „Public Managements" zu etablieren.

Soweit es hier um die Rekonstruktionen einer entsprechenden kognitiven Konstitution geht, ist eben auch in diesem Zusammenhang zunächst zu berücksichtigen, dass und wie auch hier die ansonsten schon erheblichen Bedingungen einer erfolgreichen Institutionalisierung – namentlich der auferlegte Zwang zu einer Abstimmung gesellschaftlicher bzw. politischer Nachfragen und der Art innerakademisch entwickelter Wissensproduktionen – zu den wesentlichen Treibern der kognitiven Entwicklung werden. Bei der Rekonstruktion einer entsprechenden Entwicklung ist daher mehr oder weniger zwangsläufig in Rechnung zu stellen, dass damit auch schon wieder die Herausforderungen mehrfach wiederholender Einbindungen der Verwaltungslehre in gesamtstaatlich relevante Reform- und Modernisierungsprojekte dafür verantwortlich werden, dass sich die Verwaltungslehre Zug um Zug dem eigenen Selbstverständnis nach – auch bei bewusster Abgrenzung gegenüber ggf. auch konkurrierend zu verstehender Entwicklungen- dezidiert als eine Managementlehre des öffentlichen Sektors zu definieren beginnt (als wissenschaftssystematische Würdigung ersterer Entwicklungsschritte Koch 1987, S. 13 ff.). Bei genauerer Schlüsselung zeigt sich hier zudem, dass und wie hier die im Rahmen entsprechender Einbindungsschübe einsetzenden Zwänge zu einer steten „erfolgsorientierten" Neuausrichtung bzw. Anpassung der eigenen Wissensangebote (die quasi reputationsmäßig notwendig interne Überprüfung des „Gebrauchswert") (zu den bereits früh einsetzenden Anpassungen Siedentopf/Koch 1979, S. 319 ff.) dazu führen, dass sich die Verwaltungslehre – über die bis dato bereits erreichte Kennung als einer „Verwaltungsreformlehre" hinaus – konzeptuell nun auch noch zu einer speziell „designorientierten" Managementlehre zu entwickeln beginnt. Dem Ergebnis nach kann damit deutlich werden, dass und wie eine entsprechende Konstitution von Verwaltungslehre dazu führt, dass die aktuell gegebenen Herausforderungen einer weiteren Modernisierung von Staat und Verwaltung dem Schwerpunkt nach nun auch unter dem Gesichtspunkt (dem Paradigma bzw. Musterbeispiel) „strategisch und dabei auch ganzheitlich zu optimierender Managemententwürfe" zum Erkenntnisobjekt gemacht werden (was naturgemäß designtheoretisch geplant neben einem „synoptischen" nun auch ein „inkrementales" Vorgehen in der Verwaltungspraxis nicht schon ausschließt!) (als nur ein Beispiel von vielen Zielinski 2003).

Soweit sich in dieser Art und Weise das Selbstverständnis einer pragmatischen bzw. praktisch-orientierten Lehre des Public Managements aufbaut, ist auch nur selbstverständlich (bei allen verbleibenden Schwierigkeiten eindeutiger Abgrenzungen bzw. Zurechnungen), dass dieser analytisch eingenommene Gesichtspunkt einer „strategischen bzw. politischen Optimierung" auch zunehmend explizit zu einem disziplin-definierenden Kriterium der Wissensaneignung und Wissensverarbeitung wird. Im Rahmen der weiteren Konstitution gelingt es dann auch mit der Übernahme eines solchen Kriteriums, nicht nur die notwendigen Bezugspunkte für die soziale Integration im Sinne des Aufbaus einer reputationsträchtigen „scientific community" vorzugeben, sondern zugleich auch die Voraussetzungen dafür zu schaffen, dass sich ein entsprechend konsolidierendes Wissensgebiet nun auch schon als ein kognitiv vereinheitlichter und insoweit auch gut lehr- und lernbarer Gegenstand der akademischen Ausbildung in die weiteren Gliederungen der akademischen Welt einbringen lässt (im Sinne eines jüngsten Beispiels dann auch als Programm eines „Public Administration Managements"). Wie es sich hier ja an einer Vielzahl an einschlägigen Institutionalisierungsvorgängen zeigt – ob nun an Lehrstühlen, Studien- und Ausbildungsgängen, Berufszugängen oder aber den vielen Beispielen einer Beratung bzw. Begleitung von Management-Change-Prozessen auf allen Ebenen des staatlich-administrativen Systems –, gelingt es diesem Wissensgebiet mit der Übernahme eines entsprechenden Erkenntnisprogrammes ganz offensichtlich schon einmal, sich Zug um Zug der notorisch notwendigen gesellschaftlichen Anerkennung bzw. Wertschätzung zu vergewissern – sich als Wissenslieferant also auch im Rahmen der weiteren gesellschaftlichen Arbeitsteilung als ein reputations- und ressourcenträchtiger „Produktionsfaktor" zu etablieren. Zum anderen ist aber genauso gut zu erkennen, wie es nun mit der Übernahme eines entsprechend pragmatischen Wissenschaftskonzepts – und zwar aufgrund der hier zugleich greifenden erkenntnistheoretischen bzw. wissenschaftslogischen Prämissen – gelingt bzw. gelingen kann, ein Erkenntnisprogramm (eine „Technologie") anzubieten, mit dem sich nun auch schon im Sinne individueller Fähigkeiten und Fertigkeiten Möglichkeiten einer gezielten Intervention in die soziale Wirklichkeit erlernen lassen sollen (vgl. Koch 1985a, S. 163 ff.).

Soweit es im Folgenden um eine Rekonstruktion der mittlerweile erreichten kognitiven Konstitution von Verwaltungslehre geht, ist daher – auch gerade angesichts sich aktuell wieder zuspitzender Konkurrenzen– deutlich zu machen, dass und wie ja das bisherige Zusammenspiel von politischer Nachfrage und sich anpassenden innerakademischen Wissensproduktionen zur Konturierung einer politisch brauchbaren („usuable knowledge"), dabei aber auch schon positiv konstituierend wirkenden Anpassung der tradierten Verwaltungslehre (über eine „Verwaltungsreformlehre" hinaus) als einer designorientierten Managementlehre geführt hat. In entsprechender Weise soll dann auch im Folgenden – und zwar zumindest auf der Basis der sich zwischenzeitlich konturierenden kognitiven Konzepte bzw. bei Rekonstruktion der „internen Argumentationszusammenhänge" jeweiliger Literaturproduktionen – geprüft werden, ob bzw. wie sich mit der Etablierung eines entsprechenden disziplinären Selbstverständnis nun auch schon ein Erkenntnisprogramm (den metatheoretischen Prämissen, der konzeptuellen Erkenntnisperspektive und den angestrebten Zielsetzungen nach) vorgeben lässt, dass sich eben nicht nur zur Optimierung praktisch relevanter Gestaltungskonzepte (von „Managemententwürfen") eignet, sondern ebenso zur kontrollierten Vermittlung entsprechend notwendiger individueller Fähigkeiten als einschlägig notwendiges (instrumentelles) Handlungswissen. Wie es sich auch an der aktuellen Diskussion um die weitere Ausgestaltung eines denkbaren „Gewährleistungsstaates" zeigt, wird daher in diesem Zusammenhang zwangsläufig – auch bei voller Aufmachung des einschlägigen „Analyse-, Bewertungs- und Optimierungszusammenhanges"- nachzuzeichnen sein, wie es denn gerade mit den Anwendungen des präskriptiven Gehalts bzw. der handlungsleitenden Vorschriften des zentralen designtheoretischen Kriteriums gelingen kann, nun unter Berücksichtigung der politisch vorgängig durchzuführenden „Re-Positionierungen" von Staat und Verwaltung (also der strategisch gewollten funktionellen „Einbettungen" in das gesamtgesellschaftliche Handlungs- und Leistungsgefüge) zu operationsanalytisch gut angeleiteten, sachlich zwingenden Schlüssen für eine optimierte Auswahl und auch Ausgestaltung „nachgelagerter" Managementsysteme (inklusive ihrer Teilfunktionen) zu kommen (mit teilweise anderer Begründung auch und insbesondere Reichard 1998).

Gemäß den dabei hintergründig einfließenden erkenntnisleitenden Interessen ist für eine sich so entwickelnde Managementlehre allerdings schon einmal typisch, dass auch hier wieder das Erfahrungsobjekt des „arbeitenden Staates" unter dem Gesichtspunkt einer „möglichst effizienten/effektiven Gestaltung und Steuerung öffentlich relevanter Leistungsprozesse" zum eigentlichen Gegenstand der Erkenntnisgewinnung (zum „Erkenntnisobjekt") zu machen ist. Der springende Punkt für diese Variante einer aufkommenden Managementlehre ist und bleibt dabei allerdings, dass mit diesem Begründungsversuch das verfolgte Erkenntnisziel einer „optimierten Gestaltung und Steuerung" perspektivisch nicht schon auf direktem Wege bzw. aus den Bedingungen einer direkten Steuerung oder Kombination des Produktionsfaktoreneinsatzes (also über das bloße Bereitstellen einschlägiger Planungs- und Entscheidungstechniken) zu erschließen versucht wird. Ganz im Gegenteil geht es bei der hier aufkommenden Managementlehre (im übrigen ähnlich wie für den Unternehmensbereich) um den Versuch, sich nun gerade aus der Perspektive einer problemgerecht entwickelten „systemhaften Gestaltung" der entsprechend vorgelagerten Prozesse der Informationsverarbeitung und Entscheidungsfindung (kurz: mit dem Aufbau von Managementsystemen als zielorientiert zu gestaltende kollektive Ordnungen der Informationsverarbeitung und Entscheidungsfindung) um eine Optimierung zu bemühen (vgl. ähnlich Budäus 1994). Den „profanen" Zielgrößen der Effizienz- und Effektivitätssteigerung wird hier also aus der Perspektive zu optimierender Systemzusammenhänge der Informationsverarbeitung und Entscheidungsfindung (und somit auch dem öffentlichen Sektor angemessen mit Brückenschlägen zwischen „Organisation" und „Management") nachgegangen.

7.2 Metatheoretische Gesichtspunkte einer Konstitution von Verwaltungslehre als designorientierte Managementlehre

Soweit es hier um die Rekonstruktion von Verwaltungslehre als einer praktisch relevanten Lehre des Public Management geht, ist auch klar, dass es im Rahmen entsprechender Konturierungen bzw. einer entsprechend auflautenden Literaturproduktionen – und zwar abhängig von den eigenen Erkenntniszielen zu einer Spezifierung der jeweils eigenen metatheoretischen Voraussetzungen zu kommen hat – zu einer Spezifizierung der für die eigene Zielverfolgung jeweils notwendigerweise zu unterstellenden Möglichkeit einer gegenstandspezifischen Erkenntnisgewinnung.

Da in diesem Zusammenhang ja noch durchaus unterschiedliche Begründungsversuche zum Tragen kommen, ist dann zunächst zwar nur erwartungsgemäß, dass hier auch

noch – wie etwa auch an einer wissenschaftsphilosophisch dezidiert postmodern begründeten Governance-Perspektive erkennbar – höchst unterschiedliche, epistemisch bzw.
ontologisch begründete Möglichkeiten des Zugriffs auf den Gegenstandsbereich ins Spiel
kommen (was etwa auch Subjekt-Objekt-Beziehungen im Erkenntnisprozess, erwartbare
Regelmäßigkeiten oder aber auch Ausmaße voluntaristisch nutzbarer Interventionsmög-
lichkeiten anbetrifft) (zu einer allgemeinen Diskussion einer epistemisch variabel aufgestellten „integrativen" Verwaltungswissenschaft, klassisch König 1970). Für das sich Zug
um Zug konkretisierende Projekt einer Verwaltungslehre als Managementlehre ist dabei
allerdings feststellbar, dass und wie hier schon die vielfältigen „Einbindungen" in die staatlichen Reform- und Modernisierungsprojekte selbst (systematisch aber auch die Sogwirkung der sich hier verstärkenden Prozesse einer gesamtgesellschaftlichen „Finalisierung"
bzw. die sich verstärkende Anbindung wissenschaftlicher Prozesse der Erkenntnisgewinnung an gesellschaftlich erhebliche Zwecksetzungen) diese Strömung von Verwaltungslehre dazu anhalten – zugespitzt gesagt, sich bei prinzipieller Akzeptanz eines neo-positivistischen, zumindest aber bei Übernahme eines pragmatisch-konstruktivistischen
Wissenschaftsbegriffes als eine (neben „Kapital" und „Arbeit") „gesellschaftlich relevante Produktivkraft" zu etablieren (vgl. Schuon 1972; Böhme/van den Daele/Krohn 1973).
Ohne dabei fließende Übergänge auf andersgeartete Positionierung leugnen zu müssen,
kommt damit auch eine metatheoretische Begründung zum Zuge, bei der gemäß eige-
nem Erkenntnisziel (wie es im übrigen bei klassischen Planungs- und Gestaltungskon-
zeptionen ohnedies der Fall ist) nun doch schon wieder davon ausgegangen wird, dass
sich die jeweils problemorientiert relevanten „Wirklichkeitsausschnitte" zunächst in Form
regelungserheblicher Tatbestände dekomponieren bzw. abbilden lassen – sich sodann allerdings entsprechende sprachliche „Abbildungen" nun ihrerseits wieder – und zwar in
Gestalt bewusst gebildeter „Zweck-Mittel-Aussagen" – mit Erfolg gezielt für eine jeweils
gewünschte Veränderung der sozialen Wirklichkeit einsetzen lassen sollen.

Wie es bereits mit einer entsprechenden wissenschaftstheoretischen Ausrichtung vorgegeben wird, geht es dem Erkenntnisprogramm einer entsprechend konstituierten Verwaltungslehre bei der Bearbeitung von Modernisierungsproblemen zwangsläufig auch weniger (oder
nicht nur) um den Gesichtspunkt eines bloß allgemein erheblichen „Erkenntnisfortschritts"
(um die Anhäufung verbesserter „Beschreibungen" und/oder „kausal-genetischer Erklärungen") oder um die norm-gerechte bzw. sinnverständige Herleitung von „Werturteilen" oder
„Richtigkeitsvorstellungen". Entsprechend den hier um sich greifenden Konstitutionsbedingungen steht hier mit zunehmender Schärfe das Bemühen um eine „informative Sicherung
und Erweiterung erfolgskontrollierten Handelns" bzw. um eine von vornherein zweckorientiert betriebene Konstruktion möglichst unmittelbar anwendbarer problemlösungwirksa-
mer „Handlungsempfehlungen" im Zentrum der Erkenntnisgewinnung (vgl. zu den Unterscheidungen Habermas 1968, S. 155 ff.; sowie angewandt Oechsler 1982, S. 73 ff./122 ff.).
Während es in anderen Fällen also noch um Fragen einer „wirklichkeitsgetreuen Abbildung"
bzw. um die Herstellung von Korrespondenzen oder um die „sinnverständige Erfassung"
eines vorgegebenen „Seins" gehen mag, geht es eben dem Erkenntnisprogramm eines eher
pragmatischen Konzeptes der Verwaltungslehre eher darum, die soziale Wirklichkeit vom
„Wirkungsbezug" (und zugleich dem „Nützlichen") her oder den Effekten gezielt unternom-
mener Veränderungsversuche her zu erschließen (James 1977, S. 123 ff.). Pointiert gesagt,

richtet sich die Erkenntnisgewinnung darauf, die soziale Wirklichkeit in konstruktiver Weise unter dem Aspekt der Auswahl bzw. Realisierbarkeit zukunftsorientierter Handlungsplanungen zu erfassen (vgl. Raffée/Abel 1979). Gemäß dieser wissenschafts- bzw. erkenntnistheoretischen Ausrichtung ist dann auch gut zu erkennen, dass sich die Verwaltungslehre über diese verschiedenen Wegmarken eben nicht schon als Konzept einer bloß normativ argumentierenden Staats- und Verwaltungslehre oder einer explikativ-beschreibend verfahrenden Institutionenlehre zu etablieren beginnt, sondern zunehmend als Konzept einer gezielt auf Gestaltung und Intervention abstellenden „Sozialtechnologie". In dieser Weise halten also entsprechende Bedingungen letztlich dazu an, dass die Verwaltungslehre zunehmend den Versuch macht, nun gerade mit dem Konzept bzw. der Erkenntnisperspektive einer design- oder gestaltungsorientierten Managementlehre zu einer angemessenen Erfassung und praktische Verarbeitung von Modernisierungsproblemen zu kommen (vgl. hierzu umfassend und treffsicher Vogel 2006, insb. S. 11 ff.).

Eine entsprechende metatheoretische Konstitution der Verwaltungslehre führt nun quasi zwangsläufig dazu, dass bei der Bearbeitung der Einzelfälle einer Modernisierung typischerweise auf die Erkenntnisperspektive zunehmend spezifischer werdender (dabei auch systemtheoretisch fundierter) „funktionaler Systemanalysen" bzw. von „Design- und Gestaltansätzen" (der allgemeinen Organisationsforschung) als konzeptuell-methodisches Handwerkzeug zurückgegriffen wird (vgl. Naschold 1972; Koch 1985b, S. 253). Wie es sich an einer Vielzahl an Anwendungen bzw. Erprobungen zeigt, macht sich damit die Verwaltungslehre eine formale „Problemlösungssprache" (einen also auch fallweise noch inhaltlich zu interpretierenden Kalkül) zu eigen, die es ihr schon einmal erlaubt, höchst unterschiedliche Erkenntnisobjekte bzw. Gegenstandsbereiche nach gestaltbaren „Struktur-Funktionszusammenhängen" bzw. fallspezifisch nach Gesichtspunkten praktisch relevanter Lösungszwecke „zuzurichten". Soweit mit entsprechenden Anwendungen nun auch noch die design- oder konfigurationstheoretisch begründeten Bilder bzw. Gebote von den zwangsläufig „ganzheitlich bzw. systemhaft voranzutreibenden Gesamtaufbauaktivitäten" zum tragenden Paradigma einer material-theoretischen Konzeptualisierung von Verwaltungslehre gemacht werden, gewinnt die Verwaltungslehre allerdings den weiteren imminent wichtigen heuristischen Vorteil, praktische Probleme der Modernisierung nun auch noch aus der Sicht der Anforderungen gesamthaft bedeutsamer Funktionszusammenhänge von Staat und Verwaltung bearbeiten zu können (hierzu generell Wolff 2000, S. 26). Mit der Übernahme bzw. Anwendung solcher Ansätze kommt also die Verwaltungslehre zum Aufbau eines Gestaltungszusammenhanges, aus dem heraus sie auch schon auf quasi direktem Wege -und zwar mit Hilfe der Ableitung unmittelbar praktisch anwendbarer „Zweck-Mittel-Aussagen" (methodisch im Gewand von „Best practices") aufzuzeigen vermag, wie es nun gerade im Rahmen von Gesamtverhältnissen – also auch bei Berücksichtigung vorgängig gegebener, dabei auch variierender politischer Positionierungen bzw. Zielsetzungen (jeweiliger Public Governance Konzepten) zu einer strategisch gelenkten bzw. optimierten Weiterentwicklungen des Verwaltungsmanagements kommen kann (zu einer Optimierung des Designs und der Implemention von Managemententwicklungen vgl. generell Koch/Dixon 2007).

Trotz entsprechender Konsolidierungen bzw. Verstetigungen bleibt es dabei zwar weiterhin umstritten, mit welcher analytischen Reichweite Modernisierungsprobleme als solche anzugehen sind (aus dem Blickwinkel bzw. Gestaltungszusammenhängen der vergleichsweise einfachen „Ziel-Modelle" oder denen der komplexer aufgemachten „System-Ziel-Modellen" der allgemeinen Organisationsforschung (vgl. hier Etzioni 1960; sowie Derlien 1982), inwieweit bei Aufmachung des Systembegriffs nur auf quasi sachlich-informationelle Aspekte oder zu gleichen Teilen doch auch auf soziale Aspekte der Steuerung abzustellen ist – und, in welchem Umfang gerade bei der Ableitung von Gestaltungsentscheidungen auf eine bloß idealtypisierende bzw. modelltheoretische oder aber auf eine vergleichend-empirische Argumentation zurückzugreifen ist. Gerade in diesem Zusammenhang bleibt ja aus methodologischer Hinsicht ziemlich umstritten, in welchem Umfange Handlungsempfehlungen (auch nur im Sinne von „Best practices") aus systematisch „begründeten" Prognosen herzuleiten sind (vgl. Overman/Boyd 1994). Gleichwohl kann anhand der fortschreitenden Konstituierung deutlich werden, dass und wie hier in zunehmend zugespitzter Weise Kriterien bzw. Maßstäbe möglichst „systemhaft" bzw. „struktur-harmonisch" voranzutreibender Managemententwicklungen zum eigentlich Disziplin-definierenden Kriterium der Erkenntnisgewinnung (Paradigma) eines „Public Managements" werden (beispielhaft Beyer 2000). Soweit es hier also um entsprechend wissenschaftskonstituierende Prozesse geht, wird dann auch schon in zunehmender Weise der theoretisch relevante Gesichtspunkt der im Prinzip konsistent voranzutreibenden Gesamtaufbauten (allerdings bei Abstellen auf durchaus unterschiedliche materiale Theorien als Benchmark-Größen) zum Kriterien der Erfassung von Modernisierungsproblemen und ihrer Verarbeitung zu insgesamt leistungssteigernd wirkenden Lösungsvorschlägen.

7.3   Strategische Optimierung von Managementsystemen als Erkenntnisgegenstand des Public Managements

In einem weiteren Schritt wird deutlich, dass die oben angesprochenen überlebenskritischen Konstitutionsbedingungen nun auch in unserem Fall dazu führen, dass es auf der materiellen Ebene bzw. im Zusammenhang der Bearbeitung der einzelnen Erkenntnisgegenstände zu einer zunehmenden „Finalisierung" bzw. „Zweckorientierung" der Erkenntnisproduktion kommt (oder zu einer zunehmenden Orientierung an einem „praktischen" Erkenntnisinteresse). Im Wechselspiel zu den allgemeinerheblichen Konstitutionsvorgängen zeigt sich daher auch auf der Ebene der Bearbeitung einzelner Modernisierungsprobleme, wie hier mit Hilfe verschiedenster materialtheoretischer bzw. methodischer Modellierungen (Zugriffe) versucht wird, das Erfahrungsobjekt bzw. den Gegenstand Verwaltungslehre nun auch erkenntnisinteressengerecht in Form der Erarbeitung „strategisch zu optimierender Managemententwürfe" zu einem Erkenntnisobjekt zu machen.

7.3.1   Strategische Orientierungen der Gestaltung

Soweit es hier um Gesichtspunkte einer interessen- oder zielgerechten materialtheoretischen Aufmachung des Gegenstandsbereiches geht, geht es systematisch betrachtet zunächst und vor allem darum, sich der hier einschlägigen normativen Problematik bzw. der hier relevant werdenden strategischen Komponenten (logisch als regulierend wirksam werdende Auswahlgrößen bzw. Gestaltungsmaßstäbe) zu vergewissern.

Wie es sich hier schon im Sinne allgemeiner Trends oder Entwicklungen zu erkennen gibt, kommt es im Rahmen entsprechender Konzeptualisierungen des Erfahrungsobjektes auch zunehmend zur Anwendung übergreifender Gestaltungszusammenhänge (und zwar im Sinne der oben erwähnten „Funktionsanalysen"), mit denen sich gewissermaßen „politisch korrekt" die historisch-systematisch variierenden Leitbilder bzw. politischen „Positionierungen" von Staat und Verwaltung (genauer der präskriptive Gehalt der historisch-systematisch variierenden „Governance-Konzepte") als strategisch relevante Größen oder Maßstäbe für eine ganzheitliche Optimierung des Managements von Staat und Verwaltung vorgeben (vgl. Koch/Dixon 2007; Ingraham/Lynn Jr. 2004). Soweit es hier um eine Einführung normativ hergeleiteter Zielgrößen geht, geht es dann bei der Anwendung entsprechend aufgebauter Ziel- und Gestaltungszusammenhänge zwangsläufig immer wieder um den gestaltungserheblichen Gesichtspunkt, ob oder inwieweit es nun auch gemessen an solchen Leitbildern (gemessen an den damit selbst variierenden Funktionsanforderungen einer optimierten Aufgabenerledigung) zur funktions- und leistungsgerechten Auswahl und Anwendung von grundlegend unterschiedlichen Managemententwürfen der Auswahl und Anwendung jeweils passender „Managementlogiken" (als unterschiedliche Kriterien der Definition und Lösung aufgabenrelevanter Entscheidungsprobleme) kommt. In dieser Weise zeigt sich daher auch, dass und wie eine sich konstituierende Lehre des „Public Managements" nun (im Rahmen einer weiteren akademischen „Arbeitsteilung") bereit ist, Änderungen in den „Governance Konzepten" (veränderte funktionelle als auch legitimatorische „Positionierungen" des Staates im gesamtgesellschaftlichen Handlungsgeflecht) als logisch vorausliegende bzw. sachlich bereits getroffene strategische Entscheidungen zu begreifen – den präskriptiven Gehalt entsprechender Änderungen dann auch im Sinne eines übergreifenden (linear voranschreitend zu verstehenden) „Outside-In"-Gestaltungsansatzes zum Bezugspunkt einer strategischen Neuausrichtung „nachgelagerter" Systeme des Verwaltungsmanagements zu machen (vgl. Jann 2007; Ridder/Hoon 2003).

Da wir es augenblicklich aufgrund globalisierungsbedingt veränderter Anforderungen an das Regieren und Verwalten selbst mit einem neuerlichen Leitbildwandel zu tun bekommen (mit dem bekannten Übergang bzw. Schwerpunktwechsel von den Selbstverständnissen des „Rechtsstaates" und des „Wohlfahrtstaates" auf das des „Gewährleistungsstaates"), ist dann für den Gang der weiteren Konzeptualisierung auch nur zwangsläufig, dass es nunmehr in dominanter Weise um den Gesichtspunkt geht, ob oder inwieweit sich nun gerade mit der „Logik" eines sog. New Public Managements den veränderten Funktionsanforderungen eines „Gewährleistungsstaates" gerecht werden lässt. Stärker operationalisiert ausgedrückt, geht es hier bei entsprechenden Konzeptualisierungen der Gestaltungsproblematik um den Gesichtspunkt, ob und inwieweit sich jetzt gemessen an der neuartigen ordnungspolitischen Forderung einer auch nach Effizienzvorteilen zu variierenden „Verantwortungstiefe" staatlich-administrativen Handelns nun gerade mit dem Übergang von „Hierarchie" bzw. von „Planung" und „Prognose" auf die Logik einer „wettbewerblichen Auslobung" öffentlich relevanter Aufgabenstellungen zu einer insgesamt funktions- und leistungsgerechten Anpassung des Managements kommen lässt (vgl. Schuppert 2005). Soweit mit diesem veränderten Bild insbesondere auf die ordnungspolitische Größe einer zu variierenden „Verantwortungsteilung und Verantwortungstiefe" (also auch und gerade auf eine zu variierende Gewichtung der Vorzugswürdigkeit der Produktionsverhältnisse von Staat, Markt und insbesondere Zivilgesellschaft) abgestellt wird, ist dann allerdings ebenfalls klar, dass es bei dem weiteren Design der „nachgelagerten" Managementsysteme zwangsläufig zu einem Experimentieren mit einer stark geöffneten „floated choice structure" kommt – zu einer verstärkten Fokussierung nicht nur auf (marktlichen) Wettbewerb, sondern ebenso auf Kooperation und Vernetzung – aber auch auf originäre zivilgesellschaftliche „Logiken oder Regelungsformen" (wie eben von bürgerschaftlichen Formen der Selbstorganisation und der Anwendung von Sozialkapital und insbesondere von Vertrauen (vgl. Priddat 2006; Budäus 2006; Dee/Emerson/Economy 2002).

7.3.2 Systemhafte Ansätze der Gestaltung

Soweit es um die Aufzäumung des Erfahrungsobjektes unter dem Gesichtspunkt strategisch zu optimierender Managemententwürfe zu kommen hat, geht es dann bei weiteren Erschließungsmaßnahmen zwangsläufig darum deutlich zu machen, wie mit weiteren materialtheoretischen Auffüllungen der zunächst ja formal bleibenden „Problemsprache" von Funktionsanalysen (dem bis dato nicht interpretierten systemtheoretischen Kalkül) sicher zu stellen ist, dass und wie sich jetzt auch bei leitbildabhängig variierender Gestaltungsproblematik zur Identifikation bzw. Aufdeckung von jeweils inhaltlich passenden „Struktur-Funktionszusammenhängen" für einen optimierten Aufbau von Managementsystemen kommen lässt.

In diesem Zusammenhang kommt es über die verschiedenen Phasen der allgemeinen Entwicklung hinweg zu vielfältigen Versuchen, mit weiteren, insbesondere systemtheoretischen Fundierungen der einschlägig notwendigen Funktionsanalysen zum Aufbau der jeweils auch problemabhängig passenden Analyse- bzw. Gestaltungszusammenhänge zu kommen. Im Rahmen entsprechender Fundierungen ist daher auch gut zu erkennen, wie hier abhängig vom Wandel der „politischen-strategischen Positionierungen" auf eine Folge unterschiedlich ausgestalteter präskriptiver Varianten einer System- und Entscheidungstheorie zurückgegriffen wird, um nun mit jeweils vorgängig problemgerecht aufgestellten Analyse- und Gestaltungszusammenhänge die sachlich ausschlaggebenden Gestaltungsgrößen „unter Kontrolle" bringen und dabei auch einer gezielten optimierungsrelevanten Manipulation unterziehen zu können (vgl. Koch 1987, S. 13 ff.; König 1982, insb. S. 18/19). In dieser Weise ist es für den Gang der Konzeptualisierung der Verwaltungslehre mehr oder weniger typisch, dass abhängig von den Phasen der allgemeinen politischen Entwicklung auch auf die recht unterschiedlich ausgeprägten „Systemkonstruktionen" der klassischen Bürokratietheorie, einer system- und organisationstheoretisch fundierten Planungs- und Steuerungstheorie sowie auch jene der unterschiedlichen Ansätze der Institutionenökonomie zurückgegriffen wird, um dann auch jeweils problem- bzw. leitbildgerecht zur einer Optimierung der „nachgelagerten" Managementsysteme zu kommen (vgl. Schmid/Treiber 1975). Soweit hier (abhängig von den Vorstellungen „geschlossener Systeme", „offener Systeme" und schließlich stark „modularisierter" bzw. „lose gekoppelter Systeme" im Sinne von Netzwerkkonstruktionen) recht unterschiedlich ausfallende gestaltungserhebliche Paradigmen zum Tragen kommen, ist dann auch nur erwartungsgemäß, dass die praktische Designarbeit im Rahmen dieser Entwicklung zunächst von recht disparaten Definitionen und stark variierenden Lösungen der grundlegenden Gestaltungs-problematik ausgeht, dass es hier den praktischen Konsequenzen nach auch höchst unter-schiedlich um eine aus rechtsstaatlichen Erwägungen voranzutreibende Perfektionierung „hierarchisch geschlossener Leistungsverhältnisse" gehen kann, um den wohlfahrtsstaat-lich geprägten Versuch des Ausbaus gesellschaftspolitisch relevanter „Planungs- und In-terventionskapazitäten" -und schließlich um Fragen der Effizienzsteigerung mittels einem dezentral-wettbewerblich aufgestellten „Kontraktmanagement" (vgl. Sommermann 2002; König 1999, insb. S. 63 ff.). Da es augenblicklich um die Anpassung an die Funktionsanfor-derungen des „Gewährleistungsstaates" geht, zielen aktuelle theoretische Entwicklungen freilich darauf, mit einer verstärkten Anwendung institutionenökonomischer Überlegun-gen herauszuarbeiten, inwieweit sich nun gerade mit den „Systemkonstruktionen" einer peripher-wettbewerblichen Auslobung von Leistungsaufträgen zu funktionsgerechten Op-timierung kommen lässt (vgl. Bräuning 2000).

Zum anderen zeigen sich auffällige Konvergenzen (theoriepolitisch relevante „Dogma-tisierungen") insoweit, als hier über die verschiedenen praxisbezogenen Anwendungen ei-nige systemtheoretische Fundierungen von Funktionsanalysen zumindest näherungsweise doch schon wieder zu einem gemeinsam geteilten Paradigma in der Erfassung als auch Lösung von Managemententwicklungsproblemen avancieren. So ist eben im Rahmen der sukzessiv voranschreitenden Bearbeitung von Modernisierungsproblemen recht gut zu erkennen, dass und wie hier in Fragen der Managemententwicklung doch schon wieder (statt der bloßen Anwendung von Planungs- und Entscheidungstechniken) von einem Be-darf nach einer „ganzheitlichen" bzw. „systemhaften" Gestaltung problem- oder leitbildge-recht passender „Struktur-Funktionszusammenhänge" ausgegangen wird (vgl. Beyer 2000, insb. S. 23 ff.; zu einer wesentlich weiteren institutionentheoretischen Perspektive vgl. Benz 2004). Hier kommt es also zunächst zu auffälligen Konvergenzen insoweit, als von Anfang an über alle einschlägigen Entwicklungen bzw. Anwendungen hinweg davon aus-gegangen wird, dass es bei Fragen einer Managementoptimierung zwangsläufig (ob nun für den Fall Bürokratischer Systeme, Integrierter Systeme der Planung und Entscheidung oder aber wettbewerblicher Systeme des Kontraktmanagements) um jeweils „systemhaft" auszugestaltende „Struktur-Funktionszusammenhänge" (und zwar im Sinne zielorientiert aufzubauender sozialer Handlungszusammenhänge) zu gehen hat. In dieser Hinsicht zeigt sich daher auch in unserem Fall, wie sich hier kognitiv – gleichsam im Sinne eines Prozes-ses des Wachstums- und Kristalisationslernens – der ansonsten schon generell verbreitete Ansatz durchsetzt, sich nun gerade mit einem „ganzheitlichen" Vorgehen – gestalttheo-retisch also auch mit Systemen oder Entwürfen jeweils idealtypisch zunehmend vollstän-dig entwickelter und dabei auch wechselseitig bereits „stimmig" aufeinander bezogener Teilstrukturgrößen (sprich: managementerheblicher Subsysteme) um praktisch relevante Anpassungen zu bemühen (vgl. Ketchen/Thomas/Snow 1993; Ingraham/Joyce/Kneedler/ Donahue 2003, insb. S. 20 ff.). In diesem Zusammenhang bilden die Designs für eine ma-nagementmäßige Umsetzung des wohlfahrtsstaatlich geprägten Konzeptes einer „Aktiven Politik" (bzw. des Programms der „Inneren Reformen") auch nur ein besonders herausge-hobenes Beispiel dafür, dass und wie es im Rahmen entsprechender Gestaltungen insbe-sondere um den Entwurf in sich stimmig entwickelter Systemkonstruktionen (bzw. von Konfigurationen) zu gehen hat – in diesem Fall auch um die stimmige Entwicklung hoch-

integrierter organisatorischer Systeme der Planung und Entscheidung (hier etwa auch um
den stimmig entwickelten Zusammenhang von Zielen, Organisationsstruktur und Budgetierung im Konzept der „Dynamischen Verwaltung") (vgl. klassisch König 1977; Mayntz/
Scharpf 1973). Wie es schon generell dem Rationalitätsverständnis von Strukturplanungen entspricht, wird dann hier auch auf ein entsprechend stark „geschlossenes" Gestal-
tungskonzept zurückgegriffen, um nun gerade für den Fall der praktischen Umsetzung in
gezielter Weise ein Höchstmaß an konzeptabhängig bzw. modellspezifisch generierbaren
Optimierungseffekten erwarten zu können.

Darüber hinaus zeigen sich allerdings Konsolidierungen auch noch insoweit, als nun
zum Zwecke der Optimierung dieser Funktionsbezüge (unbesehen der jeweils in Frage stehenden Systemkonstruktion im Einzelfall) in bereits theoretisch relevanter Weise auf einen
näherungsweise gemeinsam geteilten Satz an gestaltungserheblichen Strukturgrößen bzw.
Teilsystem-Größen (an „functional prerequisites") zurückgegriffen wird (vgl. Mikl-Horke
1989, S. 191 ff.). So ist hier nämlich anhand der weiteren Entwicklung zu erkennen, dass
und wie eine zumindest in den Grundannahmen geteilte systemtheoretische Sichtweise
wieder dazu anhält, Fragen einer „systemhaften" Optimierung von Leistungszusammen-
hängen (hier: das ziel-orientiert aufzubauende Handlungsgefüge) – von den strukturellen
Voraussetzungen (den „kanalisierend" wirkenden Regelsystemen) her gedacht – von einer
mehr oder weniger identisch definierten Gestaltungsproblematik abhängig zu machen.
In diesem Zusammenhang kann es schon einmal recht verkürzt darum gehen, dass hier
ohne weitere theoretische Begründungen (bestenfalls auch nur unter Anspielung auf den
klassischen Managementfunktionen-Ansatz des „POSDCORB") auf die sog. Sachdimen-
sionen und Personaldimensionen eines Public Managements verwiesen wird (vgl. Dam-
kowski/Precht 1995, S. 17). Darüber hinaus kommen hier allerdings auch schon vermehrt
Versuche zum Tragen, mit denen in diesem Zusammenhang (und zwar unter zumindest
stillschweigendem Rückgriff auf den funktionellen Organisationsbegriff der betriebswirt-
schaftlichen Organisationslehre) auf die zentralen Kategorien einer „systemorientierten"
Organisationsstrukturgestaltung auf die Strukturgrößen der „Spezialisierung" hier und
der „Koordination" dort abgestellt wird (als Beispiel Stein 1999). Schließlich und endlich
stoßen wir in diesem Punkt auf stärker (system-)theoretisch begründete Betrachtungsweisen, mit denen dann die gestaltungserheblichen Hebel- oder Strukturgrößen nun auch
schon systematisch – und zwar als zu optimierende „Struktur-Funktions-Zusammenhän-
ge" („funktionelle Imperative") – aus der verallgemeinerten „Bestandsproblematik" bzw.
der „Grenzerhaltungsproblematik" umweltoffener Systeme (systemtheoretisch: aus den
Anforderungen der Aufrechterhaltung zielorientierter Sozialgebilde in einer nicht gänzlich „kontrollierbaren" Umwelt) herzuleiten versucht werden (mit allen Varianten denkbarer Verknüpfungen Luhmann 1975).

Wie es bereits in dem schon klassischen systemtheoretischen „Axiom" notwendigerweise zu erfüllender „Systemerhaltungsfunktionen" angelegt ist, kommt es hier zu einer Konvergenz, indem man nun auch für den Fall öffentlicher Verwaltungen (über die bekannte
Abfolge unterschiedlicher Systementwürfe hinweg) analytisch zunehmend vergleichbar
davon ausgeht, dass die Gestaltungsmaßnahmen auf die Beherrschung der grundlegenden „Systemfunktionen" prinzipiell offen strukturierter, insoweit auch zumindest partiell
umweltabhängig zu agierender zielorientierter Systeme zu beziehen sind – kurz: auf eine

simultane Beherrschung sachlich-informationeller Probleme einer politisch und/oder res-
sourcenadäquaten Aufgabenerledigung hier und den sozial-motivationalen Problemen
einer zu optimierenden Leistungsbereitschaft öffentlicher Bediensteter dort (zu den entsprechenden phasenabhängigen Entwicklungen vgl. Jann 1998, S. 46 ff.). Genauer gesagt,
führt eben auch hier die abstrahierte Vorstellung einer strukturell zu gewährleistenden
Erfüllung „bestandskritischer Systemfunktionen" (bzw. die Vorstellung von der Verwaltung als ein sowohl „rationales" als auch „soziales" Gebilde) dazu, dass nun auch bei einer
Vielzahl weiterer Designaktivitäten gerade der Bedarf nach einer im „Systemzusammen-
hang" voranzutreibenden (kombinierten) Optimierung von Strukturgrößen einer sach-
lich-informationellen Steuerung der „Zielerreichung" (von Zielsystemvarianten bis hin
zu unterschiedlichen Formen der Arbeitsteilung) und denen einer sozial-motivationalen
Steuerung der „Mitarbeiterintegration" (im Sinne des Aufbaus optimierter Anreiz- und
Belohnungssysteme) zu einer bereits auch theoretisch relevanten Maxime optimal entwickelter Systemkonstruktionen wird (vgl. Reichard 1999, S. 48). Entsprechend diesen „Dogmatisierungen" konzentriert sich die praktisch-relevante Designarbeit darauf, nun auch
schon – je nach vorgelagerter politischer „Positionierungen" mit der variablen Planung
und Verknüpfung entsprechend einschlägiger systembildender Strukturgrößen (mit Regelungen zu den Zielen/Aufgaben, zu den Kompetenzen, aber auch zur Verwendung von
Finanzen und Personal) für den Aufbau von Systemkonstruktionen einer zielorientierten
Kommunikation bzw. Entscheidungsfindung zu sorgen, die es dann auch insbesondere aufgrund der so entwickelten Kapazitäten der Informationsverarbeitung als auch des Human-
ressourcengebrauchs erlauben lassen sollten, zu einer jeweils optimalen Erstellung öffentlich relevanter Leistungen zu kommen (klassisch bereits Luhmann 1975; als Anwendung
Zielinski 2003, S. 113 ff.). Soweit damit der Bedarf nach „faktisch wirksamen Verfahren"
einer optimierten Erfüllung zentraler „Systemfunktionen" („Struktur-Funktionalismus")
ins Zentrum rückt, ist zum einen auch nur erwartungsgemäß, dass sich die Verwaltungslehre im Rahmen weiterer Entwurfsaktivitäten (bis hin zu den aktuellen Evaluationen des
„Neuen Steuerungsmodells") auf der Basis einer Vielzahl jeweils einschlägig anwendbarer
Konzepte einer optimierten Steuerung der sachlichen als auch sozialen Voraussetzungen
der Leistungserbringung (über Fragen der Budgetierung, der organisatorischen Strukturierung oder auch der kulturellen Steuerung) als eine designorientierte Managementlehre
zu konstituieren beginnt (ähnlich Brunsson/Sahlin-Andersson 2000; Kooiman/Eliassen
1987). Zum anderen bietet diese Art der Aufmachung der grundlegenden Gestaltungsproblematik (genauer: das variable Inbezugsetzen von „Seins-Aussagen" auf „Sollens-Aussagen" im Struktur-Funktionalismus) bekanntlich zugleich den Rahmen, dass es zu einer
auch wissenschaftstheoretisch durchaus tolerierbaren Integration (der Überwindung des
bekannten wissenschaftslogischen „Schisma") der Wissensbestände von rational-normie-
renden als auch empirisch-analytisch argumentierenden Betrachtungsweisen zu kommen
vermag (vgl. Luhmann 1966, S. 22).

Soweit sich entsprechende „Dogmatisierungen" bzw. „Fixierungen" im weiteren Rahmen einer Konsolidierung als Managementlehre durchzusetzen beginnen, ist dann nur
selbstverständlich, dass solche Konsolidierungen auch und gerade bei der Optimierung
von Teilsystemen – also insbesondere im Zusammenhang der Modernisierung öffentlicher Dienste – zum Tragen kommen. Entsprechend den sich hier durchsetzenden Design-

perspektiven geht es dabei jetzt auch im öffentlichen Bereich um den ansonsten schon allgemein erheblichen Gesichtspunkt, mit welchen Formen einer strategisch angelegten „Integration" bzw. stimmigen „Verknüpfung" von Wandelungen in den Gesamt- und Teilverhältnissen (abstrakt: mit welchen „Personalstrategien") sichergestellt werden kann, dass sich eben ein bereits im Kern bzw. auf der Gesamtsystemebene angestrebter allgemeiner Managementwandel nun auch unter Berücksichtigung möglichst unterstützend wirkender Ein- bzw. Anpassungen der Systemkonstruktionen öffentlicher Dienste mit denkbar höchsten Wirkungsgraden durchführen lässt (vgl. Boxall/Purcell 2003; Conrad 2003, S. 151 ff.; Bechtel 2006). Da und insoweit hier die besonderen Bedingungen des öffentlichen Sektors (u.a. der hier relevant werdende „Primat" der „Politik") hineinspielen, ist allerdings schon prinzipiell zu bedenken, dass sich in diesem Zusammenhang wohl doch nur – wie bereits oben angedeutet – auf eine „Outside-In"-Strategie der Verknüpfung – also auf das Mittel einer einseitig linearen Anpassung der Systemkonstruktionen an die Leitbilder des „vorgeschalteten" allgemeinen Managementwandels (Öffentlicher Dienst als „Erfüllungsgehilfe") zurückgreifen lassen dürfte, um zur Bereitstellung der jeweils notwendig erscheinenden personalspezifischen Leistungsbeiträge (also von Fähigkeiten und Leistungsbereitschaften) zu kommen (vgl. Wagener 1998, S. 23 ff.). In dieser Weise kann oder muss es also von vornherein als umstritten gelten, ob oder inwieweit sich- bei Aufmachung der „Gesamtarchitektur" strategischer Verhältnisse -überhaupt die Möglichkeit bieten kann, auf das hier entgegen gesetzte Vorgehen einer „Inside-Out" Strategie abzustellen – also in Umkehr der Wirkungsbeziehungen die „Potenziale" des öffentlichen Dienstes selbst – seine denkbaren Fähigkeiten, Motive und Werthaltungen – zum Maßstab einer proaktiv voranschreitenden Organisation von Aufgabenerledigungsprozessen zu machen (vgl. Remer 1997).

Zum anderen zeigt sich an den weiteren Ausgestaltungen wieder, wie hier über die verschiedenen Entwicklungen hinweg (über die Entwicklungen vom „klassisch-bürokratischen" Staatsdienst, über die HRM-Variante der Dienstrechtsreform bis hin zu jüngeren faktortheoretisch begründeten Konzepten einer „Dezentrierten Personalwirtschaft") nun gerade wieder mit dem Mittel einer je gezielten (in sich auch wieder leitbildgerechten) Anpassung der Instrumente einer sachlichen als auch sozialen Steuerung des Leistungsverhaltens (also wieder mit Zielsteuerung und Motivierung) versucht wird, zu den jeweils funktionsgerechten Optimierungen zu kommen (vgl. Koch 2004b). Wie es an diesen wiederkehrenden Designaktivitäten gut zu erkennen ist, wird dann auch wieder über alle unterschiedlichen Ansätze hinweg die analytisch gleichartig Frage relevant, wie es zu einem jeweils funktionsorientiert optimalen Aufbau bzw. Einsatz von Fähigkeiten hier und von Leistungsbereitschaften dort kommen kann. Soweit es um weitere Anpassungen an die Funktionsanforderungen des Governance-Konzeptes eines „Gewährleistungsstaates" (und eines „vorgelagerten" Systems der Neuen Steuerung) geht, geht es hier allerdings wieder darum, unter Rückgriff auf Gestaltungsgrößen von „Principal-Agent"-Modellen zu erschließen, ob oder inwieweit es allein mit den Mitteln einer Personalführung als kontextgesteuertes „Selbstmanagement" (bzw. mit Mitteln der bloß ergebnisorientierten Zielsteuerung und der Gewährung selbst zu erwirtschaftender Erfolgsbelohnungen) gelingen kann, öffentliche Bedienste zu einem produktiveren Ressourceneinsatz zu den erhofften Verbesserungen in den Aufwands- und Ertragsrelationen in der Erbringung öffentlicher Leistungen anzuhalten. Selbst wenn es sich dabei nicht schon um übereinstimmende Ableitungszusammenhänge handelt, wird in diesem Zusammenhang gleichfalls zu prüfen sein, ob oder inwieweit es mit der Entwicklung und Anwendung dieser Konzepte gelingen mag, nun auch die heute (unter den heutigen Bedingungen der Arbeitswelt, wie „Entgrenzung" und „Subjektivierung") so bedeutsamen individuellen Voraussetzungen einer entsprechenden Art der Leistungserbringung – die Fähigkeit bzw. Bereitschaft zur Demonstration von „Extra-Rollenverhalten" – herzustellen (vgl. Huchler/Voß/Weihrich 2007).

Anhand der weiteren Bearbeitungen bzw. Erprobungen kann dann schließlich ebenfalls deutlich werden, dass und wie eine entsprechend aufgemachte Gestaltungsproblematik nun auch schon wieder in den Rahmen einer sich schrittweise materialtheoretisch bzw. analytisch öffnenden Konzeptualisierung der Verwaltungslehre als designorientierte Managementlehre gestellt wird (vgl. Hammerschmid 2002; sowie Koch 1982). Denn soweit es hier im Rahmen konkreter Bearbeitungen von Gestaltungsproblemen zu einem Umstieg (von den reinen „Ziel-Modell"-Analysen) auf die analytisch stärker geöffneten „System-Ziel"-oder „System-Umwelt-Betrachtungen" kommt, geht es bei der konzeptuellen Erschließung der Gestaltungsprobleme strategisch angeleiteter Wandelsprozesse zwangsläufig auch nicht mehr nur darum, im Sinne reiner Strukturplanungen (überspitzt: also mit dem Entwurf bloßer Organigramme) zu einer gedanklich bzw. sachlich korrekten (dabei im übrigen allerdings allemal bereits auch schon jeweils extern-situativ als auch intern stimmigen) Optimierung von Designs bzw. Systementwürfen des Managements zu kommen. Ganz im Gegenteil geht es bei einer entsprechend aufgezäumten Gestaltungsproblematik nun ebenso darum, mit einer simultan durchzuführenden „Kalkulation" des jeweils änderungsabhängig zu bedenkenden politischen und/oder sozialen „Lernaufwandes" dafür zur sorgen, dass es auch zur Herleitung bzw. konzeptionellen Integration passender Implementations- oder Interventionsstrategien – ob nun im Sinne spezieller Lernstrategien (als Strategien des „single-" oder „double-loop learning"), als Prozesse der Konfliktregulierung bzw. Konsensbildung oder aber gar im Sinne umfassender Strategien gesamtgesellschaftlicher Mobilisierung -kommen kann (vgl. Klimecki 2007, S. 151 ff.; aber auch schon Scharpf 1974 oder Etzioni 1975). Soweit hier in simultaner Weise an die Optimierung der sachlichen als auch sozialen Aspekte eines strategischen Wandels gegangen wird, werden dann auch die in diesem Erkenntnisbereich (entsprechend der Popperschen „Drei-Welten-Lehre" also in der Welt der Bewusstseinszustände und der Wissensbestände) überhaupt planbaren Voraussetzungen dafür geschaffen, dass es zu einer wechselseitig verschränkt optimierten Behandlung von „Design" und „Implementation" kommt – sich Verwaltungslehre im Gewande einer entsprechend aufgestellten Managementlehre zu einer „Handlungstheorie" zu entwickeln vermag.

7.3.3   Optimierungskriterien der Gestaltung

Soweit es um die Aufzäumung des Erkenntnisobjektes unter dem Gesichtspunkt strategisch zu optimierender Managemententwürfe geht, richten sich schließlich letzte Aktivitäten einer Konstitution von Verwaltungslehre als designorientierte Managementlehre darauf abzuklären, mit Hilfe welcher stärker explizierten Auswahl- und/oder Entscheidungskriterien es denn gelingen kann, nun aus der Sicht der gesamthaften Steuerung eines

„Strategischen Wandels" (also auch bei Vorliegen potentiell unterschiedlich anfallender Gestaltungshypothesen) zu einer Optimierung der Auswahl und des Ausbaus von Managementdesigns zu kommen.

Da systemtheoretische Modellierungen von Funktionsanalysen bereits aufgrund ihrer „inneren Ordnung" (aufgrund ihres operationsanalytischen Aufbaus als Entscheidungstheorie) immer schon auf die Ableitung möglichst problemlösungsrelevanter Handlungspläne ausgerichtet sind, ist auch klar, dass hier mit jeder materiellen Einzelbearbeitung bzw. Anwendung schon von sich aus auch analytische bzw. handlungsleitende Überlegung zur Spezifizierung optimierungsrelevanter Entscheidungs- bzw. Auswahlprozeduren (quasi „Algorithmen der Entscheidungsfindung") ins Spiel gebracht werden. Darüber hinaus ist nun aber am Gang der weiteren Entwicklung gut zu erkennen, dass hier versucht wird, die Bearbeitungen bzw. Modellierungen für Teilbereiche (von der Organisationsstruktur über Kostenrechnungsverfahren bis hin zu Fragen optimierter Anreiz- und Belohnungssysteme) nun selbst in den übergeordneten Zusammenhang bzw. Prozess eines gesamthaft bzw. strategisch zu steuernden Wandels des Management zu stellen. In entsprechender Weise ist daher auch für eine zunehmende Zahl an Bearbeitungen erkennbar, wie eben Einzelfälle einer Modellierung (konzeptionell auch bei Überführung von „Partial-Betrachtungen" in die stärker geöffneten analytischen Reichweiten von „System-Ziel-" oder „System-Umwelt-Betrachtungen") nun auch schon in den näher explizierten optimierungsrelevanten Auswahl- und Entscheidungszusammenhang einer konzeptionell umfänglichen Gestaltung und Steuerung von Managemententwicklungen gestellt wird (vgl. Pollitt/Bouckaert 2000, S. 13; mit rein analytisch bzw. korrelationstheoretisch relevanten Aufzäumungen Bogumil et al. 2007, S. 7). So ist eben auch schon an den vorgelegten Beiträgen zu erkennen, wie hier die zunächst auch „kleinteilig" anmutenden „Partial-Bearbeitungen" (etwa zu den besser angepassten Designs „nachgelagerter" Systeme der Rekrutierung, der Personalverwendung und auch der Besoldung) über mehrere konzeptionelle „Vermittlungen" hinweg von vornherein in den Bedingungsrahmen der sachlichen als auch sozialen Erfolgsvoraussetzungen des Designs und der Implementation umfassend angelegter Managemententwicklungen (auch der Transformation ganzer überbrachter Systeme) transponiert werden (mit den einzelnen Schritten Koch 2004, insb. S. 26 ff.).

Da hier gesellschaftsweit „eingelagerte" Prozesse des Managementwandels zum Gegenstand werden, ist zwar nicht auszuschließen, dass in diesem Zusammenhang auch schon – und zwar unter Rückgriff auf Unterscheidungen der (sozialwissenschaftlichen) Institutionentheorie überlegt wird, sich gesamtgesellschaftlich verbreitende bzw. gleichsam universell werdende Normen oder Ansprüche „richtigen Organisierens" und somit die ggf. auch schon empirisch erkennbaren Formen der „Nachahmung vorausgehend erfolgreicher Lösungen" nun auch explizit zum präskriptiv relevanten Kriterium der Optimierung zu machen. Für die von uns rekonstruierte Entwicklung der Verwaltungslehre als (einer systembezogenen) Managementlehre schlägt hier allerdings zunächst und vor allem der Versuch zu Buche, bereits mit der Anwendung der kontingenz- und konfigurationstheoretisch fundierten (Meta-)Kriterien einer mehrfachen Herstellung von „Fit- bzw. Passungsverhältnissen" (also mit den vorgelagert situationsgerecht zu treffenden Auswahlen zugleich zu einem intern konsistent voranzutreibenden Auf- bzw. Ausbau zu kommen) die funktional notwendigen Voraussetzungen dafür zu schaffen, dass sich zu einem insgesamt strukturharmonischen und in dieser Weise auch insgesamt leistungssteigernd wirkenden Wandel von Managementsystemen kommen lässt (explizit mit Reflexion der methodologischen Spannungen zwischen „kontingenz-" und „konfigurationstheoretischen" Betrachtungsweisen Boyne et al. 2003, S. 4 ff./156; ein weiteres allgemeines Beispiel Farnham/Hondeghem/Horton 2005). Im Rahmen einer entsprechend umfassend zu entwickelnden Entscheidungs- und Auswahlarchitektur (bzw. eines „Konfigurationsmanagements") geht es dann den einzelnen Schritten nach zunächst darum, dass es im Sinne der bereits angesprochenen politisch getriebenen „Re-Positionierungen" zu den verschiedenen strategisch relevanten Vorsteuerungen eines zu planenden Managementwandels kommt – hier also insbesondere (bei Berücksichtigung oder Auswahl der auch staatstheoretisch denkbaren Gestaltungsrichtungen eines „Inside-Out-" oder „Outside-In-Vorgehens") darüber zu entscheiden ist, in Form welcher Gestaltungs- bzw. Wirkungszusammenhänge die nunmehr strategisch gewollte „Einbettung" von Staat und Verwaltung in das gesamtgesellschaftlich gegebene Handlungs- und Leistungsgefüge zum funktionell oder normativ erheblichen Bezugspunkt einer umfassend oder ganzheitlich aufgemachten Managementgestaltung zu werden hat. Im Rahmen einer solchermaßen aufgespannten Entscheidungs- und Auswahlarchitektur wird es darüber hinaus allerdings operationsanalytisch zum eigentlich ausschlaggebenden Vorgang, jetzt abhängig von solchen „Positionierungen" (insbesondere von der jeweils gewollten Art der (Dienst-)Leistungserbringung) in einem ersten Schritt zu einer („kontingenztheoretisch" angeleitet) sachgerechten Herstellung eines „externen Fits" (der sachgerechten bzw. situativ passenden Auswahl des Managementmodells selbst) zu kommen – und sodann in einem zweiten Schritt zugleich dafür zu sorgen, dass sich (nunmehr „konfigurationstheoretisch" angeleitet) bei der weiteren Ausgestaltung dieses Modells nun auch noch eine weiterer „interner Fit" herstellen lässt – sich also intern betrachtet, neben der richtigen Auswahl auch und gerade zu einer jeweils modellmäßig getriebenen konsistenten Ausgestaltung einzelner Teilsysteme kommen lässt (klassisch vgl. Donaldson 1996, S. 14 ff.).

Gerade bei Anlegen einer dynamisch-evolutionären Perspektive ist nun gar nicht zu verhindern, dass im Rahmen einer entsprechend umfassend zu entwickelnden Entscheidungs- und Auswahlarchitektur auch immer wieder zu überprüfen ist, in welchen Formen einer wechselseitigen Verknüpfung diese Kriterien der hier nach „außen" als auch nach „innen" hin jeweils stimmig zu treffenden Gestaltungsentscheidungen (ob nun einseitig linear abhängig oder proaktiv bzw. gegenstrukturell) unter dem Gesichtspunkt der Optimierung von Gesamtverhältnissen anzuwenden sind. Selbst wenn hier noch ziemlich schwierig zu identifizierende (bzw. auch empirisch schwierig zu kontrollierende) positive oder negative „Trade-Offs" in die Gestaltungsproblematik hineinreichen (insbesondere die Ausbalancierung der jeweiligen Forderungen nach „externer" und „interner" Stimmigkeit"), so hat sich hier gleichwohl eine recht eindeutige bzw. robuste Regel für die leistungsoptimierende Herstellung „Interner Fit-Verhältnisse" etabliert. Wie es sich auch schon an verschiedenen Anwendungen bzw. Erprobungen selbst zeigt, ist hier nämlich insbesondere mit der Regel „strukturharmonischer Komplettierungen" für eine leistungssteigernde Verstetigung eines begonnen Managementwandels zu sorgen. Im Sinne einer operativ anwendbaren Regel geht es in diesem Zusammenhang ja konsequenterweise darum, nunmehr mit leitbild- bzw. modellgerecht konsistenten Verknüpfungen der Gestaltungen von „Kern-" und „Folgeelementen" (also auch mit der Konstruktion sich funktional wechselseitig verstärkender Lösungen) dafür zu sorgen, dass sich auch und gerade – über synergieproduzierende Wirkungsketten hinweg – die ja nachgesuchten „über-additiven" Erträge eines von vornherein geplanten Managementwandels erschließen lassen (vgl. generell Henselek 1996, S. 43 ff./ S. 133 ff.; sowie kritisch Remer 2001). In entsprechender Weise lässt sich nunmehr auch und gerade für die vielfach als „inkrementalistisch" bzw. „eklektizistisch" gescholtene Dienstrechtform (vgl. hier den Ansatz eines „Dienstrechtsneuordnungsgesetz") erkennen, dass und wie – bei gleichzeitig stärkerer strategischer Ausrichtung auf ein „output-orientiertes" Konzept des Verwaltungsmanagements zu nunmehr wechselseitig stärker abgestimmten bzw. sich wirkungsmäßig jeweils unterstützenden Ausgestaltungen von Teilfunktionen (etwa von Bezahlung, Laufbahnentwicklungen, Fort- und Ausbildungsgängen) eines umfassenden Personalmanagementsystems zu kommen versucht wird (Koch 2011, S. 13 ff.) Darüber hinaus ist aber auch anhand der vielfältigen Entwicklungen des Neuen Steuerungsmodells selbst zu erkennen, wie hier eben immer wieder auf den gewissermaßen überschießenden präskriptiven Informationsgehalt der eigenen „Managementlogik" zurückgegriffen wird (teilweise auf die Logik eines dez.-wettbewerblich organisiertes Kontraktmanagement- zumindest aber auf die Logik eines Output-orientierten Konzepts des Verwaltungsmanagements), um dann eben mit prolongierten Anwendungen auf noch regelungsbedürftige Teilfunktionen (wie etwa das Qualitätsmanagement oder das Personalwesen) zu jeweils konsistenten und insoweit ebenfalls über-additiv leistungssteigernd wirkenden Anpassungen zu kommen (für die hier einspringenden erfolgserheblichen „Bundling"-Effekte vgl. Ridder 2000).

Soweit entsprechende materielle Gestaltungsmaßnahmen (auf logisch-analytischem oder aber empirisch-vergleichendem Wege) immer nur aus den partiell problem- und zweckorientiert kontrollierten Gestaltungsbereichen abgeleitet werden, erreichen die hier typischen Aussagen allerdings zwangsläufig auch immer nur dem methodologischen Status nach den Charakter von „Best practices" – oder „Better practices" – da sie sich in dieser Weise dem analytischen Design vorgelagerter Untersuchungen nach aus zwangsläufig „unvollständig" verbleibenden funktionalen Erklärungen ableiten, handelt es sich bei entsprechenden Aussagen zwar um jeweils zutreffende Aussagen, nicht jedoch schon um die in diesen Fällen auch jeweils nur einzig möglichen Aussagen bzw. Empfehlungen (vgl. Bretschneider/Marc-Aurele Jr./Wu 2004).

7.4   Strategische Managementdesigns als Gegenstand der Lehre und des Lernens

Mit der eigenständigen Konstituierung der Verwaltungslehre als designorientierte Managementlehre sind auch erste wichtige Voraussetzungen dafür geschaffen, um nun Verwaltungslehre im Rahmen der weiteren Gliederungen zu einem Gegenstand der systematischen Lehre als auch des Lernens zu machen. Was dabei die Zielsetzungen bzw. den Aufbau von Curricula anbetrifft, so gilt es hier, alle konzeptuellen als auch methodisch-logischen Bestandteile zusammenzutragen, die es im Einzelnen zu beherrschen gilt, um nun die angesprochenen „Modernisierungsprobleme" (also das zentrale „Erkenntnisproblem" einer

Verwaltungslehre als Verwaltungsreformlehre) als Probleme einer strategisch bzw. politisch gesteuerten Optimierung des Managements von Staat und Verwaltung bearbeitet zu bekommen (vgl. ansonsten Reichard 2003).

In diesem Zusammenhang geht es zunächst um Fragen der Erschließung bzw. Vermittlung des aktuell notwendigen bzw. verfügbaren Wissens (im Sinne der materialtheoretisch verfügbaren Gestaltungszusammenhänge) für eine gezielte Optimierung des Managements öffentlicher Dienste. Genauer gesagt, geht es hier einem ersten Schwerpunkt nach um die Einübung in theoretische bzw. konzeptionelle Ansätze (konzeptabhängig entwickelte Gestaltungsaussagen), mit denen sich die verschiedenen Träger bzw. Einheiten einer öffentlich relevanten Aufgabenerledigung -abhängig von den je unterschiedlichen politischen „Positionierungen" von Staat und Verwaltung (der Einrichtung von „Public Governance" im Rahmen der gesamtgesellschaftlich zu erreichenden Ziele bzw. zu lösenden Problemstellungen) -unter dem Aspekt einer zu optimierenden Gestaltung und Steuerung ihrer Systeme und Verfahren der Aufgabenerledigung zum Gegenstand der Analyse machen lassen. Gemäß der gegebenen historisch-systematischen Entwicklung ist in diesem Zusammenhang auf ein vergleichsweise breites Spektrum unterschiedlicher (aber dem Grunde nach jeweils funktionaler) Ansätze zurückzugreifen – so etwa auf die klassische präskriptive Bürokratietheorie (als Theorie geschlossener Systeme), auf die unterschiedlichen Varianten des Situationsansatzes der Organisationsforschung (als Theorien offener Systeme), schließlich aber ebenso auf die verschiedenen Ansätze der institutionellen Ökonomie, um eben die sich unterschiedlich stellenden Probleme und Lösungsmöglichkeiten einer ganzheitlich bzw. systemhaft optimierten Gestaltung des öffentlichen Managements in den Griff zu bekommen. Da und soweit es bei zunehmender Öffnung der analytischen Reichweiten zwangsläufig auch zur kombinierten Anwendung unterschiedlicher Ansätze zu kommen hat, geht es allerdings auch schon in diesem Zusammenhang darum, mit einer Kontrolle der jeweiligen „Kommensurabilitäten" unter diesen Ansätzen (dabei also auch die Rückführbarkeiten auf gemeinsam geteilte Grundannahmen) sicherzustellen, ob oder inwieweit sich dann mit entsprechenden Anwendungen überhaupt zur Ableitung in sich stimmiger oder lösungskräftiger Empfehlungen kommen lässt (vgl. Giesen/Schmid 1977, S. 134 ff.).

Entsprechend der augenblicklichen Entwicklung von „Public Governance" Strukturen (hier: der augenblicklichen funktionellen Positionierung von Staat und Verwaltung im gesamtgesellschaftlichen Handlungsgeflecht) geht es dabei seit geraumer Zeit darum, sich verstärkt mit den Möglichkeiten auseinanderzusetzen, nun gerade mit den Gestaltungszusammenhängen der unterschiedlichen Ansätze der institutionellen Ökonomie – insbesondere mit den Principal-Agent Konzepten einer dezidiert wettbewerblichen Form der Leistungserstellung – zu einer angemessenen Erfassung und Lösung von Optimierungsproblemen einer öffentlichen Aufgabenerledigung zu kommen (vgl. auch Schedler 2007). In diesem Zusammenhang wird es ja augenblicklich auch zu einem Schwerpunkt des Aufbaus bzw. der Erarbeitung gestaltungsrelevanten Wissens, wie sich nun mit entsprechend theoretisch hergeleiteten Führungskonzepten eines bloß „kontextgesteuerten Selbstmanagements" gelingen kann, zu einer – gemessen an den veränderten Funktionserfordernissen eines „Gewährleistungsstaates" bzw. eines Modells der Neuen Steuerung – leistungsgerechten Anpassungen im Bereich des Personalmanagements zu kommen. Soweit es hier um Optimierungsprobleme im weiteren Bereich des Personalmanagements geht, wird es

dabei auch schon zu einem Schwerpunkt einer akademischen Wissensvermittlung herauszuarbeiten, wie sich nunmehr – statt mit den Mitteln einer „hierarchischen Unterstellung"
oder einer jeweils nacheilenden „situativen Anpassung" – mit dem quasi unternehmeri-
schen Instrument einer bloßen Zielsteuerung einerseits und der verstärken Anwendung
von auch selbst zu erwirtschaftenden Erfolgsbelohnungen andererseits (zumindest aber
ergebnisabhängig zu gewährenden Leistungslohnanteilen) sicher stellen lässt, dass es zu
einer angemessenen Initiierung des Leistungsverhaltens kommt.

Darüber hinaus geht es hier allerdings gleichermaßen darum, sich im Rahmen expliziter
Lehr-Lernprozesse (also auch im Sinne einer normativ angeleiteten Reflexion) deutlich zu
machen, dass und wie entsprechendes Gestaltungswissen nun auch unter Berücksichtigung
seines präskriptiven bzw. handlungsauffordernden Gehalts als Bedingungs- und Entscheidungsrahmen für die Auswahl bzw. Herleitung potentiell optimierend wirkender Designs und
Implementationsstrategien anzuwenden ist. In entsprechender Weise ist hier herauszuarbeiten, dass und wie entsprechende Konzepte mit ihrem zumindest implizit gegebenen operationsanalytischen Aufbau (einfacher: der zielorientierten Verarbeitung des Gestaltungswissens) einen Entscheidungsrahmen bzw. Ableitungszusammenhang zur Verfügung stellen, mit
dem sich nun auch für den Einzelfall einer praktischen Anwendung zu einer Identifikation,
Bewertung und schließlich Auswahl potenziell zielerreichungswirksamer Gestaltungszusammenhänge kommen lässt. Neben der Vermittlung systematischen Gestaltungswissens gilt es
hier also einsichtig zu machen, unter Anwendung welcher entscheidungslogischer Operationen bzw. Schrittfolgen es gelingen kann, allgemein erhebliches Gestaltungswissen nun auch
auf die Lösung eines praktischen Einzelfalles hin anzuwenden (vgl. klassisch Hoffmann 1976).

Gemäß den zur Anwendung kommenden Konzepten wäre hier schon einmal deutlich
zu machen, über welche Ziele und Ableitungszusammenhänge (u.a. auch mit Hilfe welcher Modellierungen idealtypischer Zusammenhänge) bürokratietheoretische Betrachtungen mehr oder weniger zwangsläufig dazu auffordern, nun gerade mit fortschreitender
(auch kombiniert anzuwendender) „Hierarchisierung", „Arbeitsteilung" oder „Spezialisierung" zu einer Stärkung verantwortlichen Handelns im Sinne einer verlässlichen „Recht-
anwendung" zu kommen. Sodann wäre im Rahmen der Anwendungen einer systemtheoretisch fundierten Planungs- und Steuerungstheorie deutlich zu machen, mit welchen
methodologischen Operationen oder Zwangsläufigkeiten (u.a. auch unter Abstellen auf
die „System-Umwelt-Problematik" offener Systeme) hier auf das Mittel situations- oder
umweltspezifisch zu variierender interner Strukturarrangements (allgemein: auf das Kriterium der Steigerung von Eigenkomplexität) zurückzugreifen ist, um dann wiederum
annahmegemäß öffentliche Leistungen auch auf dem höchsten Niveau einer externen
Leistungswirksamkeit („Effektivität") erstellen zu können. Und schließlich sind hier auch
die Entscheidungs- bzw. Argumentationszusammenhänge kenntlich zu machen, mit denen verschiedene institutionenökonomische Betrachtungen eine fast schon prinzipielle
Überlegenheit bzw. Vorteilhaftigkeit von „Wettbewerb" bzw. „dezentraler Bündelung" von
Entscheidungs- oder Verfügungsrechten für eine aufwandsminimale Erstellung öffentlicher Leistungen („Effizienz") herzuleiten versuchen. Soweit es dabei wiederum um Fragen
des Managements öffentlicher Dienste im engeren Sinne geht, wäre hier (also im Zusammenhang der Entwicklungen von Kontextmodellen der Personalführung) u.a. deutlich zu
machen, wie eben erst mit der Annahme einer quasi linear verlaufenden Funktion der

„individuellen Nutzenmaximierung" der weitere Ableitungszusammenhang dafür eröffnet wird, um dann auch den Bedarf nach bzw. die Vorteilhaftigkeit von Erfolgsbelohnungen für die Initiierung des augenblicklich für notwendig erachteten, stärker unternehmerisch orientierten Leistungsverhaltens öffentlicher Bediensteter begründen zu können.

Da und insoweit es im übergreifenden Sinne um einen systemhaft zu steuernden Modernisierungs- und Wandlungsprozesse geht, spielt hier allerdings auch noch der Gesichtspunkt hinein, wie eben neben den Kriterien einzelner bereichsmäßig begrenzter Gestaltungstheorien nun auch die Optimierungskriterien allgemein bzw. übergreifend entwickelter Gestaltungs- und Wandlungskonzepte zur Anwendung gebracht werden müssen. Mit der Einlagerung in umfassend geratene Wandlungsprozesse ist hier denn auch zu bedenken, dass und wie die Kriterien begrenzter Gestaltungstheorien nun zusätzlich durch Anlegen abstrakter bzw. umfassend geratener Größen (von „Meta-Kriterien") von Systemgestaltungs- oder Wandlungstheorien angewandt werden sollten. Wie es bereits angeklungen ist, wird es dann auch hier zu einer zu vermittelnden Größe, mit welchen Abwägungen im Einzelnen bei dem Versuch umfassender Optimierungen (neben den schon generell bedeutsamen Gestaltungsstrategien des „Outside-In" vs. „Inside-Out") nun aber auf jeden Fall die besagten „Fit-Kriterien" (auch in mehrfachen Stufungen) zur Anwendung zu bringen sind. Unter Berücksichtigung der hier einschlägigen kontingenz- und konfigurationstheoretischen Ableitungszusammenhängen geht es in dieser Hinsicht auch darum kenntlich bzw. beherrschbar zu machen, mit welchen verschiedenen Variationen einer Anwendung der Kriterien einer „kontingenzgerechten Auswahl" bzw. einer „modellmäßig konsistent gestalteten Lösung" es gelingen kann, wie erhofft – die nun auch über-additiven (durch zusätzliche Synergien ausgelösten) Leistungsgewinne eines entsprechend strategisch bzw. systemhaft vorangetriebenen Managementwandels sicherzustellen. Entsprechend jüngeren Entwicklungen kann hier allerdings ebenso die Frage relevant werden, ob in diesem Zusammenhang nicht schon wieder (kontrolliert) „Widersprüchlichkeiten" zu zulassen sind – und in dieser Weise je nach zu zulassenden „sub-situativen" Verknüpfungen auch schon wieder auf Formen eines „Dilemma-Managements" zurückzugreifen ist.

Zusammenfassend betrachtet, ist also die Entwicklung eines entsprechenden Curriculums darauf ausgerichtet, nicht nur konzeptabhängiges Gestaltungswissen zu vermitteln, sondern auch das Entscheidungswissen, mit dem sich nun auch für den Einzelfall zur Ableitung optimierungsrelevanter Lösungen kommen lässt. Soweit sich hier dem pragmatischen Verständnis entsprechend auch mit den Bedingungen und Möglichkeiten der Ableitung von Handlungsempfehlungen zu beschäftigen ist, ist dabei allerdings schon prinzipiell zu bedenken, dass dies – methodologisch betrachtet – doch nur auf der Basis von „Best practices" zu geschehen vermag. In diesem Zusammenhang ist daher auch schon prinzipiell einschränkend zu bedenken, dass sich unter den hier ausschlaggebenden Bedingungen der Erkenntnisproduktion entsprechende Empfehlungen (wenn hier nicht schon wieder eine „Allgemeingültigkeit" im Sinne sich global verbreiternder Trends reklamiert wird) aus zwar praktisch verwertbaren, aber den Umständen entsprechend immer nur unvollständig verbleibenden funktionalen Erklärungen ableiten lassen. Was also den denkbaren „technologischen" bzw. handlungspraktischen Nutzen entsprechender Empfehlungen anbetrifft, wird hier der Umstand relevant, dass sich entsprechende Aussagen immer nur aus dem „Kranz" selektiv bzw.

problembezogen kontrollierter Einfluss- und Wirkungszusammenhänge ableiten lassen (also auch nicht schon bei Kontrolle aller nur denkbarer Mitteleinsätze). In dieser Weise ist daher auch unter den hier zum Zuge kommenden Bedingungen der Erkenntnisproduktion zu bedenken, dass sich eine Vermittlung systematisierten Wissens zunächst doch nur auf den Aufbau „gedanklich vorweggenommener bzw. potenziell wirksamer Handlungsplanungen" zu beziehen vermag – der letztlich erreichbare Handlungserfolg allerdings auch in unserem Fall dem (voluntaristischen) Moment einer entschlossen angestrebten Veränderung im Sinne des „praktischen Tun" überantwortet bleibt.

Literatur

Bechtel, R. (2006), Humankapitalberechnung zwischen Markt- und Ressourcenorientierung, Eine axiomatische Integration, München/Mehring

Benz, A. (2005), Institutionentheorie und Institutionenpolitik, in: Benz, A./Siedentopf, H./ Sommermann, K.-P. (Hrsg.), Institutionenwandel in Regierung und Verwaltung, Berlin, S. 19–32

Beyer, R. (2000), Organisatorische Veränderungstypen in der öffentlichen Verwaltung, Eine konfigurationstheoretische Analyse mit empirischen Evidenzen, München/Mehring

Bogumil, J. et al. (2007), Zehn Jahre neues Steuerungsmodell, Eine Bilanz kommunaler Verwaltungsmodernisierung, Berlin

Böhme, G./van den Daele, W./Krohn, W. (1973), Die Finalisierung der Wissenschaft, in: Zeitschrift für Soziologie, S. 128 ff.

Boxall, P./Purcell, J. (2003), Strategy and Human Resource Management, London usw.

Boyne, G. A. et al. (2003), Evaluating Public Management Reforms, Principals and Practices, Buckingham/Philadelphia

Bräuning, D. (2000), Öffentliche Verwaltung und Ressourcenbewirtschaftung, Baden-Baden

Bretschneider, S./Marc-Aurele Jr., F. J./Wu, J. (2004), Best Practices Research: A Methodological Guide for the Perplexed, in: Journal of Public Administration Research and Theory, Vol. 15, No. 2, pp. 307–323

Brunsson, N./Sahlin-Andersson, K. (2000), Constructing Organisations: The Example of Public Sector Reform, in: Organization Studies, Vol. 21, No. 4, pp. 721–746

Budäus, D. (1994), Public Management, Konzepte und Verfahren zur Modernisierung öffentlicher Verwaltungen, Berlin

Budäus, D. (Hrsg.) (2006), Kooperationsformen zwischen Staat und Markt, Theoretische Grundlagen und Praktische Ausprägungen von Public Private Partnership, Baden-Baden

Conrad, P. (2003), Strategisches Personalmanagement in öffentliche Verwaltungen, in: von Eckhardstein, D./Ridder, H.-G. (Hrsg.), Personalmanagement als Gestaltungsaufgabe im Non-Profit und Public Management, München/Mehring, S. 251–270

Damkowski, W./Precht, C. (1995), Public Management, Neuere Steuerungskonzepte für den öffentlichen Sektor, Stuttgart usw.

Dees, G. J./Emerson, J./Economy, P. (eds.) (2002), Strategic Tools for Social Entrepreneurs, Wiley & Sons

Derlien, H.-U. (1982), Theoretische Probleme der Beurteilung organisatorischer Effizienz der öffentlichen Verwaltung, in: Rehmer, A. (Hrsg.), Verwaltungsführung, Beiträge zur Organisation, Kooperationsstil und Personalarbeit in der öffentlichen Verwaltung, Berlin/New York, S. 89–108

Donaldson, L. (1996), For Positivist Organisation Theory, Proving the Hardcore, London usw.

Etzioni, A. (1960), Two Approaches to Organisational Analysis: A Critique and a Suggestion, in: Administrative Sciences Quarterly, Vol. 5, No. 2, pp. 257–278

Etzioni, A. (1975), Die aktive Gesellschaft, Eine Theorie gesellschaftlicher und politischer Prozesse, Köln/Opladen

Farnham, D./Hondeghem, A./Horton, S. (eds.) (2005), Staff Participation and Public Management Reform, Some International Comparisons, New York

Giesen, B./Schmid, M. (1977), Basale Soziologie, Wissenschaftstheorie, Köln/Opladen

Habermas, J. (1968), Technik und Wissenschaft als „Ideologie", Frankfurt/M.

Hammerschmid, G. (2001), New Public Management zwischen Konvergenz und Divergenz, Wien

Henselek, H. F. (1996), Das Management von Unternehmungskonfigurationen, Wiesbaden

Hoffmann, F. (1967), Entwicklung der Organisationsforschung, 2. und durchgesehene Auflage, Wiesbaden

Ingraham, P. W./Joyce, P. G./Donnahue, A. K. (eds.) (2003), Government Performance, Why Management Matters, Baltimore/London

Ingraham, P. W./Lynn Jr., L. E. (2004), The Art of Governance, Analysing Management and Administration, Washington D.C.

James, W. (1977), Der Pragmatismus, Hamburg

Jann, W. (1998), Lernen vom Privaten Sektor – Bedrohung oder Chance, Oder: Wer hat Angst vor Public Management?, in: Edeling, T./Jann, W./Wagner, D. (Hrsg.), Öffentliches und Privates Management, Fundamentally Alike in All Unimportant Respects?, Opladen, S. 11–52

Jann, W. (2007), Der Wandel politischer Leitbilder: Von Management zu Governance?, in: König, K. (Hrsg.), Deutsche Verwaltung an der Wende zum 21. Jahrhundert, Baden-Baden, S. 279–304.

Käsler, D. (1979), Einführung in das Studium Max Webers, München

Ketchen, D./Thomas, J. B./Snow, X. (1993), Organisational Configurations and Performance: A Comparison of Theoretical Approaches, in: Academy of Management Journal, Vol. 36, No. 6, pp. 1278–1313

Klimecki, R. (2007), Governance – Wandel als Lernprozess, in: Koch, R./Dixon, J. (eds.), Public Governance and Leadership, Wiesbaden, S. 151–174

Koch, R. (1982), Management von Organisationsänderungen in der öffentlichen Verwaltung, Zur Wirksamkeit von Strategien des geplanten Organisationswandels, Berlin

Koch, R. (1985a), Paradigmenentwicklung und Institutionalisierung der Verwaltungswissenschaft, in: Braun, H.-J./Kluve, R. H. (Hrsg.), Entwicklung und Selbstverständnis von Wissenschaften, Ein interdisziplinäres Kolloquium, Frankfurt/M., S. 163–195

Koch, R. (1985b), Methodologische Entwicklungen in der Verwaltungswissenschaft, in: Verwaltungsarchiv, 76. Jg., Heft 3, S. 247–275

Koch, R. (1987), Verwaltungsforschung in Perspektive, in: Koch, R. (Hrsg.), Verwaltungsforschung in Perspektive, Ein Kolloquium zur Methode, zum Konzept und zum Transfer, Baden-Baden, S. 13–26

Koch, R. (2004), Umbau öffentlicher Dienste, Internationale Trends in der Anpassung öffentlicher Dienste an ein New Public Management, Wiesbaden

Koch, R. (2004 a). Strategische Aspekte einer Modernisierung des öffentlichen Dienstes, In: Koch, R./Conrad, P. (Hrsg.): Verändertes denken – Bessere Öffentliche Dienste?!, Wiesbaden, S. 15–36

Koch, R. (2011): Theorieproduktionen und Gestaltungsoptionen in der Modernisierung öffentlicher Dienste, In: Koch, R./Conrad, P./Lorig, W.H. (Hrsg.): New Public Service, 2. Auflage, Wiesbaden, S. 13–40

Koch, R./Dixon, J. (eds.) (2007), Public Governance and Leadership, Political and Managerial Problems in Making Public Governance Changes the Driver for Re-Constituting Leadership, Wiesbaden

König, H. (1977), Dynamische Verwaltung, Bürokratie zwischen Politik und Kosten, Stuttgart

König, K. (1970), Erkenntnisinteressen der Verwaltungswissenschaft, Berlin

König, K. (1982), Öffentliche Verwaltung als Soziales System, in: Rehmer, A. (Hrsg.), Verwaltungsführung, Mit Beiträgen zu Organisation, Kooperationsstil und Personalarbeit in der öffentlichen Verwaltung, Berlin/New York, S. 3–30

König, M. (2000), Kodifikation des Landesorganisationsrechts, Baden-Baden

Kooiman, J./Eliassen, K. A. (eds.) (1987), Managing Public Organisations, Lessons from Contemporary European Experience, London usw.

Luhmann, N. (1967), Theorie der Verwaltungswissenschaft, Bestandsaufnahme und Entwurf, Köln/Berlin

Luhmann, N. (1975) (Hrsg.), Politische Planung, 2. Auflage, Opladen

Luhmann, N. (1975), Allgemeine Theorie organisierter Sozialsysteme, In: Luhmann, N.: Soziologische Aufklärung 2, Opladen, S. 39–50

Mayntz, R./Scharpf, F. (Hrsg.) (1973), Planungsorganisation, Die Diskussion um die Reform von Regierung und Verwaltung, München

Mikl-Horke, G. (1989), Soziologie, Historischer Kontext und Soziologische Theorie-Entwürfe, München/Wien

Naschold, F. (1972), Funktionsanalysen im Regierungssystem, in: Krauch, H. (Hrsg.), Systemanalyse in Regierung und Verwaltung, Freiburg, S. 97–106

Oechsler, W. A. (1982), Zweckbestimmung und Ressourceneinsatz öffentlicher Betriebe, Baden-Baden

Overman, E. S./Boyd, K. J. (1994), Best Practice and Post Bureaucratic Reform, in: Journal of Public Administration, Research and Theory, Vol. 4, No. 1, pp. 67–83

Pollitt, C./Bouckaert, G. (2000), Public Management Reform, A Comparative Analysis, Oxford

Priddat, B. (2006), Gemeinwohlmodernisierung, Social Capital, Moral, Governance, Marburg

Raffee, H./Abel, B. (Hrsg.) (1979), Wissenschaftstheoretische Grundfragen der Wirtschaftswissenschaften, München

Reichard, C. (1998): Institutionelle Wahlmöglichkeiten bei der öffentlichen Aufgabenwahrnehmung, in: Budäus, D. (Hrsg.): Organisationswandel öffentlicher Aufgabenwahrnehmung. Baden-Baden, S. 121–154

Reichard, C. (1999), Interdependenzen zwischen öffentlicher Betriebwirtschaftslehre und Public Management, in: Bräuning, D./Greiling, D. (Hrsg.), Stand und Perspektiven der öffentlichen Betriebswirtschaftlehre, Berlin, S. 47–54

Reichard, C. (2003), Public Management im deutschsprachigen Raum, in: Blühmle, E.-B. et al. (Hrsg.), Öffentliche Verwaltungen und Non-Profit-Organisationen, Wien, S. 496–518

Remer, A. (1997), Personal und Management im Wandel der Strategien, in: Klimecki, R./ Remer, A. (Hrsg.), Personal als Strategie, Berlin, S. 399–418

Remer, A. (2001), Management im Dilemma – von der konsistenten zur kompensatorischen Konfiguration, in: Die Unternehmung, 55, S. 353–375

Ridder, H.-G. (2000), Vom Faktoransatz zum Human Resource Management, in: Schreyögg, G./Conrad, P. (Hrsg.), Theorien des Managements, Wiesbaden, S. 211–240

Scharpf, F. W. (1974), Politische Durchsetzbarkeit innerer Reformen, Göttingen

Schedler, K. (2007), Public Management and Public Governance, in: Benz, A./Lütz, S./ Schimank, U./Simonis, G. (Hrsg.), Handbuch Governance, Theoretische Grundlagen und empirische Anwendungsfelder, Wiesbaden, S. 253–268

Schmid, G./Treiber, H. (1975), Bürokratie und Politik, Zur Struktur und Funktion der Ministerialbürokratie in der Bundesrepublik Deutschland, München

Schuon, K. T. (1972), Wissenschaft, Politik, und wissenschaftliche Politik, Köln

Schuppert, G. F. (Hrsg.) (2005), Der Gewährleistungsstaat – Ein Leitbild auf dem Prüfstand, Baden-Baden

Siedentopf, H./Koch, R. (1979): Strategien der Verwaltungsreform – Grenzen und Möglichkeiten der Rationalisierung öffentlicher Verwaltungen, In: Krüger, K./Rühl, G./ Zink, K.J. (Hrsg.): Industrial Engineering und Organisationsentwicklung im kommenden Dezennium, Müchen, S. 319–334

Stein, F. A. (1999), Empirische Forschungsansätze für die Öffentliche Betriebswirtschaftslehre, in: Bräuning, D./Greiling, D. (Hrsg.), Stand und Perspektiven der öffentlichen
Betriebswirtschaftlehre, Berlin, S. 120–128

Vogel, R. (2006), Zur Institutionalisierung von New Public Management, Disziplindynamik
der Verwaltungswissenschaft unter dem Einfluss ökonomischer Theorie, Wiesbaden

Wagener, D. (1998), Personalmanagement als elementarer Bestandteil des Public Managements, in: Wagner, D. (Hrsg.), Personal und Personalmanagement in der modernen
Verwaltung, Berlin, S. 23–50

Wolff, J. (2000), Der Gestaltansatz in der Management- und Organisationslehre, Wiesbaden

Zielinski, H. (2003): Management im öffentlichen Sektor, Opladen

Public Management – eine fragmentierte Adhokratie

8

Sozio-kognitive Bedingungen der Wissensproduktion im Modernisierungsdiskurs

Rick Vogel[*]

[*] Rainer Koch & Rick Vogel (2012): Paradigmenkonkurrenz im Public Management. Zur Kritik des Diskurses um Management-Entwicklungen. Wiesbaden: Springer Gabler, S. 175–195.

8.1   Einführung

Das Public Management hat sich über die letzten zwei Jahrzehnte im Kreis derjenigen Wissensgebiete etabliert, die eine wissenschaftliche Identität mit praktischen Gestaltungsansprüchen verbinden. Insbesondere die Bemühungen um eine Modernisierung von Staat und Verwaltung haben entscheidende Impulse gegeben, einen signifikanten Teil verwaltungswissenschaftlicher Forschung dem Managementwissen für öffentliche Verwaltungen zu widmen. Allerdings bleibt die Institutionalisierung von Public Management in Deutschland labil, obwohl sich die Staats- und Verwaltungsmodernisierung angesichts verfestigter Krisenlagen zu einem Dauerthema entwickelt hat. Dies zeigt sich nicht zuletzt an einer schwankenden – zuletzt tendenziell rückläufigen – Präsenz im universitären Fächerspektrum. Ein wissenschaftssoziologischer Blick auf das Public Management darf jedoch nicht an den formalen Strukturen der Wissenschaft hängen bleiben, sondern muss auch die informale Dimension der Vergemeinschaftung von Fachvertretern erfassen. Für diese häufig nicht auf den ersten Blick erkennbaren Kollektive hat die Wissenschaftssoziologie Begriffe wie „wissenschaftliche Gemeinschaften" (Kuhn, 1962), „akademische Stämme" (Becher, 1989), „epistemische Gemeinschaften" (Knorr-Cetina, 1981) oder „unsichtbare Schulen" (Crane, 1972) geprägt. Mitglieder solcher Fachgemeinschaften sind häufig ähnliche Ausbildungswege gegangen, treffen sich regelmäßig auf Konferenzen, kooperieren in Forschungsprojekten, lassen Manuskripte zirkulieren, informieren sich wechselseitig über Stellenausschreibungen usw. Diese informalen Kommunikationszusammenhänge sind für die Vergabe von wissenschaftlicher Reputation, die Verhandlung des aktuellen Forschungsstandes und die Ausrichtung künftiger Forschung von großer Bedeutung. Wissenschaftliche Gemeinschaften sind zwar auf die Anbindung an und Unterstützung durch formale Strukturen angewiesen, würden ihre soziale und kognitive Funktion in der Kultivierung eines Fachs jedoch wahrscheinlich verlieren, wenn sie einen höheren Formalisierungsgrad erreichen würden.

Auch wenn das Public Management im Sinne eines informellen Kommunikationszusammenhangs keine deckungsgleiche Entsprechung in der institutionellen Struktur der Wissenschaft hat, ist es in Deutschland ohne Zweifel eine eigenständige Wissensdomäne. An der Wissensproduktion beteiligen sich unterschiedliche Akteure mit vielfältigen institutionellen Hintergründen und Interessenslagen. Entsprechend weichen ihre Deutungsansprüche im Hinblick auf Probleme und Lösungen der Staats- und Verwaltungsmodernisierung zum Teil erheblich voneinander ab. Dominierte z.B. in den 1990er Jahren ein Paradigma der (Neuen) Steuerung, nach dem Wirtschaftlichkeits- und Legitimitätsdefizite von Staat und Verwaltung auf Dysfunktionen bürokratischer Steuerungssysteme zurückzuführen sind und Lösungen vor allem in einer internen Professionalisierung des Verwaltungsmanagements liegen, musste es seit den 2000er Jahren zunehmend einer Perspektive der Governance weichen, in deren Fokus eher die externe Kooperation von Staat und Verwaltung mit Akteuren des privaten und dritten Sektors zum Zweck der Freisetzung zivilgesellschaftlicher Selbststeuerungspotenziale liegt. Die Entstehung dieser Paradigmenkonkurrenz wirft die Frage auf, welche Triebkräfte der Wissensproduktion im Public Management zugrunde liegen, d.h. welche Mechanismen der diskursiven Erzeugung, Verbreitung und Verwendung von Managementwissen für öffentliche Verwaltungen am Werk sind, wenn Modernisierungsparadigmen um Deutungshoheit konkurrieren.

Der vorliegende Aufsatz leistet einen Beitrag zur Beantwortung dieser Frage. Angesichts der Fülle verfügbarer Ansätze der Wissenschaftssoziologie einerseits und der Vielschichtigkeit des Managementdiskurses andererseits ist dieser Beitrag notwendigerweise selektiv und perspektivisch. Das erübrigt ihn jedoch keineswegs. Diskurse profitieren von einem Mindestmaß an reflexiver Selbstvergewisserung, durch die ihre subtilen Funktionsweisen erhellt werden. Dies erleichtert die Bewertung von Wissensansprüchen, weil außer dem *Was* eines Diskurses nun auch sein *Wer, Warum, Wann, Wo* und *Wie* – und damit seine sozialen Praktiken – thematisch werden (Fairclough, 2008). Mit dieser Relativierung und Kontextualisierung sinkt die Gefahr, dominanten Programmatiken kritiklos aufzusitzen und alternative Deutungsweisen an den Rand zu drängen. Abgesehen von manchen Jubiläumsbänden (z.B. Jann et al., 2004; Jann, Röber, & Wollmann, 2006) und vereinzelten Arbeiten (Vogel, 2006; Vollmer, 2002; Wollmann, 2004 sowie die Beiträge in diesem Band) ist das Public Management noch relativ arm an wissens- und wissenschaftssoziologischer Selbstreflexion. Daher können bereits partielle Perspektiven, wie sie der vorliegende Beitrag entwickelt, eine Bereicherung darstellen.

Der im Folgenden ausgebreitete Ansatz folgt im Wesentlichen der Grundannahme, dass Paradigmenkonkurrenz und Managementdiskurs keinen universellen Gesetzmäßigkeiten gehorchen, sondern in ihrer Entstehung und Entwicklung von der sozio-historischen Verfasstheit des intellektuellen Feldes abhängen, in dem sie stattfinden. Deshalb muss eine Rekonstruktion des Einflusses von Paradigmenentwicklungen auf das Managementwissen für öffentliche Verwaltungen zunächst diesen Bedingungskontext erfassen. Dies geschieht im Folgenden unter Bezugnahme auf eine wissenschaftshistorische Klassifikation von Whitley (1984a, 1984b, 1984c), mit der sich das intellektuelle Diskursfeld des Public Managements als eine ‚fragmentierte Adhokratie' charakterisieren lässt. Im nächsten Kapitel wird dieses Konzept mit seinen Wesensmerkmalen eingeführt und gegen andere Formen der Reputationsorganisation abgegrenzt. Kapitel 3 fragt dann nach den Implikationen, die sich aus dieser sozio-historischen Verfasstheit für Paradigmenkonkurrenz und Managementdiskurs in fragmentierten Adhokratien ergeben. Diese Einsichten werden anschließend zu Illustrationszwecken auf das Beispiel von Steuerungsparadigma und Governance-Perspektive angewendet. Dies erfolgt im Wesentlichen mit anekdotischen Belegen, um Ansatzpunkte für eine breitere Diskursanalyse aufzuzeigen. Der Beitrag endet mit einer Schlussbetrachtung.

8.2   Der Managementdiskurs als fragmentierte Adhokratie

Eine wissenschaftssoziologische Analyse kann einem Diskursfeld nur gerecht werden, wenn sie seine Einbettung in einen historischen Kontext und die daraus erwachsenen soziologischen Besonderheiten in Abgrenzung zu anderen intellektuellen Feldern berücksichtigt. Diese Annahme liegt der vergleichenden Organisationsanalyse zugrunde, mit der Richard Whitley (1984a, 1984b, 1984c) wissenschaftliche Felder – von ihm als reputative Arbeitsorganisationen („reputational work organizations") bezeichnet – klassifiziert. Der Managementdiskurs ist gemäß Whitley durch drei Kontextfaktoren geprägt:

1.   Die Reputationskontrolle über wissenschaftliche Ziele und Standards ist relativ gering (Whitley, 1984b). Mit Reputationskontrolle ist hier die Autonomie von Wissenschaftlern

gemeint, selbst Forschungsprioritäten zu setzen und die Bewertungsmaßstäbe für Diskursbeiträge festzulegen. Ist die Reputationskontrolle hoch, können Mitglieder der wissenschaftlichen Gemeinschaft eigenständig Forschungsziele definieren, die Signifikanz von Problemen und Lösungen bewerten, qualifikatorische Anforderungen an Diskursteilnehmer stellen und Geltungskriterien für Wissensansprüche festlegen. Dies trifft jedoch nicht auf das Public Management zu. Wie jede verwaltungswissenschaftliche Forschung ist es seit jeher auf den Import von Erfolgskriterien und Signifikanzstandards aus Zuliefererdisziplinen angewiesen. Kompetente Beiträge zum Public Management können nicht nur von der Öffentlichen Betriebswirtschaftslehre, sondern auch von der Verwaltungssoziologie, der Verwaltungspsychologie, der Verwaltungsgeschichte, dem Verwaltungsrecht und weiteren Wissensfeldern erbracht werden (Langrod, 1976). Insofern sich diese Subdiskurse wiederum an ihren Mutterdisziplinen orientieren – sei es auch nur, um durch Imitation Prestigegewinne zu erzielen –, existieren vielfältige und oft konfliktäre Forschungspraktiken ohne genaue Rangfolge. Hinzu kommt der Gestaltungsanspruch des Public Managements (Vogel, 2010), durch den Verwertungskriterien an das produzierte Wissen gerichtet werden, die weitgehend indifferent gegenüber wissenschaftlichen Idealen sind und allein dem Primat des Praktischen unterliegen. Da auch diese Kriterien außerhalb der Kontrolle des Public Managements liegen, kann sich ein Kanon spezifischer Arbeitsprozeduren und Fähigkeitsprofile, nach denen Reputation vergeben wird, nicht herausbilden. Entsprechend gibt es auch keine Reputationselite, die über fachliche Prioritäten wachen könnte.

2. Die Konzentration von Zugangskontrollen zu kritischen Ressourcen ist ebenfalls verhältnismäßig niedrig (Whitley, 1984b). Mit Kontrolle des Ressourcenzugangs ist das Ausmaß gemeint, in dem eine kleine Gruppe von Diskursteilnehmern Ressourcen kontrolliert, ohne die kompetente Forschung nicht möglich ist. Ist die Kontrolle des Ressourcenzugangs auf wenige Akteure konzentriert, kann diese Gruppe anderen Mitgliedern der Diskursgemeinschaft ihre Standards diktieren. Im Public Management ist dies jedoch nicht zu beobachten. Das liegt zunächst schlicht daran, dass für Forschung im Feld des Public Managements nur relativ unspezifische Ressourcen erforderlich sind. Wie für sozialwissenschaftliche Diskursfelder üblich, beruht Forschung im Public Management in erster Linie auf Humanressourcen. Es gibt jedoch keinen privilegierten Ausbildungsweg, der allein die Kenntnisse und Fähigkeiten vermittelt, die für Forschung im Public Management notwendig sind. An dem Diskurs zur Modernisierung von Staat und Verwaltung beteiligen sich Akteure mit sehr unterschiedlichen Bildungshintergründen, wie z.B. Verwaltungswissenschaftler, Betriebswirte, Politikwissenschaftler, Informatiker, Soziologen usw. Ebenso wenig gibt es im Public Management eine einzelne Institution, die ein Ausbildungsmonopol hat und deshalb als Zugangsbeschränkung wirken könnte. Auch die Quellen für die Finanzierung von Humanressourcen sind relativ breit gestreut. Neben der Grundfinanzierung durch Universitäten (und stärker noch Fachhochschulen) sind prinzipiell viele weitere öffentliche und private Förderprogramme für das Public Management zugänglich.

3. Das Publikum für Wissensansprüche ist vergleichsweise breit gestreut (Whitley, 1984b). Diversität des Publikums meint hier die Vielzahl und Unterschiedlichkeit von Anspruchsgruppen, die legitime Adressaten von Forschungsergebnissen sind und Reputation vergeben können. Diese Diversität ist im Fall des Public Managements sowohl innerhalb als auch außerhalb der Wissenschaft hoch. In der Wissenschaft folgt aus der

multidisziplinären Verfasstheit des Public Managements, dass viele unterschiedliche Adressatenkreise in benachbarten Diskursfeldern bedient werden können. In der Praxis sind Akteure mit verschiedenen institutionellen Hintergründen – z.B. Politiker, öffentlich Bedienstete, Berater – von der Staats- und Verwaltungsmodernisierung betroffen und daher potenzielle Konsumenten und Produzenten von Diskursbeiträgen. Die Diversität des Publikums wirkt wiederum zurück auf die Pluralität von Bewertungsmaßstäben, da die unterschiedlichen Adressaten je spezifische Geltungskriterien an Wissensansprüche richten. Deshalb können sich Diskursteilnehmer an vielen unterschiedlichen Standards orientieren, um Reputation zu erlangen. Während sich manche Teilnehmer am Public-Management-Diskurs in der internationalen Wissenschaft einen Namen machen wollen, streben andere eher nach einer Profilierung als Lieferanten praktischen Gestaltungswissens. Entsprechend stehen viele Kommunikationskanäle zur Verfügung, denen unterschiedliche Evaluationsstandards zugrunde liegen. Aus der Sicht einzelner Gruppen mögen manche Reputationsformen zwar erstrebenswerter als andere sein, aber solche Rangfolgen sind im Anreizsystem nicht fest institutionalisiert, so dass die Anspruchsgruppen des Public Managements trotz ihrer Verschiedenartigkeit relativ gleichwertige Reputation verleihen können. Deshalb sind Diskursteilnehmer nicht von einem einzelnen Adressatenkreis abhängig, wenn sie nach Reputation streben.

Diese drei Kontextfaktoren führen zu einer Form der reputativen Arbeitsorganisation, die Whitley (1984a, 1984b, 1984c) „fragmentierte Adhokratie" nennt. In diesem Begriff kommt die starke Fragmentierung und geringe Koordinierung der Produktion, Verbreitung und Verwendung von Wissen zum Ausdruck, die charakteristisch für den Managementdiskurs ist. Eine fragmentierte Adhokratie ist einerseits durch eine hohe Aufgabenunsicherheit und andererseits durch eine geringe Interdependenz gekennzeichnet. Die technische Aufgabenunsicherheit für Diskursteilnehmer ist groß, weil es in einer fragmentierten Adhokratie keine standardisierten Arbeitsprozesse gibt, die valide und reliable Forschungsergebnisse hervorbringen. Forschungsergebnisse sind deshalb relativ stark von den Persönlichkeiten ihrer Urheber und den Umständen ihrer Entstehung abhängig und besitzen eine geringe Vergleichbarkeit und Verallgemeinerbarkeit. Die strategische Aufgabenunsicherheit ist groß, weil es keine Forschungsprioritäten und Bewertungsmaßstäbe gibt, die für alle Mitglieder der Diskursgemeinschaft Gültigkeit haben. Stattdessen kursieren viele unterschiedliche, relativ uneindeutige und schnell wechselnde Ziele und Strategien, die in theoretischer und methodischer Hinsicht nur einen kleinen gemeinsamen Nenner haben. Fragmentierte Adhokratien sind außerdem durch eine geringe strategische Interdependenz von Forschungsaktivitäten gekennzeichnet, weil kaum eine Notwendigkeit besteht, dass Forscher ihre Vorhaben und Aktivitäten aufeinander abstimmen. In ihrem Reputationsstreben sind sie nicht darauf angewiesen, eine bestimmte Elite von der Dringlichkeit ihrer Forschungsprobleme und der Angemessenheit ihrer Forschungsstrategien zu überzeugen. Die funktionale Interdependenz ist ebenfalls gering, da Diskursteilnehmer nur in geringem Maße ihre eigenen Arbeitsprozesse und -ergebnisse mit denen anderer Personen oder Gruppen koordinieren müssen. Sie können stattdessen signifikante Diskursbeiträge leisten, ohne die Forschungsergebnisse und -methoden von Kollegen, die sich in anderen Themenfeldern spezialisiert haben, systematisch zu berücksichtigen.

				Degree of strategic dependence			
				low		high	
				Degree of functional dependence		Degree of functional dependence	
				low	high	low	high
Degree of technical task uncertainty	high	Degree of strategic task uncertainty	high	*Fragmented Adhocracy* Producing diffuse, discursive knowledge of common-sense objects	*Polycentric oligarchy* Producing diffuse theoretically coordinated knowledge		
			low		*Partitioned bureaucracy* Producing both analytical, specific knowledge and ambiguous, empirical knowledge		
	low	Degree of strategic task uncertainty	high			*Professional adhocracy* Producing empirical, specific knowledge	*Polycentric profession* Producing specific, theoretically-coordinated knowledge
			low			*Technologically integrated bureaucracy* Producing empirical, specific knowledge	*Conceptually integrated bureaucracy* Producing specific, theoretically oriented knowledge

Quelle: Whitley, 1984a, modifiziert.

Abb. 8.1: Fragmentierte Adhokratie im Spektrum reputativer Arbeitsorganisationen

Aus der Kombination von strategischer und technischer Aufgabenunsicherheit sowie strategischer und funktionaler Interdependenz ergibt sich ein vierdimensionaler Merkmalsraum, in dem sich die fragmentierte Adhokratie von anderen reputativen Arbeitsorganisationen unterscheidet (Abbildung 8.1). Nicht alle möglichen Merkmalskombinationen sind jedoch in der Wissenschaftsgeschichte nachweisbar, was darauf hindeutet, dass die Dimensionen der Aufgabenunsicherheit und Interdependenz nicht vollständig unabhängig voneinander sind. Insbesondere ist es nicht dauerhaft möglich, dass in einem Diskursfeld technische Aufgabenunsicherheit und strategische Interdependenz gleichzeitig hoch oder niedrig sind. Die fragmentierte Adhokratie ist jedoch eine von sieben Formen der reputativen Arbeitsorganisation, die historisch stabil auftritt. Sie ist z.B. unterschieden von polyzentrischen Oligarchien, in der das Wissen einen höheren Grad der theoretischen Koordination erreicht und Diskursteilnehmer den Ansichten und Idealen einer kleinen Gruppe intellektueller Führer mit konzentrierter Ressourcenkontrolle folgt. Dies war z.B. in der deutschen Psychologie vor dem Ersten Weltkrieg der Fall und ist heute noch in der britischen Sozialanthropologie, der deutschen Philosophie und der kontinentaleuropäischen Ökologie zu beobachten. Im Unterschied zur fragmentierten Adhokratie ist die Wissensproduktion in unterteilten Bürokratien stark regelgebunden und hierarchisch organisiert. Sie bringt ein Wissen hervor, das im Kern des Diskursfeldes spezifisch und analytisch ist, jedoch umso mehrdeutiger wird, je stärker es in der Peripherie zur empirischen Anwendung kommt. Dies trifft z.B. auf die angelsächsische Ökonomik zu. Arbeitsorganisationen mit geringer technischer Aufgabenunsicherheit und hoher strategischer Interdependenz – professionelle Adhokratien, polyzentrische Professionen sowie technologisch und konzeptionell integrierte Bürokratien – bringen durchgängig spezifisches (theoretisches oder empirisches) Wissen hervor, sind aber fast ausschließlich in den Naturwissenschaften zu finden. Diese unterschiedlichen Verfasstheiten von Diskursfeldern haben vielfältige Implikationen für die Konkurrenz von Paradigmen in diesen Feldern. Im nächsten Abschnitt werden diese Konsequenzen für fragmentierte Adhokratien gezogen.

8.3   Paradigmenkonkurrenz in fragmentierten Adhokratien

Unter ‚Paradigma' soll hier allgemein ein Wissenssystem verstanden werden, das den Angehörigen einer Diskursgemeinschaft sowohl kognitive Orientierung als auch soziale Integration bietet. Damit wird der Paradigmenbegriff hier nicht in einem engeren erkenntnistheoretischen Sinn verwendet, wie er ursprünglich von der Wissenschaftstheorie insbesondere für die Naturwissenschaften geprägt wurde (Feyerabend, 1962; Kuhn, 1962). Terminologisch weniger streng steht der Begriff hier für Annahmen- und Aussagenzusammenhänge, die gleichzeitig Probleme definieren und Lösungen liefern. Im Fall des Public Management geht es dabei in erster Linie um den Reformbedarf des Staats- und Verwaltungsapparats und entsprechende Modernisierungsansätze.

Die wissenschaftssoziologischen Besonderheiten fragmentierter Adhokratien lassen Zweifel daran aufkommen, dass die Konkurrenz von Paradigmen ein universeller Prozess ist, der in allen wissenschaftlichen Diskursfeldern gleich oder ähnlich abläuft (siehe auch Vogel, 2012c). Vielmehr bieten reputative Arbeitsorganisationen für die Entstehung und den Verlauf von Paradigmenkonkurrenzen je spezifische Milieus. Fragmentierte Adhokratien sind fruchtbare Felder, in denen Paradigmen relativ zahlreich gedeihen können. Im Vergleich zu anderen reputativen Arbeitsorganisationen ist die Paradigmenvielfalt in fragmentierten Adhokratien groß, was sowohl an der Vielzahl potenzieller Adressatenkreise als auch an der Absenz einheitlicher Bewertungsstandards für Wissensansprüche liegt. Potenziell können in fragmentierten Adhokratien so viele Subdiskurse entstehen wie es Zielgruppen für Forschungsergebnisse gibt – darin besteht gerade die Fragmentierung dieser Diskursfelder. Jeder Subdiskurs wiederum kann eines oder mehrere Paradigmen hervorbringen, die je eigenen Geltungskriterien zu entsprechen haben, aber keine universellen Standards erfüllen müssen. Das führt wiederum zu großen Unterschieden zwischen Paradigmen, die nicht nur im Hinblick auf bearbeitete Probleme und Lösungen thematisch voneinander abweichen, sondern auch auf verschiedenen analytischen Ebenen und in unterschiedlichen logischen Kategorien verfasst sein können. Da jedes Paradigma eigenen Geltungskriterien gehorcht, lassen sie sich kaum mit übergeordneten Bewertungsmaßstäben entkräften, sondern legitimieren sich weitgehend selbst. Aus diesen Gründen sind fragmentierte Adhokratien mit zahlreichen unterschiedlichen Paradigmen bevölkert.

Ebenso wenig wie in fragmentierten Adhokratien die Zielgruppen für Forschungsergebnisse klar definiert sind, sind es die Paradigmen, mit denen Wissensnachfrage zugleich erzeugt und bedient wird. Paradigmatische Grenzen sind oft nicht eindeutig gezogen, sondern lassen fließende Übergänge zu. Das ermöglicht es Diskursteilnehmern oftmals, gleichzeitig mehreren Paradigmen zu folgen, ohne kognitive Widersprüche oder soziale Konsequenzen befürchten zu müssen. Trotz dieser verschachtelten und überlappenden Struktur ist die Interdependenz von Paradigmen in fragmentierten Adhokratien in einem anderen Sinn aber gering: Diskursteilnehmer müssen kaum auf die unter anderen Paradigmen verfolgten Strategien und erzielten Ergebnisse Rücksicht nehmen, wenn sie einen bestimmten Subdiskurs adressieren. Das gibt ihnen eine (rollentheoretisch interpretierbare) Freiheit, neue Paradigmen adaptieren zu können, ohne Reputationsverluste in ihren angestammten Subdiskursen zu erleiden. Die Mobilität von Diskursteilnehmern ist auch im Zeitverlauf relativ groß: In fragmentierten Adhokratien unterliegen Paradigmen relativ kurzfristigen Problem- und Lösungszyklen. Ein Grund für die Variabilität von Paradigmen ist der verhältnismäßig große Einfluss von außerwissenschaftlichen Adressatenkreisen, die schnell wechselnde Problemstellungen und Interessenslagen der Praxis in das Diskursfeld importieren. Aufgrund der allgemeinen Mehrdeutigkeit von Forschung in fragmentierten Adhokratien sind sie empfänglich für externe gesellschaftliche Einflüsse, welche die Veränderlichkeit und Vergänglichkeit von Paradigmen erhöhen.

Diese besonderen Bedingungen, unter denen in fragmentierten Adhokratien Paradigmenkonkurrenzen entstehen und verlaufen, eröffnen den Teilnehmern vielfältige Möglichkeiten strategischer Diskurspolitik. Wo Paradigmen keine allgemein akzeptierten Gültigkeitskriterien erfüllen müssen, entsteht diskursiver Raum für die Entwicklung und Verbreitung neuer Paradigmen, die mit eigenen Geltungskriterien ausgestattet sind. Da fragmentierte Adhokratien nicht von Reputationseliten dominiert werden, bestehen für Akteure mit unterschiedlichen institutionellen Hintergründen kaum Eintrittsbarrieren in das Diskursfeld. Diffuse Forschungsprioritäten und -aktivitäten ermöglichen es ihnen, Problemen und Lösungen eigene Akzente zu verleihen und mit strategischen Mitteln kollektive Aufmerksamkeit zu mobilisieren. Dies gelingt freilich nicht jedem Diskursteilnehmer im gleichen Maße. Auch wenn Diskursmacht in fragmentierten Adhokratien weniger ungleich als in anderen reputativen Arbeitsorganisationen verteilt ist, wird die Resonanz eines Wissensanspruchs maßgeblich von seinem Kontext – dem Wer, Warum, Wann, Wo und Wie eines Diskursbeitrags – beeinflusst (Fairclough, 2008). Akteure können Paradigmen umso erfolgreicher gegen ihre zahlreichen Konkurrenten durchsetzen, wenn sie über Ressourcen verfügen, die sie zur Einflussnahme auf den Diskurs befähigen. In fragmentierten Adhokratien geht es dabei weniger (wenngleich auch) um ökonomisches als vielmehr um soziales Kapital der Diskursteilnehmer, also um das Netzwerk des persönlichen Kennens und Anerkennens (Bourdieu, 1986). Zentrale Akteure mit großem Bestand an sozialem Kapital haben es leichter, sich in der Paradigmenkonkurrenz zu behaupten und Paradigmenwechsel zu initiieren.

Da in fragmentierten Adhokratien vor allem sprachlich-interaktionale Forschung betrieben wird, sind auch die strategischen Mittel für die Entwicklung, Durchsetzung und Verteidigung von Wissensansprüchen in erster Linie diskursiver Art. Deshalb unterscheiden sich die strategischen Mittel der Diskurspolitik in fragmentierten Adhokratien nicht grundsätzlich von anderen öffentlichen Diskursen, in denen die Teilnehmer um Deutungshoheit konkurrieren. Aus der politik-, kommunikations- und medienwissenschaftlichen Diskursforschung können somit analytische Kategorien übernommen werden, die sich auch für die Rekonstruktion von Paradigmenkonkurrenz und Managementdiskurs eignen. Insbesondere der Dreiklang von Agenda-Setting, Framing und Priming (Scheufele & Tewksbury, 2007) beschreibt ineinander greifende diskursive Strategien, mit denen auch in fragmentierten Adhokratien Wissensansprüche in Szene gesetzt werden:

- *Agenda-Setting* bestimmt darüber, welche Probleme in einem Diskursfeld thematisch werden. Es versucht, Aufmerksamkeit auf bestimmte Themen zu lenken, indem ihre Dringlichkeit verdeutlicht wird. Agenda-Setting schafft die Voraussetzungen für die Entstehung und Verbreitung eines Paradigmas, da nur ein kollektives Bewusstsein um entsprechende Problemlagen eine Wissensnachfrage schafft, die sodann von dem Paradigma bedient wird.

- *Framing* beeinflusst, auf welche Ursachen Probleme zurückgeführt und welche Lösungen akzeptiert werden. Damit gibt es einem Diskurs inhaltliche Such- und Lösungsrichtungen vor und setzt für seine Teilnehmer Anreize, ihnen zu folgen. Framing unterstützt die programmatische Entwicklung eines Paradigmas, indem es Überzeugungsarbeit leistet, paradigmatische Wissensansprüche zu übernehmen.

- *Priming* nimmt Einfluss darauf, anhand welcher Kriterien Lösungsansätze zu beurteilen sind. Es setzt somit die evaluativen Standards, die vorgeschlagene Lösungen zu entsprechen haben. Priming trägt dazu bei, dass ein Paradigma seine selbstlegitimatorischen Kräfte entfalten kann, weil es seine Akzeptanz in der Diskursgemeinschaft sichert.

Aufgrund der Vielfalt von Akteuren und Mehrdeutigkeit von Geltungskriterien sind fragmentierte Adhokratien stärker als andere reputative Arbeitsorganisationen empfänglich für diese diskursiven Strategien. Das wird im Folgenden anhand der Paradigmenkonkurrenz von Steuerungsparadigma und Governance-Perspektive illustriert.

8.4 Paradigmenkonkurrenz im Public Management am Beispiel von Steuerungsparadigma und Governance-Perspektive

In Deutschland wird weiterhin ein intensiver Managementdiskurs um die Modernisierung von Staat und Verwaltung geführt, dem es hauptsächlich zu verdanken ist, dass sich das Public Management als ein Wissensgebiet zwischen Wissenschaft und Praxis mit eigener Identität entwickeln konnte. Zwar hat es in den deutschsprachigen Ländern schon zuvor in mehreren Wellen Bemühungen um eine Staats- und Verwaltungsmodernisierung gegeben, jedoch haben erst die an ausländischen Vorbildern orientierten Reformaktivitäten der 1990er dazu geführt, dass sich das Public Management als eigenständiges Diskursfeld emanzipieren konnte. Wie für fragmentierte Adhokratien üblich, ist dieses Diskursfeld unübersichtlich, da sich vielfältige Akteursgruppen mit unscharf voneinander abgegrenzten Positionen und Beiträge in ihm betätigen. Trotz dieser Vielstimmigkeit schälen sich zwei Paradigmen der Staats- und Verwaltungsmodernisierung heraus, wenn der Diskurs über seine bisherige Laufzeit rekapituliert wird. Im Folgenden werden diese beiden Grundpositionen zunächst im Querschnitt voneinander abgegrenzt, bevor anschließend im Längsschnitt rekonstruiert wird, wie sie sich in Konkurrenz zueinander entwickelt haben.

Um die unterschiedlichen Orientierungen von Steuerungsparadigma und Governance-Perspektive zu kontrastieren, können sie zunächst anhand zweier Merkmalsdimensionen grob klassifiziert werden. Das erste Merkmal bezieht sich auf den Fokus der Staats- und Verwaltungsmodernisierung, der einerseits auf die internen Strukturen von Verwaltungsorganisationen und andererseits auf die externen Beziehungen zu anderen Personen oder Organisationen gerichtet sein kann (zu dieser Differenzierung siehe auch Osborne, 2006). Die zweite Dimension erfasst die beiden Paradigmen in den Kategorien ökonomischer Institutionen, auf welche sie den Schwerpunkt der Staats- und Verwaltungsmodernisierung legen. Für diese Kategorisierung bietet sich die aus der Institutionenökonomik bekannte Dreiteilung in Hierarchie, Markt und Netzwerk an (Williamson, 1985).

Das Steuerungsparadigma richtet sein Erkenntnis- und Gestaltungsinteresse zwar nicht ausschließlich, aber doch hauptsächlich auf die internen Strukturen und Prozesse von Staat und Verwaltung, um die Effizienz und Effektivität öffentlicher Dienstleistungen zu steigern. Es verortet die Ursache für Haushaltskrisen und Legitimitätsdefizite im bürokratischen Steuerungssystem, das traditionell vor allem auf Mechanismen der Prozesssteuerung beruht, während es Verfahren der Ergebnissteuerung vernachlässigt (zur grundlegenden Unterscheidung von Prozess- und Ergebnissteuerung vgl. Ouchi, 1979, 1980). Entsprechend sieht das Steuerungsparadigma vor, das Repertoire von öffentlichen Organisationen um Instrumente der Leistungssteuerung zu erweitern, um Output und Outcome des Verwaltungshandelns zu messen und zu managen. Dafür können die Steuerungslösungen privater Unternehmen Orientierung bieten, ohne allerdings im öffentlichen Sektor unverändert replizierbar zu sein. Institutionenökonomisch betrachtet steht das Steuerungsparadigma dafür ein, die öffentliche Dienstleistungsproduktion weiterhin in der staatlich-administrativen Hierarchie zu erbringen, jedoch stärker an Zielen und Ergebnissen auszurichten und deshalb mit neuen Verfahren und Mechanismen zu steuern. Neben einer solchermaßen modernisierten Hierarchie nimmt das Steuerungsparadigma aber auch das institutionelle Arrangement des Marktes auf drei unterschiedliche Weisen in Anspruch: Erstens tritt in aggressiver vertretenen Varianten der Markt teilweise an die Stelle der Hierarchie, indem Aufgaben privatisiert werden, die nicht zu den hoheitlichen Kernaufgaben von Staat und Verwaltung gehören. Zweitens wird Wettbewerb dort, wo er nicht möglich ist, mithilfe von Managementmethoden wie z.B. Benchmarking simuliert. Und drittens werden Marktmechanismen wie z.B. Verrechnungspreise in die internen Steuerungssysteme integriert.

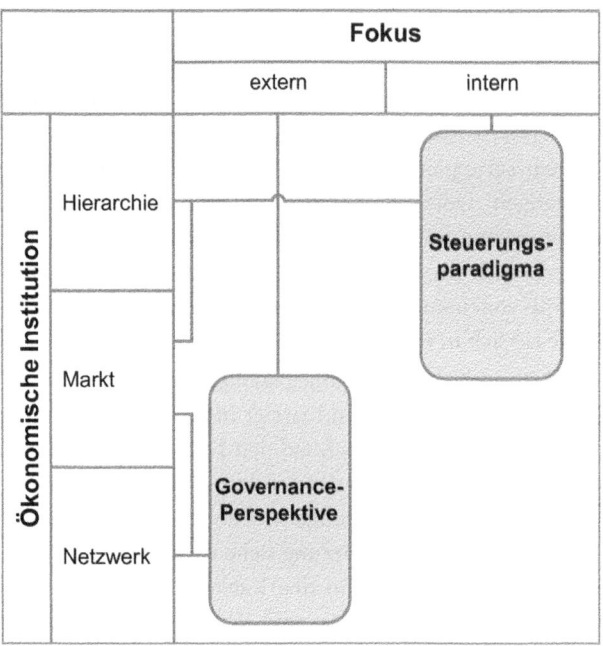

Abb. 8.2: Grundorientierungen von Steuerungsparadigma und Governance-Perspektive

Die Governance-Perspektive legt ihren Fokus hingegen eher auf Interaktionen von Staat und Verwaltung mit externen Akteuren des öffentlichen, privaten oder dritten Sektors. Sie geht von der Annahme aus, dass öffentliche Interessen problemnäher und wirksamer adressiert werden können, wenn sie von Akteuren mit unterschiedlichen institutionellen Hintergründen kooperativ bearbeitet werden, anstatt in der Alleinzuständigkeit von Staat und Verwaltung zu liegen. Aus der Governance-Perspektive geht es darum, die gesellschaftlichen Selbststeuerungsfähigkeiten möglichst so zu stimulieren, dass Staat und Verwaltung in der Rolle eines Moderators verbleiben können, ohne öffentliche Dienstleistungen notwendigerweise selbst erbringen zu müssen. Dieses Ziel soll z.B. durch eine Stärkung des zivilgesellschaftlichen Engagements und eine Intensivierung der Bürgerpartizipation erreicht werden. Wo Staat und Verwaltung Koproduzenten öffentlicher Güter bleiben, stellt sich für die Governance-Perspektive die Frage, welche Instanzen im zunehmend mit inter- und supranationalen Organisationen verflochtenen staatlich-administrativen System dafür zuständig sind und wie sie zusammenwirken können. Damit setzt die Governance-Perspektive insbesondere auf das institutionelle Arrangement des Netzwerks (wobei solche hybriden Organisationsformen meist stärkere hierarchische Elemente aufweisen als es die Rhetorik bisweilen vermuten lässt; Diefenbach & Sillince, 2011). Ähnlich wie das Steuerungsparadigma – und zum Teil in Überschneidung mit diesem – spielt die ökonomische Institution des Marktes auch in der Governance-Perspektive eine Rolle: Wenn Staat und Verwaltung mit privatwirtschaftlichen Akteuren zusammenwirken, entstehen öffentlich-private Kooperationsformen zum Teil auf der Grundlage von Marktmechanismen. Auch der dritte Sektor weist zunehmend marktähnliche Strukturen auf, wie sich z.B. am gegenwärtig vielbeschworenen „sozialen Unternehmertum" zeigt (vgl. z.B. Fayolle & Matlay, 2010).

Die gegensätzlichen Annahmen über Probleme und Lösungen der Modernisierung von Staat und Verwaltung sind auch in den diskursiven Strategien reflektiert, die Vertreter von Steuerungsparadigma und Governance-Perspektive zur Durchsetzung und Verteidigung ihrer jeweiligen Position bemühen. Das zeigt zum Beispiel eine Inhaltsanalyse von Wahlprogrammen für Kommunalwahlen in Italien (Fattore, Dubois, & Lapenta, 2012). Abhängig von parteipolitischen Ideologien folgen politische Akteure unterschiedlichen narrativen Grundlinien, um den von ihnen favorisierten Ansatz der Staats- und Verwaltungsmodernisierung zu lancieren (vgl. Abbildung 8.3). So ist das Steuerungsparadigma mit Wortstämmen verbunden, die seine voluntaristische Grundlogik und seinen top-down-Ansatz zum Ausdruck bringen (wobei ‚Bürokratie' den rhetorischen Antagonisten des Fortschrittsvokabulars bildet), während die Governance-Perspektive in Begriffe gekleidet ist, die eine neokorporatistische Grundhaltung sowie bottom-up-Philosophie erkennen lassen. Diese Sedimente im politischen Diskurs zeigen einerseits, dass Paradigmenkonkurrenz nicht innerhalb der wissenschaftlichen Gemeinschaft, sondern auch und gerade im öffentlichen Raum zwischen politischen Akteuren ausgetragen wird. Andererseits macht die Gegenüberstellung deutlich, dass die Vertreter konkurrierender Paradigmen insbesondere – und wenig mehr als – diskursive Mittel zur Verfügung haben, um ihrer Position Legitimität zu verleihen. Wie oben gezeigt wurde, ist beides typisch für fragmentierte Adokratien. Im Folgenden wird für den deutschsprachigen Public-Management-Diskurs rekonstruiert, wie sich die die Konkurrenz zwischen Steuerungsparadigma und Governance-Perspektive im Zeitverlauf entwickelt hat. Dafür wird auf die oben eingeführten diskursiven Strategien des Agenda-Settings, Framings und Primings zurückgegriffen.

Steuerungsparadigma	Governance-Perspektive
• Bürokratie/bürokratisieren	• involvieren/Partizipation
• Effizienz	• Konsens/Übereinkunft
• modernisieren	• konzertierte Aktion
• reformieren/erneuern	• Netzwerk/Netz
• steuern/kontrollieren	• partizipieren
• Transparenz	• Partnerschaft
• vereinfachen	• teilen
• verschlanken	• zusammenarbeiten

Quelle: Fattore, Dubois, & Lapenta (2012), modifiziert.

Abb. 8.3: Semantische Grundkategorien von Steuerungsparadigma und Governance-Perspektive

Die Genese des Steuerungsparadigmas ist im deutschsprachigen Raum vor allem mit der Kommunalen Gemeinschaftsstelle (KGSt) verbunden, der zu Beginn der 1990er Jahre – „in an abrupt change of mind" (Wollmann, 2000: 926) – ein umfangreiches Agenda-Setting für die Modernisierung von Staat und Verwaltung gelingt. Dieser Einfluss ist umso bemerkenswerter, als die KGSt keine formale Institution des politischen Systems, sondern ein beitragsfinanzierter Verband für kommunales Management ist, der auf freiwilliger Mitgliedschaft von Kommunen beruht. Sie kann sich vor allem auf ihr soziales Kapital als „undisputed authority" (Wollmann, 2000: 926) verlassen, das sie seit ihrer Gründung akkumuliert hat. In seiner Variante als ‚Neues Steuerungsmodell' wird das Steuerungsparadigma in einer Serie von gutachterlichen Berichten entwickelt und verbreitet (KGSt, 1991, 1992, 1993a, 1993b, 1994a, 1994b, 1996). Dies geschieht in einer kollaborativen Form der Wissensproduktion, die insofern an einen neuen Modus erinnert (Gibbons et al., 1994), als hier Wissenschaftler und Praktiker problemorientiert zusammenarbeiten und stark kontextualisiertes Wissen hervorbringen, das sich weniger in der Wissenschaft als vielmehr in der Praxis bewähren muss. Entsprechend läuft das Priming der KGSt auch darauf hinaus, das neue Paradigma nicht nach seiner wissenschaftlichen Rigorosität, sondern nach seiner praktischen Relevanz zu bewerten. Die intensive Interaktion der KGSt mit dem Adressatenkreis des Neuen Steuerungsmodells ermöglicht es ihr, das ganze Repertoire des Framings auszuschöpfen, um dem neuen Paradigma zu Resonanz zu verhelfen (Vogel, 2012a): Das diagnostische Framing malt in dramatischen Farben ein facettenreiches Krisenszenario und erzeugt somit Handlungsdruck; das prognostische Framing führt die Krise auf Unzulänglichkeiten des bürokratischen Steuerungssystems zurück und bietet als unausweichliche Lösung ein Modell der Ergebnissteuerung an; und das motivationale Framing setzt Anreize, die es attraktiv erscheinen lassen, dem neuen Paradigma zu folgen. Motivationales Framing, das Überzeugungen in Handlungen überführt, erfordert andere rhetorische Strategien als diagnostisches und prognostisches Framing: Es beruht vor allem auf Pathos, das die Gefühlswelt des Publikums adressiert und Emotionen wie Angst, Gier, Ärger oder Stolz hervorruft (Vogel, 2012b). Pathos zielt darauf ab, pragmatische Legitimität zu erzeugen, indem eigennutzorientierte Handlungsmotive des Publikums aktiviert werden (Suchman, 1995). Dafür eignet sich mündliche Kommunikation weitaus besser als ein schriftliches Berichtswesen, das eher Logos und Ethos transportiert und damit die Rationalität und Akzeptabilität des Paradigmas erhöht. Vor diesem Hintergrund gerät es der KGSt zum Vorteil, über unterschiedliche Kanäle eine intensive Interaktion mit ihrem Publikum pflegen zu können. So macht nicht etwa eine Publikation, sondern eine persönliche Rede des damaligen Vorstands der KGSt im Rahmen eines von ihr regelmäßig organisierten und gut von Praktikern besuchten Kongresses den Auftakt zum Framing des Neuen Steuerungsmodells (Banner, 1991).

Die Agenda des Steuerungsparadigmas ist zunächst unangefochten und nimmt praktisch den gesamten Diskurs um die Modernisierung von Staat und Verwaltung ein. Dazu trägt bei, dass sich ein relativ breiter politischer Konsens zur Unterstützung des Neuen Steuerungsmodells und verwandter Reformansätze herausbildet und ‚second mover' in die dominante Diskurskoalition eintreten. Zu nennen sind insbesondere weitere Think Tanks wie z.B. die Bertelsmann Stiftung, die sich insbesondere der Stärkung des Wettbewerbs im öffentlichen Sektor verschrieben hat und zu diesem Zweck eigene Projekte durchführt, und parteinahe Stiftungen wie z.B. die Hans-Böckler-Stiftung, die entsprechende Projekte fördert. Des Weiteren bilden auch Berater eine wichtige Akteursgruppe, die sich als Diffusionsagenten des Steuerungsparadigmas betätigt (Armbrüster, Banzhaf, & Dingemann, 2010; Saint Martin, 2007; Vogel, 2006: 375–387). Für sie ist die herrschende Reformagenda auch deshalb attraktiv, weil zum einen der öffentliche Sektor ein bislang kaum erschlossenes Marktsegment ist, und zum anderen das Steuerungsparadigma eine relativ leichte Transferierbarkeit privatwirtschaftlicher Managementmethoden – und damit ‚Exploitierbarkeit‘ der Kernkompetenzen von Beratern – verspricht. Zwar richten sich die verschiedenen Akteursgruppen an unterschiedliche Adressaten, jedoch lassen sich ihre Lösungsansätze trotz des schnellen Wachstums des Diskurses konzeptionell noch unter dem Steuerungsparadigma subsummieren und integrieren. Inzwischen hat es unter dem Leitbild des ‚Schlanken Staates‘ auch eine aktive politische Unterstützung, mit der es in nur geringfügig modifizierten Varianten von der kommunalen auf die Landes- und Bundesebene überspringt. Dagegen gehören Verwaltungswissenschaftler überwiegend zu den reaktiven Diskursteilnehmern, die sich zunächst mehrheitlich in einer Beobachterrolle gefallen. Zwar sind auch Verwaltungswissenschaftler an der Ausarbeitung des Steuerungsparadigmas beteiligt (Budäus, 1994; Reichard, 1994; Reinermann, 1994), und eine ihrer renommiertesten Hochschulen beteiligt sich mit dem ‚Speyerer Qualitätswettbewerb‘ an seiner Agenda (Hill & Klages, 1993). Jedoch kommt aus ihren Reihen auch nennenswerter Widerstand, der sich in einem Counter-Framing entlädt (Vogel, 2012a). Diesem fehlen jedoch sowohl ein konsistentes prognostisches Gegenmodell als auch motivationale Strategien, um Widerstand auf breiterer Basis zu mobilisieren.

Die Genese des Steuerungsparadigmas in Deutschland trägt insofern allgemeine Züge der Paradigmenentwicklung in fragmentierten Adhokratien, als sie von Akteuren diskursiv angestoßen und beschleunigt wird, die keiner originär wissenschaftlichen Produktionslogik folgen. Im Vergleich zu anderen reputativen Arbeitsorganisationen ist der Einfluss von wissenschaftsexternen Faktoren auf die Wissensproduktion in fragmentierten Adhokratien groß. Aus den Charakteristiken des Managementdiskurses folgt aber auch, dass die Hegemonie eines Paradigmas nicht von Dauer sein kann, sondern allenfalls ein Zwischenstadium ist. Tatsächlich bekommt das Steuerungsparadigma schon Konkurrenz, bevor es sich im Diskurs um die Modernisierung von Staat und Verwaltung stabilisieren kann. Hierzu tragen eine Reihe ineinander greifender Faktoren bei: Die Entstehung des Steuerungsparadigmas in Deutschland hat sich nicht unwesentlich auf eine internationale Bewegung stützen können, die auch von Organisationen getragen wurde, welche die Diffusion globaler Managementkonzepte in lokale Kontexte fördern. Zu nennen ist hier insbesondere die OECD (z.B. 1995, 2001), deren Initiativen von lokalen Akteuren zunächst für das Steuerungsparadigma diskursiv in Anspruch genommen werden, dann aber eher in den Dienst der Governance-Perspektive gestellt werden. Daran zeigt sich, dass im Transfer globaler Agenden in lokale Kontexte Prozesse der „theorization" (Strang & Meyer, 1993), des „translating" (Czarniawska & Joerges, 1996) bzw. des „editing" (Sahlin-Andersson, 1996) wirksam werden, die den Protagonisten an der Schnittstelle unterschiedlicher Diskurse strategische Mittel an die Hand geben. Im vorliegenden Fall schwächen sie das prognostische Framing des Steuerungsparadigmas in der ‚Normalisierung‘ des Steuerungsmodells vor dem Hintergrund internationaler Entwicklungen und damit in der Erzeugung eines Konformitätsdrucks (Vogel, 2012a). Während internationale Organisationen wie die OECD vor allem mit ihren statistischen Analysen und Printprodukten wirken, aber keine formale politische Macht geltend machen können, kommt der Legitimitätsentzug auf nationaler Ebene von höchster politischer Stelle: Mit ihrem Programm von 1999 bekennt sich die rot-grüne Bundesregierung zu einem ‚aktivierenden Staat‘, womit die Modernisierung von Staat und Verwaltung zumindest den Verlautbarungen nach – weniger in der politischen Praxis (BMI, 2005) – stärker in der Governance-Perspektive als im Steuerungsparadigma verortet wird. Damit ändert sich das externe Agenda-Setting und Framing der Staats- und Verwaltungsmodernisierung sowohl auf nationaler als auch auf internationaler Ebene wesentlich.

Auch wissenschaftsinterne Entwicklungen fördern die Entstehung einer Paradigmenkonkurrenz, jedoch beruhen sie diskurspolitisch vor allem auf Prozessen des Primings. Hatten die Urheber des Steuerungsparadigmas zunächst seine praktische Bewährung zum Geltungskriterium erhoben, besinnen sich Vertreter der Wissenschaft jetzt zunehmend auf ihre ureigenen Maßstäbe. Aus ihrer Sicht ist das Steuerungsparadigma nunmehr vor allem anhand seiner theoretischen Fundierung und konzeptionellen Komplexität zu bewerten. Dieser Bewertung hält es insofern nicht stand, als ihm aus wissenschaftlicher Sicht Theoriemangel und Unterkomplexität vorgeworfen werden (vgl. z.B. die Beiträge in Edeling, Jann, & Wagner, 1998). Obwohl sich zunächst auch Politikwissenschaftler durchaus namhaft und im Schulterschluss mit Betriebswirten dem Steuerungsparadigma anschließen (Naschold, 1995; Naschold et al., 1996; Naschold, Jann, & Reichard, 1999), kündigen sie ihre Solidarität nunmehr auf, weil sie ihre fachliche Perspektive darin nicht länger angemessen repräsentiert sehen. Die von der KGSt ausgegebene (später jedoch zurückgenommene) Devise, die Politik sei für das ‚Was‘ und die Verwaltung für das ‚Wie‘ zuständig (KGSt, 1993a, 1996), muss aus politikwissenschaftlicher Sicht geradezu provokant wirken, weil dieser Standpunkt einen Rückfall in die Anfangsjahre der Verwaltungswissenschaft darstellt. Entsprechend fällt es ihnen nicht schwer, sich der Governance-Perspektive zuzuwenden, in der politikwissenschaftliches Gedankengut stärker als im Steuerungsparadigma zur Geltung kommt. Die diskursive Delegitimierung des Steuerungsparadigmas folgt jedoch nicht allein durch einen Wechsel der Bewertungsmaßstäbe, sondern auch in seinem eigenen Referenzrahmen. Eine vielbeachtete Evaluationsstudie, welche die praktische Bewährung des Neuen Steuerungsmodells empirisch auf den Prüfstand stellt, kommt zu einer pessimistischen Bewertung (Bogumil, Grohs, Kuhlmann, & Ohm, 2007). Dass die turnusmäßige Evaluation der KGSt (z.B. 2007) andere Ergebnisse hervorbringt, zeigt, dass in fragmentierten Adhokratien diffuse Bewertungsmaßstäbe vorherrschen, die große diskursive Spielräume für die wechselseitige Relativierung von Wissensansprüchen lassen.

Die Paradigmenkonkurrenz wird auch dadurch verstärkt, dass Förderorganisationen programmatisch umschwenken und nunmehr Projekte fördern, die eher der Governance-Perspektive als dem Steuerungsparadigma verpflichtet sind. Das gilt insbesondere für gewerkschaftsnahe Förderer, da die Governance-Perspektive weitaus besser mit einer sozialdemokratischen Agenda harmoniert als das Steuerungsparadigma, das eher im konservativen und liberalen Lager Anklang findet (Fattore et al., 2012). Insofern ist der anfängliche politische Konsens, der dem Steuerungsparadigma ideale Wachstumsbedingungen bietet, wohl nur entstanden, weil es aus sozialdemokratischer Sicht das geringere

Übel im Vergleich zu radikalen Privatisierungen ist – woraus auch das Framing Kapital zu schlagen versucht (Vogel, 2012a). Mit zunehmender Erosion dieses Konsens' kann sich die Förderpolitik von Drittmittelgebern darauf richten, Alternativen zum Steuerungsparadigma zu entwickeln. Dafür sind wissenschaftliche Diskursteilnehmer umso empfänglicher, je stärker Drittmittel als Leistungsindikator institutionalisiert sind und damit auch wissenschaftsintern reputationsrelevant werden. Forschungsförderung durch Dritte ist daher auch in der Paradigmen-konkurrenz von Steuerungsparadigma und Governance-Perspektive ein zentraler Modus der Vermittlung gesellschaftlicher Interessen und wissenschaftlicher Prioritäten.

Im Ergebnis entwickelt sich aus der anfänglichen Hegemonie des Steuerungsparadigmas eine Paradigmenkonkurrenz zur Governance-Perspektive. Diese Pluralisierung ist eine typische Folge der soziokognitiven Verfasstheit fragmentierter Adhokratien, in denen Monoparadigmatismus für die Formierung des Diskursfeldes zwar vorübergehend notwendig sein kann, als dauerhafter Zustand aber unwahrscheinlich ist. Deshalb wird auch die Annahme mancher Kommentatoren, dass das Steuerungsparadigma nur eine historische Zwischenstufe im Übergang von der ,alten' Verwaltung zur ,neuen' Governance ist (Osborne, 2006), nicht eintreten – wie jedes einzelne Paradigma in einer fragmentierten Adhokratie wird auch die Governance-Perspektive keine Alleingültigkeit im Public Management erlangen. Davon wäre sie im Übrigen noch weit entfernt, da das Steuerungsparadigma im internationalen wissenschaftlichen Diskurs noch immer stärker repräsentiert ist als die Governance-Perspektive (Vogel, 2012d).

8.5 Schlussbetrachtung

Dieser Beitrag untersuchte die Verfasstheit des Public Managements als intellektuelles Feld zwischen wissenschaftsinternen und -externen Relevanzkriterien. In der wissenschaftshistorischen Klassifikation von Whitley (1984a, 1984b, 1984c) erweist sich das Public Management – wie auch der Managementdiskurs allgemein – als Beispiel einer fragmentierten Adhokratie, in der Diskursteilnehmer aus vielen Quellen relativ gleichwertige Reputation für Forschungsleistungen beziehen können. Das führt zu einer Variation von inkommensurablen Paradigmen, die für die Modernisierung von Staat und Verwaltung unterschiedliche Probleme und Lösungen anbieten. Im Tausch gegen Reputation adressieren die Vertreter dieser Paradigmen Anspruchsgruppen sowohl innerhalb als auch außerhalb der Wissenschaft, so dass die Erzeugung, Verbreitung und Verwendung von Wissen nicht nur internen, sondern auch externen Relevanzen folgt. Die akademische Wissensproduktion ist demnach eng verschränkt mit der gesellschaftlichen Nachfrage. Dies gilt für das Public Management besonders, da hier wissenschaftsinterne und -externe Reputationsmechanismen relativ stark – und in zunehmendem Maße – aneinander gekoppelt sind.

Das Beispiel von Steuerungsparadigma und Governance-Perspektive verdeutlicht, dass die Entstehung und Entwicklung von Paradigmenkonkurrenz von den spezifischen Bedingungen fragmentierter Adhokratien begünstigt und beeinflusst wird. Im Wesentlichen eröffnen die hohe Aufgabenunsicherheit und geringe Koordination in fragmentierten Adhokratien diskursive Räume, die von den Akteuren strategisch genutzt werden, um ihren

Wissensansprüchen Geltung zu verleihen. Auch wenn die vorangegangenen Betrachtungen kursorisch bleiben mussten und eine systematische Diskursanalyse nicht ersetzen konnten, zeigen sie, wie drei diskursive Strategien (Agenda-Setting, Framing und Priming) ineinander greifen, um im avisierten Publikum Präferenzen für oder gegen bestimmte Paradigmen zu mobilisieren. Das entkräftet zum Teil die Annahme, dass in fragmentierten Adhokratien das Konfliktpotenzial zwischen Paradigmen zwar hoch ist, die Intensität tatsächlicher Auseinandersetzungen zwischen ihren Vertretern jedoch gering. Aktive Paradigmenkonkurrenz ist jedoch ein evolutorischer Mechanismus, der letztlich dem Wissenschaftsfortschritt dient, wenn ihm seine Verständigungsorientierung nicht verloren geht. Diese setzt wiederum ein Mindestmaß an Reflexivität voraus, die auch wissenschaftspolitisch zu erwirken ist.

Literatur

Armbrüster, T., Banzhaf, J., & Dingemann, L. (2010). Unternehmensberatung im öffentlichen Sektor: Institutionenkonflikt, praktische Herausforderungen, Lösungen. Wiesbaden: Gabler Verlag.

Banner, G. (1991). Von der Behörde zum Dienstleistungsunternehmen. Die Kommunen brauchen ein neues Steuerungsmodell. Verwaltungsführung Organisation Personal, 13(1), 6–11.

Becher, T. (1989). Academic Tribes and Territories. Intellectual Enquiry and the Cultures of Disciplines. Milton Keynes: Open University Press.

BMI (Bundesministerium des Innern) (2005). Fortschrittsbericht des Regierungsprogramms „Moderner Staat – Moderne Verwaltung" im Bereich Modernes Verwaltungsmanagement. Berlin : Bundesministerium des Innern, 2005

Bogumil, J., Grohs, S., Kuhlmann, S., & Ohm, A. K. (2007). Zehn Jahre Neues Steuerungsmodell: Eine Bilanz kommunaler Verwaltungsmodernisierung. Berlin: edition sigma.

Bourdieu, P. (1986). The forms of capital. In J. G. Richardson (Ed.), Handbook of Theory and Research for the Sociology of Education (pp. 241–260). New York: Greenwood Press.

Budäus, D. (1994). Public Management. Konzepte und Verfahren zur Modernisierung öffentlicher Verwaltungen. Berlin: edition sigma.

Crane, D. (1972). Invisible Colleges: Diffusion of Knowledge in Scientific Communities. Chicago: Univ. Press.

Czarniawska, B., & Joerges, B. (1996). Travels of ideas, in B. Czarniawska and B. Joerges (Hrsg.), Translating Organizational Change. Berlin: de Gruyter, pp. 13–48.

Diefenbach, T., & Sillince, J. A. A. (2011). Formal and informal hierarchy in different types of organization. Organization Studies, 32(11), 1515–1537.

Edeling, T., Jann, W., & Wagner, D. (Eds.). (1998). Öffentliches und privates Management. Fundamentally Alike in All Unimportant Respects? Opladen: Leske + Budrich.

Fairclough, N. (2008). Discourse and Social Change. Cambridge: Polity Press.

Fattore, G., Dubois, H. F. W., & Lapenta, A. (2012). Measuring new public management and governance in political debate. Public Administration Review, 72(2), 218–227

Fayolle, A., & Matlay, H. (2010). Handbook of Research on Social Entrepreneurship. Cheltenham: Edward Elgar.

Feyerabend, P. K. (1962). Explanation, reduction, and empiricism. In H. Feigl & G. Mawell (Eds.), Scientific Explanation, Space, and Time (pp. 73–125). Minneapolis: University of Minnesota Press.

Gibbons, M., Limoges, C., Nowotny, H., Schwartzman, S., Scott, P., & Trow, M. (1994). The New Production of Knowledge. The Dynamics of Science and Research in Contemporary Societies. London: SAGE.

Hill, H., & Klages, H. (Eds.). (1993). Spitzenverwaltungen im Wettbewerb: Eine Dokumentation des 1. Speyerer Qualitätswettbewerbs 1992. Baden-Baden: Nomos.

Jann, W., Röber, M., & Wollmann, H. (Eds.). (2006). Public Management – Grundlagen, Wirkungen, Kritik. Berlin: edition sigma.

Jann, W., Bogumil, J., Bouckaert, G., Budäus, D., Holtkamp, L., Kißler, L., Kuhlmann, S., Mezger, E., Reichard, C., Wollmann, H. (2004). Status-Report Verwaltungsreform. Eine Zwischenbilanz nach zehn Jahren. Berlin: edition sigma.

KGSt. (1991). Dezentrale Ressourcenverantwortung: Überlegungen zu einem neuen Steuerungsmodell. Köln: KGSt.

KGSt. (1992). Wege zum Dienstleistungsunternehmen Kommunalverwaltung. Fallstudie Tilburg. Köln: KGst.

KGSt. (1993a). Das Neue Steuerungsmodell. Begründung. Konturen. Umsetzung. Köln: KGSt.

KGSt. (1993b). Budgetierung: Ein neues Verfahren der Steuerung kommunaler Haushalte. Köln: KGSt.

KGSt. (1994a). Das Neue Steuerungsmodell: Definition und Beschreibung von Produkten. Köln: KGSt.

KGSt. (1994b). Verwaltungscontrolling im Neuen Steuerungsmodell. Köln: KGSt.

KGSt. (1996). Das Verhältnis von Politik und Verwaltung im Neuen Steuerungsmodell. Köln: KGSt.

KGSt. (2007). Das Neue Steuerungsmodell. Bilanz der Umsetzung. Köln: KGSt.

Knorr-Cetina, K. (1981). The Manufacture of Knowledge: An Essay on the Constructivist and Contextual Nature of Science. Oxford: Pergamon Press.

Kuhn, T. S. (1962). The Structure of Scientific Revolutions. Chicago: Chicago University Press.

Langrod, G. (1976). Verwaltungswissenschaft oder Verwaltungswissenschaften? In H. Siedentopf (Ed.), Verwaltungswissenschaft (pp. 389–445). Darmstadt: Wissenschaftliche Buchgesellschaft.

Naschold, F. (1995). Ergebnissteuerung, Wettbewerb, Qualitätspolitik. Entwicklungspfade des öffentlichen Sektors in Europa. Berlin: edition sigma.

Naschold, F., Budäus, D., Jann, W., Mezger, E., Oppen, M., Picot, A., Reichard, C., Schanze, E., & Simon, N. (1996). Leistungstiefe im öffentlichen Sektor. Erfahrungen, Konzepte, Methoden. Berlin: edition sigma.

Naschold, F., Jann, W., & Reichard, C. (1999). Innovation, Effektivität, Nachhaltigkeit. Internationale Erfahrungen zentralstaatlicher Verwaltungsreform. Berlin: edition sigma.

OECD. (1995). Governance in transition: Public management reforms in OECD countries. Paris: OECD.

OECD. (2001). Governance im 21. Jahrhundert. Paris: OECD.

Osborne, S. (2006). Editorial: The new public governance? Public Management Review, 8(3), 377–387.

Ouchi, W. G. (1979). A conceptual framework for the design of organizational control mechanisms. Management Science, 25(9), 833–848.

Ouchi, W. G. (1980). Markets, bureaucracies, and clans. Administrative Science Quarterly, 25(1), 129–141.

Reichard, C. (1994). Umdenken im Rathaus. Neue Steuerungsmodelle in der deutschen Kommunalverwaltung. Berlin: edition sigma.

Reinermann, H. (1994). Die Krise als Chance: Wege innovativer Verwaltungen (Vol. 139). Speyer: DHV.

Sahlin-Andersson, K. (1996). Imitating by editing success: The construction of organizational fields, in B. Czarniawska and B. Joerges (Hrsg.), Translating Organizational Change. Berlin: de Gruyter, S. 69–92.

Saint Martin, D. (2007). Management consulting. In E. Ferlie, L. E. Lynn Jr. & C. Pollitt (Eds.), The Oxford Handbook of Public Management (pp. 671–694). Oxford: Univ. Press.

Scheufele, D. A., & Tewksbury, D. (2007). Framing, agenda setting, and priming: The evolution of three media effects models. Journal of Communication, 57(1), 9–20.

Strang, D. & Meyer, J. W. (1993). Institutional conditions for diffusion. Theory and Society, 22(4), 487–511.

Suchman, M. C. (1995). Managing legitimacy: Strategic and institutional approaches. Academy of Management Review, 20(3), 571–610.

Vogel, R. (2006). Zur Institutionalisierung von New Public Management. Disziplindynamik der Verwaltungswissenschaft unter dem Einfluss ökonomischer Theorie. Wiesbaden: Deutscher Universitätsverlag.

Vogel, R. (2010). Parallel, transfer or collaboration strategy of relating theory to practice? A case study of German public management debate. Public Administration, 88(3), 680–705.

Vogel, R. (2012a). Framing and counter-framing New Public Management: The German case. Public Administration, 90(2), 370–392.

Vogel, R. (2012b). Tracing the quest for performance in Germany's public sector: Institutional entrepreneurship with rhetorical strategies of persuasion. Working Paper, Zeppelin University, Friedrichshafen.

Vogel, R. (2012c). The visible colleges of management and organization studies: A bibliometric analysis of academic journals. Organization Studies, 33 (8), 1015–1043.

Vogel, R. (2012d). What happened to the public organization? A bibliometric analysis of Public Administration and Organization Studies. Working Paper, Zeppelin University, Friedrichshafen.

Vollmer, H. (2002). Ansprüche und Wirklichkeiten des Verwaltens im Reformdiskurs der neunziger Jahre. Die diskursive Ordnung von Reformkommunikation. Zeitschrift für Soziologie, 31(1), 44–65.

Whitley, R. (1984a). The development of management studies as a fragmented adhocracy. Social Science Information, 23(4/5), 775–818.

Whitley, R. (1984b). The fragmented state of management studies: Reasons and consequences. Journal of Management Studies, 21 (3), 331–348.

Whitley, R. (1984c). The Intellectual and Social Organization of the Sciences. Oxford: Clarendon Press.

Williamson, O. E. (1985). The Economic Institutions of Capitalism: Firms, Markets, Relational Contracting. New York: The Free Press.

Wollmann, H. (2000). Local government modernization in Germany: Between incrementalism and reform waves. Public Administration, 78(4), 915–936.

Wollmann, H. (2004). Verwaltungspolitische Reformdiskurse – zwischen Lernen und Vergessen, Erkenntnis und Irrtum. In T. Edeling, W. Jann & D. Wagner (Eds.), Wissensmanagement in Politik und Verwaltung (pp. 17–36). Wiesbaden: VS Verlag für Sozialwissenschaften.

The manufacturer's authorised representative in the EU is Springer
Nature Customer Service Centre GmbH, Europaplatz 3, 69115 Heidelberg,
Germany. If you have any concerns regarding our products, please
contact ProductSafety@springernature.com

Printed and bound by CPI Group (UK) Ltd, Croydon, CR0 4YY

28/04/2026

02098491-0011